虚拟商圈集聚与演化研究

唐红涛 等 著

中国财经出版传媒集团
经济科学出版社
Economic Science Press

图书在版编目（CIP）数据

虚拟商圈集聚与演化研究/唐红涛等著.—北京：经济科学出版社，2018.11
ISBN 978-7-5141-9868-3

Ⅰ.①虚… Ⅱ.①唐… Ⅲ.①虚拟经济-研究 Ⅳ.①F019

中国版本图书馆 CIP 数据核字（2018）第 239241 号

责任编辑：范　莹
责任校对：王肖楠
责任印制：李　鹏

虚拟商圈集聚与演化研究

唐红涛　张俊英　朱艳春　刘星宝　朱晴晴　著
经济科学出版社出版、发行　新华书店经销
社址：北京市海淀区阜成路甲 28 号　邮编：100142
总编部电话：010-88191217　发行部电话：010-88191522
网址：www.esp.com.cn
电子邮箱：esp@esp.com.cn
天猫网店：经济科学出版社旗舰店
网址：http://jjkxcbs.tmall.com
北京季蜂印刷有限公司印装
710×1000　16 开　15 印张　260000 字
2018 年 11 月第 1 版　2018 年 11 月第 1 次印刷
ISBN 978-7-5141-9868-3　定价：55.00 元
（图书出现印装问题，本社负责调换。电话：010-88191510）
（版权所有　侵权必究　举报电话：010-88191661
电子邮箱：dbts@esp.com.cn）

国家社科基金后期资助项目
出版说明

后期资助项目是国家社科基金设立的一类重要项目，旨在鼓励广大社科研究者潜心治学，支持基础研究多出优秀成果。它是经过严格评审，从接近完成的科研成果中遴选立项的。为扩大后期资助项目的影响，更好地推动学术发展，促进成果转化，全国哲学社会科学工作办公室按照"统一设计、统一标识、统一版式、形成系列"的总体要求，组织出版国家社科基金后期资助项目成果。

全国哲学社会科学工作办公室

序 / Preface

互联网技术的发展，使信息传播方式发生根本性变革，引发了人、货、场之间关系的深刻变化，由此而形成的各类新兴商业模式，正不断刷新着人们对于商业形态的认知。商圈的形成，其本质来自商业空间的集聚与辐射。商圈数量与繁荣程度，成为衡量现代城市发达程度的重要指标。传统实体商圈的形成与发展主要依赖于人流、物流和商流在物理空间上的集聚，较强受制于道路交通、商业建筑等基础设施的发展和产业布局的演进，因此传统商圈的变迁与发展通常需要经历一个较为漫长的过程，短则数年长则数十年甚至上百年。互联网商业的出现，打破传统实体商业依靠物理空间集聚发展的逻辑，不断推进着产业组织、商业模式、供应链、物流链的创新，虚拟商圈也应运而生。不论是近几年屡创新高的"双十一"网购狂欢，还是春节全民"抢红包"的热闹场景，越来越多的企业开始拓展线上的虚拟商业空间。他们通过在平台上集聚或通过自建平台，形成各种类型、大小不一的虚拟商圈。2018年中国网络购物市场交易规模预计将突破8万亿元。虚拟商圈集聚式发展不仅对传统商业模式产生了强烈的冲击，其发展与演化带来的价值链的重构也越来越成为催生商业业态创新、传统产业转型与经济结构升级的直接动力。

《中共中央关于制定国民经济和社会发展第十三个五年规划的建议》指出，拓展网络经济空间；实施"互联网+"行动计划，发展分享经济，促进互联网和经济社会融合发展；支持基于互联网的各类创新。虚拟商圈作为商业经济学和网络经济学重要的研究课题，属于多学科交叉研究的范畴，经济学、管理学、计算机等学科前沿的发展都给商圈和商业模式的研究带来了生命力。从目前国内外的研究成果来看，较多地集中于对网络外部性所带来的市场结构变化以及商业模式创新的比较静态分析，研究的角度和领域各不相同，分析较为零散，系统性的成果较少。特别是从动态演化视角系统深入地分析虚拟商圈聚集、成长及其演化过程，虚拟商圈发展阈值以及虚拟商圈生态系统构建等问题的理论研究较为缺乏。研究视角方面，大部分的研究通过微观视角分析单纯的企业及市场行为，却鲜有将互联网市场结构变化及商业模式创新的影响延伸到产业领域直至整个经济系统。

《虚拟商圈集聚与演化研究》一书是唐红涛博士及其团队在互联网商业多年研究的基础之上，从虚拟商圈动态演化的视角深入揭示互联网商业形态发展的内在规律及发展趋势的最新力作。该书对虚拟商圈的规模及演化规律进行了定性、定量与虚拟仿真研究，完善了商业经济学相关理论。在对网络消费行为与网点经营行为深入分析的基础上，从生态学视角结合虚拟仿真技术构建了虚拟商圈集聚与演化的框架模型并进行了仿真模拟，创新了商业经济的研究视角和研究方法。

互联网商业其网络化本质要求商业经济学的研究更多地吸收融合生态学、系统工程、心理学等非经济类学科的研究范式和方法。虚拟商圈的研究只是庞大的互联网商业体系研究的一个微小部分，但我希望通过本书的出版，广大致力于商业经济研究的学者们能共享共鉴，对互联网商业进行更深入细致的研究，针对充满活力的互联网经济发展和我国经济高质量发展的新要求，为互联网商业模式创新驱动产业转型发展提供思路与对策，为加快推进产业结构升级、寻找新的经济增长动能提供有益的理论支持。

是为序！

柳思维

2018 年 11 月 8 日于长沙

[柳思维教授，现任湖南商学院学术委员会主任，湖南商学院资深教授，博士生导师，国家社科基金项目评委，全国高等院校贸易经济教学研究会学术委员会主任，（全国）消费经济学会副会长，湖南省人民政府参事。]

目 录 /Contents

第一章　虚拟商圈内涵及发展现状 …………………………………… 1
　　一、虚拟商圈内涵 ………………………………………………… 1
　　二、虚拟商圈与现实商圈 ………………………………………… 4
　　三、虚拟商圈发展现状 …………………………………………… 10

第二章　虚拟商圈研究综述 …………………………………………… 24
　　一、虚拟商圈和电子商务平台 …………………………………… 24
　　二、虚拟商圈外部性 ……………………………………………… 32
　　三、移动虚拟商圈与消费者 ……………………………………… 39
　　四、商圈动态演进方法 …………………………………………… 53

第三章　虚拟商圈集聚与演化框架 …………………………………… 57
　　一、概念模型 ……………………………………………………… 57
　　二、初级阶段 ……………………………………………………… 60
　　三、中级阶段 ……………………………………………………… 62
　　四、高级阶段 ……………………………………………………… 67
　　五、仿真设计 ……………………………………………………… 69

第四章　虚拟商圈集聚与成长 ………………………………………… 81
　　一、虚拟商圈集聚现状 …………………………………………… 82
　　二、虚拟商圈集聚机理 …………………………………………… 83
　　三、虚拟商圈集聚影响因素 ……………………………………… 87
　　四、虚拟商圈集聚效应 …………………………………………… 91

五、虚拟商圈成长分析 …………………………………… 107

第五章　虚拟商圈内生演化研究 …………………………… 120
　　一、虚拟商圈内生动态演化 ……………………………… 120
　　二、虚拟商圈企业竞争演化 ……………………………… 142
　　三、虚拟商圈边界实证研究 ……………………………… 153

第六章　虚拟商圈外生演化研究 …………………………… 169
　　一、虚拟商圈外生动力模型 ……………………………… 169
　　二、虚拟商圈外生演化分析 ……………………………… 173
　　三、虚拟商圈成长性研究 ………………………………… 180
　　四、虚拟商圈 Huff 模型 …………………………………… 197

附录：虚拟商圈体系演进模拟主程序代码 ………………… 206
参考文献 ……………………………………………………… 215
后记 …………………………………………………………… 231

第一章 虚拟商圈内涵及发展现状

《中共中央关于制定国民经济和社会发展第十三个五年规划的建议》指出，拓展网络经济空间，要实施"互联网+"行动计划，发展分享经济，促进互联网和经济社会融合发展。互联网经济的快速发展颠覆了传统的生活方式和商业模式，越来越多的企业逐渐围绕网络客户的需求进行集聚，通过互联网这一"虚拟平台"交织为庞大的新兴产业环境，进行更广泛的资源整合。为贯彻落实国务院的行动部署，加快互联网与流通产业的深度融合，推动流通产业转型升级，提高流通效率，打造新的经济增长点，创新服务民生方式，释放消费潜力，商务部制定了《"互联网+流通"行动计划》（以下简称"行动计划"）。"行动计划"立足于互联网技术在中国流通领域的应用现状，明确提出了以互联网为载体、推进现代流通体系建设的工作思路、总体目标、重点任务和主要措施。虚拟商圈正是在互联网载体下现代流通体系的一种表现形式。我们对虚拟商圈问题的关注由来已久，出于对网络经济学、商业经济学的兴趣，开始进行对虚拟商圈的深入研究。本书对国内外学者对于虚拟商圈的研究进行了综述，从理论上深入挖掘虚拟商圈的内在发展逻辑以及演进过程，并对虚拟商圈的集聚与演化过程进行了仿真分析和实证研究，进一步提出了优化虚拟商圈发展的政策措施。

一、虚拟商圈内涵

"十三五"时期，电子商务取得了巨大发展，涌现了一大批电子商务平台、电子商务服务商、网络营销商，各类电子商务新模式、新业态也不断产生，对扩大消费、构建现代商贸流通体系、拓展国内外营销渠道都发挥了重要作用。CNNIC互联网报告[①]指出，截至2017年12月，中国网民规模达到7.72亿人，互联网普及率达到55.8%，中国居民上网人数已过半。其中，2017年新增网民4047万人，增长率为5.6%。网民的上网设备正在向移动端集中，手机成为拉动网民规模增长的主要因素。截至2017年12月，中国手机网民规模达7.53亿人，较2016年底增加5734万人，网民中使用手机上网的人群占比由2016年的95.1%提升至97.5%，使用率再创新高。相对而言，使用台式电脑、笔记本电脑及平板电脑上网的比例有所下降。受中国网络零售市场发展带动，开展网上销售业务的企业数量、销售规模增长迅速。截至2016年12月，全国开展在线销售的企业比例为45.3%（见图1-1）。2016年作为"十三五"规划的开局之年，电子商务市场规模依然保持稳健增速，企业的参与程度持续加深，开展在线销售的比例大幅提高。2017年"双十一"全网销售额达2539.7亿元，同比增长43.5%，总包裹数达到13.8亿个，同比增长29%[②]。从这些资料可以发现网络商店已经开始呈现出全面增长的态势，那么网络商店到底如何影响消费者呢？我们认为它主要是通过商圈来吸引消费者，这种商圈可以称为虚拟商圈。

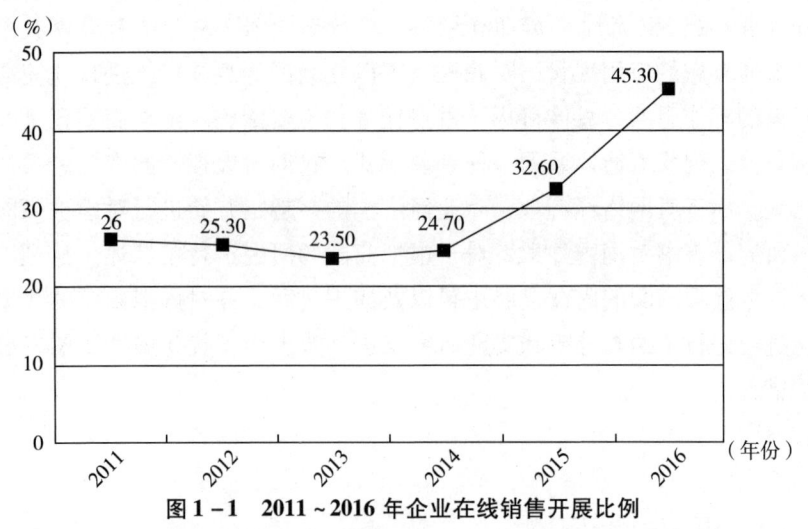

图1-1 2011~2016年企业在线销售开展比例

注：2017年CNNIC未统计该项数据，因此数据只更新到2016年。
资料来源：中国互联网络信息中心（CNNIC）第39次《中国互联网络发展状况统计报告》。

---

① 中国互联网络信息中心（CNNIC）. 第37次中国互联网络发展状况统计报告［EB/OL］. 百度百科，2016-1-22.
② 2017年中国双十一全网销售额、天猫、京东占比及天猫淘宝交易额分析［EB/OL］. 中国产业信息网，2017-12-2.

2011年商务部和银监会联合发布了《关于支持商圈融资发展的指导意见》，该意见强调，要推动建立商圈与金融机构的合作机制，鼓励各类网络商城、社区、网络交易平台搭建虚拟商圈，并在商圈内开展经营主体信用认证和评价。苏宁云商副总裁范志军在"2015福布斯·静安南京路论坛"表示，伴随着互联网基础设施和终端的普及，电子商务应用迅速发展。对人、货、场三者之间关系的构建，电子商务打破了"人→货"的零售路径，开启了"货→人"的虚拟商圈发展形态，这个商圈不是存在于哪个城市的地域空间，而是存在于消费者的记忆空间。

虚拟商圈这一定义在现有的学术界并没有公开界定，但也有部分学者提出一些自己的看法。周生伟（2002）很早就指出：现实经济的商圈是地理概念，而网络经济的商圈则主要存在于网民中。所谓互联网上的"商圈"，是建立在虚拟经济基础之上的一种商业影响范围，是受众细分的结果，甚至是资本洗牌的结果。网络商圈的提出和建立，或许将成为未来企业间互动的重要通道，也是B2B市场最大的看点之一。网络商圈是基于互联网的商脉网络，商家通过互联网建立联系，产生信任并结成商业伙伴。

有学者将虚拟商圈（或称网络商圈）定义为网民对网民，有的则是定义为商家对商家，我们认为都不准确，虚拟商圈定义的角度应该是商家对消费者，是相对于现实商圈而言的一个派生概念，现实商圈是指零售商业企业吸引顾客的所及的空间范围或一定的商业地域，实际上是距离不等的消费者与顾客的一个需求圈。因此可以定义虚拟商圈为电子商务企业在互联网空间吸引消费者形成的商业范围（这种范围是虚拟的），它由在互联网空间购买商业企业的产品和服务的网络用户构成。随着互联网经济不断发展，提供产品和服务也往往不是单一的电子商务企业，而是电子商务企业集群，包括电子商务平台、电子商务企业、电子商务服务企业等共同为虚拟空间消费者服务。

虚拟商圈是一个全新的概念，具有很强的学术意义和现实价值。相对于单独的电子商务企业而言，虚拟商圈是更为准确的学术概念，充分反映了互联网和移动互联网时代的企业之间互联互通的本质，单一的电子商务企业（无论是网店、网络支撑企业或是网络平台）都不是以完全独立的形态存在，而是以一种复杂的复合共生体存在，这种共生体与传统的城市商圈有着内涵的异质性，都是多个不同类型、不同规模的电子商务企业集聚在虚拟空间的形态。同时，值得注意地是，现在国内外学者广泛研究的电子商务平台与虚拟商圈有着较为相似的性质，都是充分讨论平台上的外部性、竞争合作关系等，但是电子商务平台描述的电子商务现象较为狭窄，不能充分反映复杂的电子商务世界（搜索引擎、自营式B2C企业、企业自营网站等都不能称为电子商务平台），而虚拟商圈的概念要包括电子商务平台，更从商业的本质角度刻画了电子商务企业集聚的实质。

因此虚拟商圈的定义确定了多个鲜明的研究领域，特别是与现实商圈相对比。在发展初期，电子商务平台内各种商业主体如何内生集聚形成虚拟商圈，在虚拟商圈形成后其成长规律又是如何？虚拟商圈扩张的边界在哪里？影响因素有哪些？虚拟商圈集聚后内部电子商务企业之间的竞争关系又如何？这些构成了虚拟商圈的核心研究领域。

当然，与现实商圈相比，虚拟商圈有着非常大的差异，具有鲜明的互联网特征。

二、虚拟商圈与现实商圈

考虑到虚拟商圈是基于现实商圈产生的衍生学术概念，我们很自然地会将虚拟商圈与现实商圈进行对比，虚拟商圈与现实商圈既具有联系但在以下方面又有本质不同。

（一）商圈主体与形态

现实商圈的主体是现实商店，占据城市空间范围的黄金地段，通过交通干线向城市局部区域甚至整个城市产生辐射，从而在空间形态形成近似圆形的分布（这当然是理想状态，实际分布中由于有自然环境、交通条件的影响及其他商圈的影响可能会呈现出不同的形态）。而虚拟商圈的主体则是企业的网站，它们在虚拟的互联网空间上通过分配获得的IP建立起来，通过门户网站和搜索引擎①向互联网空间进行扩散，理论上讲任何具备上网能力的人都处在虚拟商圈的影响范围之内。虚拟商圈并没有如同现实商圈那样严格意义上的空间分布，即使有也只可能是一个个网络服务器下的节点集合，并不构成几何形态，从这个意义上决定了虚拟商圈相对于现实商圈来说具有高度分散性，它可以集聚来自地理上不同区域的消费者，构成全新的消费者组合，而这一点在现实商圈中是几乎无法实现的，

---

① 这里需要说明一下，由于网络用户目前的网络消费习惯，他们寻找网站主要是通过搜索引擎，因此搜索引擎在虚拟商圈的作用就相当于交通干线在现实商圈的作用，在搜索引擎中获得一个高的排名就意味着被网络用户寻找的几率变得更大。

它的消费者几乎全部来自某一特定区域。因此在现实商圈研究中，地理学往往是很重要的研究手段，消费者多通过空间关联在一起；而虚拟商圈研究中，计算机和大数据分析是很重要的研究手段，消费者多通过数字特征关联在一起。

（二）商圈的商流、物流、信息流

作为商业活动必不可少的"三流"（商流、物流和信息流）运动在虚拟商圈中也呈现出与现实商圈中截然不同的特性。

1. 商圈的商流

商流的主要功能是通过物品所有权的转移消除商品的社会间隔。在互联网上多项电子商务技术的运用及电子支付平台的不断创新，使在虚拟商圈中商流呈现出极速化的特点，商流时间被缩短至最极致，另外商流运动也摆脱了现实商圈中必然受到的时间空间限制而变得更加自由，虚拟商圈真正能实现商品商流的 7×24 的全天候转移。

2. 商圈的物流

虚拟商圈物流相对现实商圈有非常大的变化，主要体现在物流速度上。对于纯数字类产品，如软件、音乐和电子书等可以实现线上物流，物流被彻底虚拟化，物流速度相对于现实商圈提升很多。部分数字类产品，如医疗服务、保健服务等，可以部分实现产品物流虚拟化，也能够提升物流速度。而实体类产品则依然必须通过现实的线下物流方式，相对现实商圈改变不大，这也是制约虚拟商圈发展的"瓶颈"因素之一。但随着现代物流技术的不断发展，虚拟商圈物流通过大数据、社区物流配送等也实现了高速发展，如京东的商品配送基本能做到 24 小时以内到达。

3. 商圈的信息流

虚拟商圈相对现实商圈除了最大限度地提高了信息流传播的速度和效率之外，更重要的是改变了信息流的传播方式。现实商圈中的信息流是单向不可逆的，由商家流向消费者，虽然商家也会进行用户调查和反馈服务，但从整体上看消费者只是信息流的被动接受者。而在虚拟商圈中，信息流是双向对流的，网络用户通过互联网形成的虚拟商圈不仅能够很好的利用信息流，他们本身也能成为信息流的提供者，这样信息流便能够在商家和消费者之间形成互动。新时代人工智能技术的飞速发展，使虚拟商圈信息流呈现出智能化的趋势。如推荐系统的发展就是智能化信息流的重要表现形式，是利用电子商务网站向客户提供商品信息和建议，帮助用户决定应该购买什么产品，模拟销售人员帮助客户完成购买过程。个性化推荐是根据用户的兴趣特点和购买行为，向用户推荐用户感兴趣的信息和商品。个性化推荐包含基于内容的推荐、协同过滤推荐、基于关联规则推荐、基于效用推荐、基于知识推荐和组合推荐等多种模式。

4. 商圈的人流

作为消费者群体的人流在虚拟商圈和现实商圈有不同的特点，虚拟商圈的消费者必须具备一定的网络知识，但消费者进行购物的空间限制则被打破了。而作为商店必需的导购推广群体的人流，虚拟商圈中所需的导购人员比现实商圈要少得多，消费者在网站往往是通过自助方式完成购买行为，因此几乎不需要现实商圈中那样多的导购人员。但是虚拟商圈所需的市场推广人员则要比现实商圈要多，现实商圈由于空间地域的限制使它更多的只需要现场推广，而虚拟商圈则需要多种推广方式相结合扩大其知名度，市场推广人员的任务要大得多，数量因此也会比较庞大。虚拟商圈人流与传统商圈人流相比，分布范围更为广泛、数量有时更为庞大，与商店、商品的匹配度更为精准。

（三）商圈的吸引力和排斥力

研究现实商圈和虚拟商圈的一个重要方面就是描述商圈的吸引力和排斥力，描述商圈引力模型最为著名的应该是1987年美国学者布莱克（Black）提出多个因素作用模型（multiplicative interaction model）。

$$P_{ak} = \frac{\left[\frac{A_{ak}^{N}}{D_{ak}^{n}}\right]}{\sum \frac{A_{ak}^{N}}{D_{ak}^{n}}} \tag{1-1}$$

式（1-1）中，P_{ak}：区域 a 内的顾客到零售店 k 购物的可能性；A_{ak}：零售店 k 吸引区域 a 内顾客到零售店 k 的因素总和；D_{ak}：阻碍区域 a 内顾客到零售店 k 的因素总和；N、n：经验作用指数。我们认为，多因素作用模型不管对于现实商圈还是虚拟商圈都是适用的，不同的只是 A_{ak}、D_{ak}、N、n 等参数在虚拟商圈中发生了很大的变化。

现实商圈中吸引顾客来店购物的因素除了商店的规模外，还包括商店的形象、商誉、购物气氛、服务以及商店陈列商品种类、价格等，而阻碍顾客来店购物的因素包括交通时间、交通成本、机会成本及其他费用。至于 N 和 n 等经验作用指数，一般对吸引力部分的指数 N 多取1左右，排斥力部分的指数 n 则取2左右，具体取值有时会利用历史数据进行回归而得。

而基于网络的虚拟商圈与现实商圈有一些共性的地方，那就是虚拟商圈的辐射范围依然会受到吸引力和排斥力的双重影响，但是它们的区别也是相当明显的。对于虚拟商圈而言，构成吸引力的因素除了商品种类和商品价格之外，最主要的吸引力来自虚拟商圈的载体——电子商务平台、企业网站及移动 APP，网站界面设计的精美程度、网站商务功能的完善程度、网站服务质量的好坏等都构成了影响虚拟商圈的吸引力因素。在移动电子商务时代，移动 APP 替代传统网站成了更为重要的流量进入载体，因此移动端界面设计以及产品展示成为更为重要的影响因素。主要排斥力因素与现实商圈一样都是时间和费用因素，但影响虚拟商圈的时间因素不再如同现实商圈一样主要由交通时间构成，而是主要由网络用户寻找到网站的难易程度以及找到网站后在网站上进行电子交易（包括搜寻所需商品以及电子支付等）的方便程度决定的，而且虚拟商圈中消费者对于等待时间的敏感度也极大地增加了，现实商圈中消费者等待时间还可以以小时来计算，而虚拟商圈中消费者最多只能以分钟甚至是以秒为计算单位；费用因素则主要由当地的信息基础设施条件决定的。至于 N 和 n 等经验作用指数，在现实商圈模型中一般通过回归分析获得，在虚拟商圈中一样可以通过搜集相关数据进行实证分析来获得。

（四）商圈外部性

外部性是指一个经济主体的行为对另一个经济主体的福利所产生的影响，而这种影响并没有通过货币或市场交易反映出来。商业活动是具有外部性的，商业活动的集聚性质形成了商圈，因此商圈也是具有外部性，不过现实商圈外部性产生的原因与网络商圈外部性不同：现实商圈的外部性是从商家角度考虑的供给外部性，主要体现在以下几个方面：（1）商家促销活动的共享，现实商圈中任何商家投放的广告以及营业推广等促销活动都将惠及其他商家，就连商圈附近的小吃摊位的生意都会更加红火；（2）人流量的共享，商业活动在某一空间的集聚有利于众商家分享消费人群，尤其是对同一商圈中具有互补性的商业业态具有更强的外部性；（3）供应环节的共享，由于在空间集聚，众商家可以享受统一的供应服务以及统一的基础设施，专业化后带来的是成本的节约；（4）专业技能的共享，商家在某一范围内构成商圈后将使销售人员以及各种销售技能的传播流通变得更加容易，从整体上看降低了商家的培训学习成本。

网络商圈同现实商圈一样具有强烈的外部性，它既具有现实商圈中的供给外部性，也具有从消费者角度产生的需求外部性。首先分析供给外部性，虚拟商圈不具备现实商圈所拥有的空间几何聚集的态势，而只是在互联网空间上的虚拟集合。它的供给外部性主要是通过企业网站之间的交互链接①、交换广告等虚拟空间共享行为来实现，通过网络上的链接，虚拟商家形成了一种如同现实商家地理连接一样的虚拟链接，因此也能充分享受到彼此之间活动（如促销活动共享、网络用户共享等）的外部性；其次分析需求外部性，虚拟商圈中占主导地位的其实是由消费者互相之间产生的需求外部性，它也构成了虚拟商圈不断发展壮大的主要动力。消费者通过互联网的连接传播商品和商家的信息，传播各自使用商品的感想，传播对各种商家品牌的评价，这样任何消费者的购买行为将对其他消费者的购买行为产生重要的影响，从而导致虚拟商圈中需求外部性的产生。正是由于供给外部性与需求外部性的双重作用导致了虚拟商圈比现实商圈具有更为强烈的外部性，也就意味着虚拟商圈可能拥有更强的空间集聚性（哪怕是虚拟的）和发展前景。

（五）虚拟商圈与现实商圈的交互分析

从上面的分析中可以看出，虚拟商圈使消费者在选购商品时不受时间和空间的限制，任何人在世界上的任何地方、任何时间，只要在网上就可以任意选购，同时虚拟商圈在商流、物流和信息流都提升了效率，扩大了商圈的吸引力。但是否虚拟商圈就能完全取代现实商圈呢？这显然不可能，无论从理论上还是现实生活中，虚拟商圈都还没有达到现实商圈的发展水平，更不用说取代了。我们认为，随着电子商务技术的不断发展，虚拟商圈和现实商圈将逐步融合、互相渗透，最后形成你中有我、我中有你的商圈新格局。近年来O2O电商模式的迅速发展就证实了虚拟商圈与现实商圈的融合发展趋势。

1. 现实商圈向虚拟商圈的渗透

现实商圈向虚拟商圈的渗透主要体现在商业企业自建网站上面，一个目的在于通过增加网上销售渠道以保证并提高市场占有率，消除现实商圈的时空局限，通过向虚拟商圈渗透最大限度扩大其影响力；另一个目的在于通过企业网站公开企业商务信息以树立良好的市场形象，将现实商圈的影响力辐射到互联网上。

---

① 交换链接是具有一定互补优势的网站之间的简单合作形式，即分别在自己的网站上放置对方网站的LOGO或网站名称并设置对方网站的超级链接，使得用户可以从合作网站中发现自己的网站，达到互相推广的目的。

例如，上海联华超市有限公司（以下简称联华超市）建立了上海联华电子商务有限公司（以下简称联华电子商务公司）并在 2000 年 9 月正式投入运营，公司以经营联华的商品为主，开设了网上超市 www.lhok.com 及服务热线 96801。联华电子商务公司依托联华超市的现实商圈的实体网点、采购系统、配送体系等资源优势，开展超市类商品的 B2C 和 B2B 业务。目前网上商品达 1.1 万多种，涉及消费者日常生活的方方面面，利用 80 家左右联华超市网点作为联华电子商务公司的配送点。联华电子商务公司当年投资当年盈利，连续 3 年盈利，其中早在 2002 年营业额就突破了 2 亿元，消费者范围也突破了原有局限。传统的商业企业通过开设网站、进行网络销售手段能够有限开辟自己的虚拟商圈，将现实商圈和虚拟商圈有机地结合在一起。

苏宁云商在转型之前是家电零售企业，据 2009 年的行业数据显示，苏宁电器是仅略低于国美电器的第二大家电零售企业。但是，随着政府对于家电零售业补助的撤销和市场化的发展，在 2008～2012 年的 5 年时间里，家电零售业的发展越来越困难，整个产业发展遭遇增长的难题，传统家电连锁卖场的疲软现象已经成为定局。因此发展转型构建多元化增长点就变成了国内众多家电零售业的首要选择。苏宁在 2012 年加快了经营转型的步伐，不仅开启了苏宁易购线上模式的全面发展，同时还在线下展开了商业模式，经营产品和服务理念的全面转型。苏宁电器负责人称线上线下全面发展将成为家电零售业的新的发展方向，线上和线下同时发展，既不会使线下实体店消亡，同时还可以互补。苏宁电器又发布 EXPO 超级店战略、实施"私享家"高端定制服务战略，除了"去电器化"和品类的扩充外，还将逐步增强线上线下在产品、资讯、配送、服务等方面的融合功能。苏宁云商自 2012 年以来对于原有的单一电器销售模式为主导的企业转型多产品经营的企业。目前，苏宁经营的商品不仅包括传统的家电行业，同时也包括消费电子、百货、图书等多种产品，苏宁将线下的 1700 多家门店和线上的苏宁易购相结合，并逐步获得了国际快递业务，建立物流系统等产业链，其目的就是将用户体验和消费者满意度放在首位，将云服务的模式和 O2O 模式更加深入地贯彻到企业策略中来实现苏宁最终的转型目的。

2. 虚拟商圈向现实商圈的融合

虚拟商圈向现实商圈的融合主要体现在网络商业企业开发的各种电子商务新技术层面，其中最为突出的技术便是虚拟现实（Virtual Reality,

VR）技术，VR 技术是指以计算机三维图形处理技术为基础，配合强大的计算机语言开发环境，制作出可以模拟真实客观世界的技术。虚拟现实商店可以使在线购物者置身于一种类似于真实大百货商场环境的三维虚拟场景中，商品以 3D 形式展现，用户使用鼠标和键盘方向键的控制从各个角度观看商品，甚至试用商品，这是一种人们预期的未来互联网购物方式。通过虚拟技术的使用，网络商业形成的虚拟商圈能够克服自身的缺陷，尽可能模仿现实商圈的优点。例如，消费者能够通过虚拟现实技术非常方便地实现在线试穿衣服，这样便模拟了消费者在现实商店购物的场景，消费者会更乐意在虚拟商圈中购物。又如，消费者在网络上购物时，可以和其他人在虚拟商店中相遇、交流信息，进行多人即时交谈等，这样满足消费者在虚拟商圈的社交需要。再如，阿里入股大润发，效仿盒马鲜生进行线上线下一体化运作，全国已有 100 家大润发门店完成天猫新零售升级改造。改造后的门店周边 3 公里范围内的用户，将享受到线上虚拟商圈购物、线下实体商圈体验的一体化服务。

三、虚拟商圈发展现状

在互联网和移动互联网世界，电子商务发展形成了各种形态、各种规模的电子商务企业，各种企业之间有机的关联集聚就形成了多种多样的虚拟商圈。按照传统电子商务的分类可以分为 B2C 虚拟商圈、B2B 虚拟商圈、C2C 虚拟商圈等；按照所实现的主要功能可以分为旅游虚拟商圈、社区类虚拟商圈、生活服务类虚拟商圈、医疗类虚拟商圈和汽车类虚拟商圈等；按照发展的趋势前沿可以分为跨境虚拟商圈、农村虚拟商圈和移动虚拟商圈。我们选取了几种颇具代表性的虚拟商圈进行重点分析，刻画其发展现状及发展趋势。

（一）B2C 虚拟商圈和 B2B 虚拟商圈

作为虚拟商圈中和人民生活最为密切相关的就是 B2C 虚拟商圈和 B2B 虚拟商圈，这些年随着互联网经济和电子商务的高速发展，B2C 和 B2B 虚拟商圈从交易规模和增长率上都有着明显的爆发式增长，这其中以 B2C 虚拟商圈的发展尤为引人注目。

1. B2C 虚拟商圈

以 2011～2013 年 B2C 虚拟商圈的交易额和增长率为例可以明显地发

现这种趋势，见表 1-1。

表 1-1　　　2011~2013 年 B2C 虚拟商圈的交易额与增长率　　单位：亿元，%

序号	名称	2011 年		2012 年		2013 年	
		交易额	增长率	交易额	增长率	交易额	增长率
1	天猫	920.0	206.7	2072.0	91.4	4410	105.1
2	京东商城	309.0	202.9	660.0	113.6	1255	71.2
3	亚马逊中国	60.0	100.0	105.0	75.0	149.7	42.6
4	苏宁易购	59.0	490.0	188.0	147.3	284	50.8
5	QQ 商城	53.0	165.0	115.0	117.0	273.5	137.8
6	当当网	35.5	57.1	74.5	78.2	125.3	68.2
7	凡客诚品	35.0	89.2	45.0	28.6	46.4	3.0
8	1 号店	27.2	235.8	45.0	45.0	99.4	120.8
9	易迅网	23.7	196.0	57.9	144.2	155	167.8
10	库巴网	21.0	320.0	35.8	70.5	-	-
11	新蛋网	15.0	-16.7	19.0	26.7	18.1	-4.7
12	唯品会	14.3	377.1	54.4	280.1	144.1	164.9
13	梦芭莎	12.0	380.0	13.0	8.3	5	-61.5
14	国美电器	10.0	300.0	14.3	43	120	138.9
15	麦网	7.5	9.6	5.8	-22.3	5	-13.8
16	乐蜂网	6.3	384.6	14.8	134.9	30	103.0
17	好乐买	6.0	200.0	5.0	-16.7	-	-
18	麦包包	5.0	233.3	5.3	6.0	5.5	4.2
19	走秀网	5.0	150.0	7.0	40.0	6.8	-3.0
20	天翼手机网	4.6	143.0	8.0	73.9	-	-
21	聚美优品	4.0	N/A	18.0	350.0	60	233.3
22	酒仙网	4.0	N/A	12.0	200.0	15	25.0
23	天天网	3.5	N/A	7.0	100.0	-	-
24	绿森数码	3.0	100.0	4.2	40.0	-	-
25	V+	3.0	100.0	7.8	160.0	5	-35.9
26	ihush 俏物悄语	3.0	50.0	-	-	-	-
27	联想官方商城	3.0	200.0	6.5	116.7	10	53.8

续表

序号	名称	2011年		2012年		2013年	
		交易额	增长率	交易额	增长率	交易额	增长率
28	梦芭莎	—	—	13.0	8.3	5	−61.5
29	小米手机官网	—	—	100.0	N/A	221	121.2
30	银泰网	—	—	5.6	250.0	9	60.7
31	中粮我买网	—	—	4.3	138.9	7	62.8
32	优购网	—	—	4.0	233.3	7.2	80.0

资料来源：艾瑞咨询官方网站，2013年之后不再按B2B和B2C方向划分，故数据只到2013年，但趋势和规律不变。

　　艾瑞咨询统计数据显示，2013年中国Top50的B2C虚拟商圈中，只有网上渠道的纯电商企业数量占比超过60%，与2011年网上渠道的纯电商数量占比75%相比略有下降，但依然占据主要位置；而入围的传统企业有17家，比2011年多5家。另外，在2013年中国B2C在线零售商Top50中，中国传统企业加大触网力度，传统企业网上销售规模比2011年也有大幅增长。在2013年B2C虚拟商圈Top50中，主营"3C家电"的购物网站最多，共13家；其次是"综合百货"网站，达到11家；另有6家"服装服饰"网站。而Top30中"综合百货"居首，占比为33.3%（比Top50中该比例高出11.3个百分点），由此可见，B2C虚拟商圈中主要以经营"综合百货"为主，"服装服饰"和"3C家电"也是虚拟商圈主要经营商品，这与传统城市商圈有很强的相似性，因此B2C虚拟商圈也对传统城市商圈造成了较大的冲击。

　　我们选取了最具代表性的32家B2C虚拟商圈，2013年交易额最高的为天猫、京东商城、苏宁易购三大B2C巨头。在交易额最高的10家B2C虚拟商圈中，仅有两家为传统企业；交易增长率最高的为聚美优品、易迅网、唯品会等。其中，聚美优品的交易增长率高达233%。同样，在增长最快的10家零售商中，仅有上品折扣网、国美在线两家传统企业。从表1-1中可以看出，B2C虚拟商圈的交易额逐年增加，并且伴随着前所未有的增长率。

　　B2C虚拟商圈的另一个重要的市场特征是市场集中度较高，优胜劣汰现象很严重，以2014年B2C虚拟商圈市场份额分布为例进行深入分析，见图1-2。

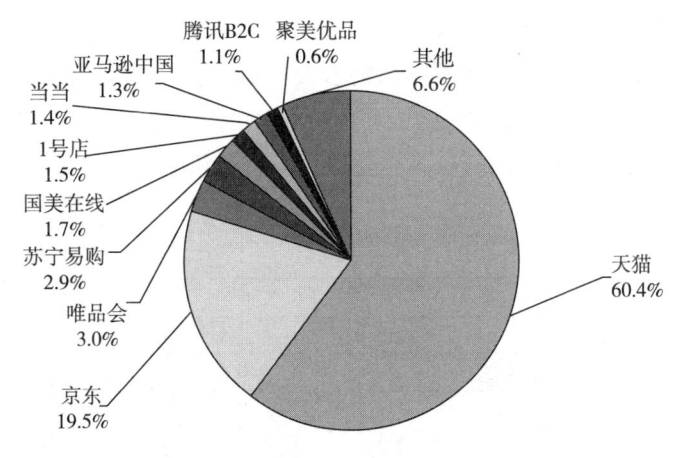

图 1-2 2014 年中国 B2C 虚拟商圈交易规模市场份额

注：2014 年统计口径发生变化，故数据只更新到 2014 年。

资料来源：艾瑞咨询官方网站。

从 2014 年看，B2C 市场中，天猫市场份额占比超六成，京东占比为 19.5%，其余 B2C 企业中唯品会、1 号店、国美在线的增速均高于 B2C 市场整体增速。从自主销售为主 B2C 市场来看，京东占比五成，唯品会与苏宁易购占比近 8%，其他项中小米手机官网发展迅速，整个市场集中度依然较高。

由此可见，阿里及京东等综合性电商在进行多元化发展的同时，其他电商企业也纷纷在行业内寻找自己的生存空间，从供应链整合、产品拓展、品牌打造、服务优化等各方面持续发力，提升企业的核心竞争优势，B2C 虚拟商圈行业竞争格局将持续演进。

2. B2B 虚拟商圈

与 B2C 虚拟商圈相比，B2B 虚拟商圈可能并没有直接和人民生活密切相关，但是无论其交易规模还是单笔交易的数量都要大大超过 B2C 虚拟商圈。据电子商务研究中心（100EC.CN）监测数据显示，2016 年中国 B2B 电子商务市场交易额 16.7 万亿元，同比增长 20.14%。

根据图 1-3 显示，2011~2016 年中国 B2B 电商市场交易规模逐年增加，但增长率偶有波动，这主要是受国内宏观经济环境以及较为复杂的外贸形势影响。随着中国经济增速趋缓亟待转型，整个产业链重构机会明显，为了推动产业全面升级，国家提出"互联网+"战略，大力推动产业互联网的发展，在此背景下各种垂直类 B2B 平台不断涌现。B2B 电商成为近年来创业最活跃板块,多方助力使B2B市场交易规模逐年不断攀升,资本不断追逐BAT(百度、阿里巴巴和腾讯)在B2B领域诞生。B2B行业前景开阔,行业基础条件完善不够。随着商业诚信体系发展成熟后,B2B模式将会在诚信的土壤中迅速成长。产业互联网迎来更多需求,B2B成为传统行业转型升级青睐方向,也为企业级服务带来机遇。

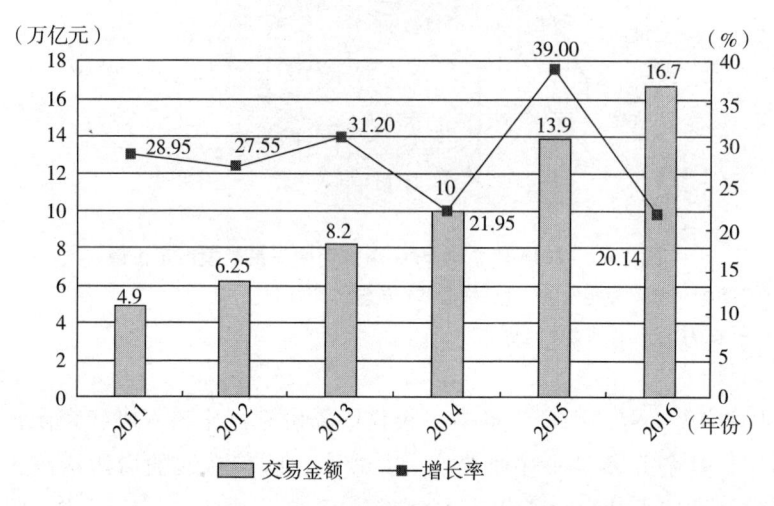

图1-3 2011~2016年中国B2B电商市场交易规模

资料来源:《2016年度中国电子商务市场数据检测报告》。

(二) 功能性虚拟商圈

按照虚拟商圈实现的功能不一,可以发现旅游类虚拟商圈、社区类虚拟商圈、O2O虚拟商圈和医疗虚拟商圈等都有着长足的发展,且在规模上日益膨胀,业态上日益复杂,向着高层次虚拟商圈演进。

1. 旅游类虚拟商圈

在图1-4中,可以发现2011~2017年旅游类虚拟商圈从整体上看有着长足发展,2017年中国在线旅游市场交易规模为7384.1亿元,较2016年增长了25.1%。从2014年后,在线旅游市场交易规模的增速持续放缓,预计到2020年增速将降低到12.2%。在线旅游市场的高速发展主要受在线机票、在线酒店及在线度假等细分市场的利好发展所驱动。其中,在线机票是在线旅游市场中发展最成熟,渗透率最高的细分市场;在线度假是最具发展潜力的细分市场,在线渗透率也在逐年提升。另外,随着公寓、客栈等非标准化住宿业的兴起,未来在线酒店预订市场也将持续保持较高速度增长。

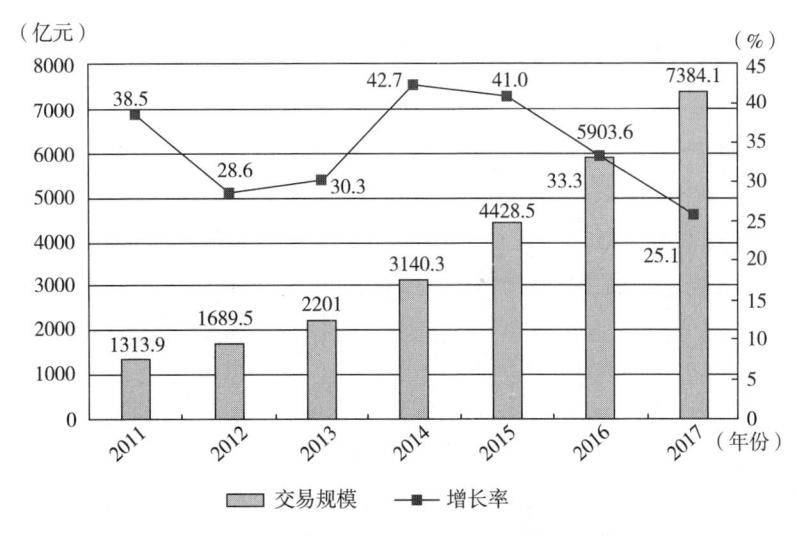

图1-4 2011~2017年中国旅游类虚拟商圈交易规模及增长率

资料来源：艾瑞咨询官方网站《2018年中国在线旅游度假行业研究报告》。

旅游类虚拟商圈的发展趋势主要呈现在两个方面：首先是整体规模不断扩大，并且伴随着去哪儿、艺龙和携程网的合并，行业开始出现了巨头垄断格局；其次是旅游类虚拟商圈开始日益深化，向细分市场不断深耕，并且虚拟商圈和现实融合程度日益加深。

2. O2O虚拟商圈

O2O作为虚拟商圈较为特殊的形态，在近年来发展迅速，由于线上线下的紧密结合加速了虚拟商圈和现实商圈的交互融合。我们以本地生活服务O2O虚拟商圈为例进行市场分析，见图1-5。

生活服务业直接关系到人们的衣食住行，关联到稳增长、扩内需、促就业、惠民生的国家政策；近年来中国生活服务业发展快、变化大，新兴业态大量涌现，在经济社会中发挥的作用越来越重要，整体渗透率偏低。近几年，中国涌现了大量O2O平台，促进O2O市场高速发展，市场规模逐年增加，本地生活服务O2O虚拟商圈的市场总体规模从2011年的2637.1亿元迅速增加到2016年的11044.2亿元，体现了O2O虚拟商圈广阔的市场前景。

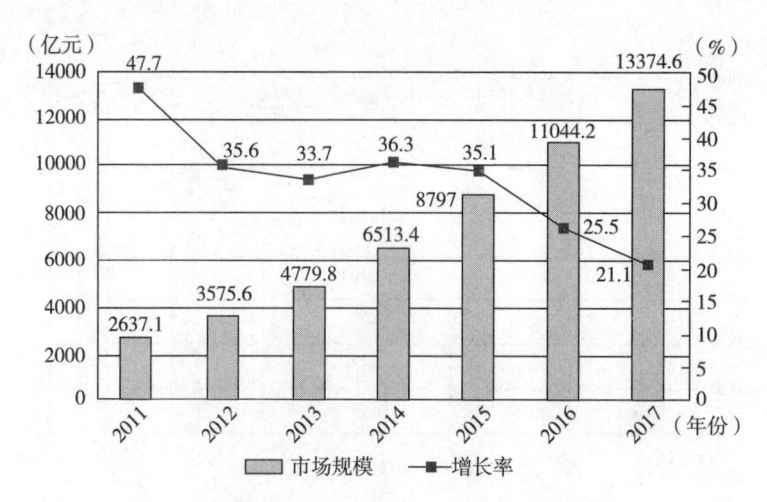

图1-5 2011~2017年中国本地生活服务O2O虚拟商圈交易规模及增长率

资料来源：艾瑞咨询官方网站《2016年中国O2O行业发展报告》。

3. 医药类虚拟商圈

医药类虚拟商圈作为特殊类别的商品和经营类型，也在电子商务和移动电子商务环境下得到了快速的发展，如图1-6所示。

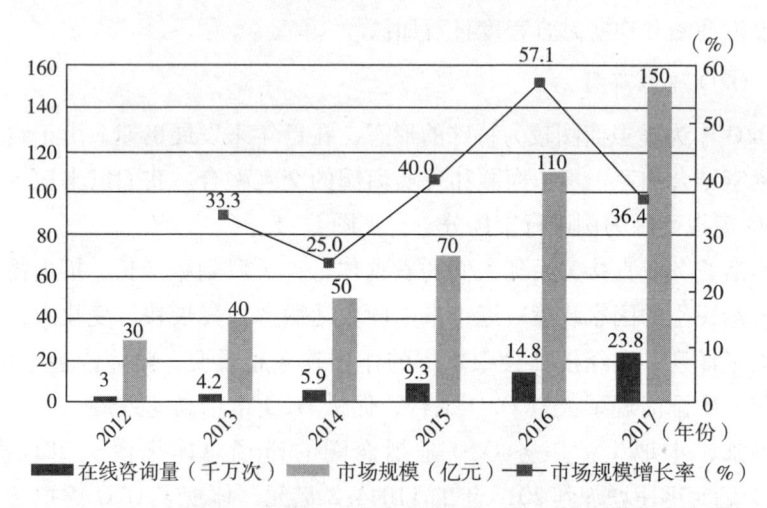

图1-6 2012~2017年中国医药类虚拟商圈在线咨询量、市场规模及增长率

资料来源：艾瑞咨询《2018年大数据时代下的健康医疗行业报告》。

图1-6显示，2017年互联网医疗市场规模达到150亿元，在线咨询量达到23.8千万次，相较于2012年市场规模30亿元，增长了5倍。由此

可见，中国互联网医疗可触达的用户规模将越来越大，而仅靠医生或相关从业人员在后台回答问题并不能满足日益增长的用户量。随着总体市场规模的不断扩大，市场增长率开始有所降低，但仍然呈现出每年增长的态势，反映了医药类虚拟商圈强劲的增长潜力。

4. 汽车类虚拟商圈

传统电子商务理论认为，汽车不适合采用电子商务模式进行销售，但是电子商务技术和基础设施的不断发展改变了这一观念，汽车类虚拟商圈开始快速发展，并且由于汽车产业链的复杂性，形成了多种的汽车类虚拟商圈模式，见图1-7。

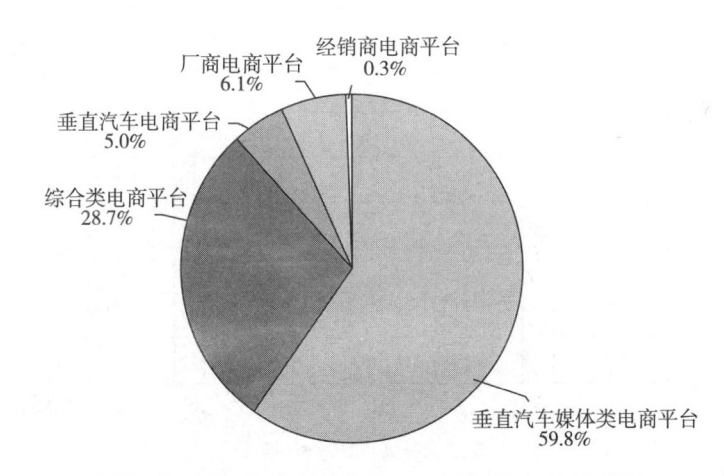

图1-7　2015年各类汽车电商平台销量份额占比情况

资料来源：艾瑞咨询官方网站。

从图1-7中可以发现，汽车类虚拟商圈中以垂直汽车媒体类电商平台为最重要的模式，占整体市场比较为59.8%；综合类汽车电商平台占比近1/3，达到28.7%；垂直汽车电商平台和厂商电商平台分别占5.0%、6.1%；经销商电商平台的商业模式还没有充分发育，仅占0.3%。

从实现的功能看，各类型虚拟商圈都得到了不同程度的快速发展，并且开始形成不同的、独特的商业模式。

（三）趋势性虚拟商圈

现在电子商务发展的三大趋势和前沿是跨境电子商务、移动电子商务和农村电子商务，与之相对应的是跨境虚拟商圈、移动虚拟商圈和农村虚拟商圈，作为最新形态的虚拟商圈，在近几年实现了迅猛发展，日益成为虚拟商圈发展的重点。

1. 跨境虚拟商圈

跨境虚拟商圈主要是以进口零售电商为主，为消费者提供更多更优质的国外商品。随着2014年下半年进口零售电商政策的放开，大量内贸电商和创业企业涌入进口零售电商市场。

图1-8显示，2011~2017年中国跨境电商交易额每年保持稳步增长，2017年，中国出口跨境电商交易规模为6.3万亿元，同比增长14.5%，可以预测未来几年，在政策基本面保持利好的情况下，跨境电商市场仍将保持增长的趋势。

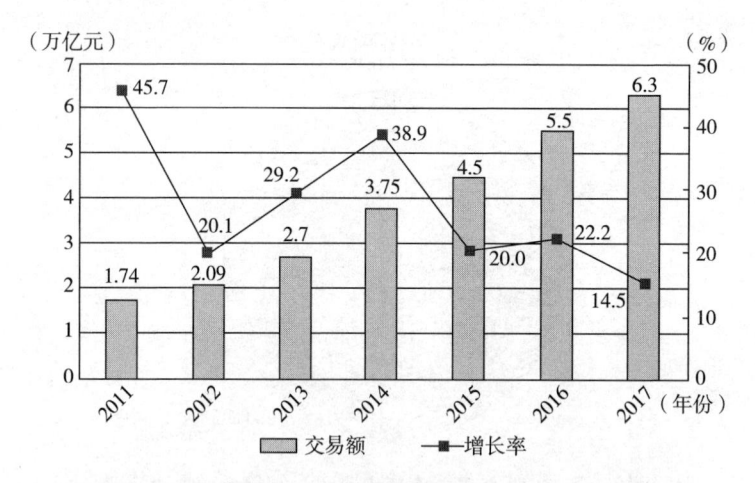

图1-8　2011~2017年中国跨境虚拟商圈的交易规模及增长率

资料来源：易观智库《2015中国跨境进口电商市场研究报告》、电子商务研究中心《2017年度中国出口跨境电商发展报告》。

2. 移动虚拟商圈

随着移动互联网技术和移动电子商务的迅速发展，移动虚拟商圈开始日益成形并不断壮大，2017年"双十一"电商狂欢节，天猫与淘宝的总成交额为1682亿元，其中来自移动端的下单数达到90%①，远超PC端的下单数，移动虚拟商圈开始呈现出"井喷"状态。

从图1-9中可以看出，从2011年开始中国移动虚拟商圈得到了快速发展，从2011年的715.6亿元的市场规模迅速增加到2017年的82298.8

---

① 中国产业信息网，智研咨询公开数据整理。

亿元，增长了近115倍，市场规模迎来增速高峰。但总体来看，移动互联网市场规模的增速逐渐放缓，2017年移动互联网市场规模增速仅为48.8%，远低于2012年的156.4%，这说明中国移动互联网市场进入存量时代。

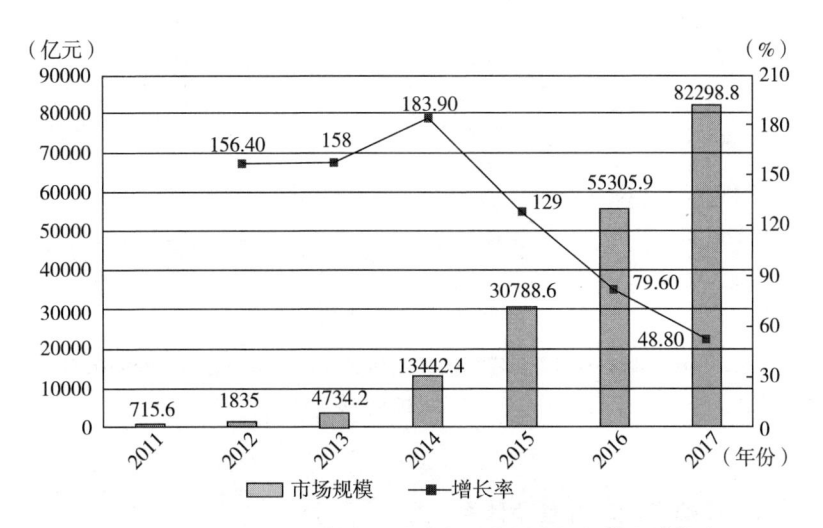

图1-9 2011~2017年中国移动虚拟商圈市场规模及增长率

资料来源：易观智库《2015年中国移动互联网数据盘点＆预测专题研究报告》《2018年中国移动互联网数据盘点＆预测专题分析报告》。

3. 农村虚拟商圈

随着近些年农村电子商务的快速发展，许多知名电子商务平台、大型电子商务企业和大量的中小网店开始进军农村市场，形成了各种大小不一、业态各异、模式独特的农村虚拟商圈，为农村电子商务发展，农产品进程和工业品下乡提供了有力的商业支持。

以农产品电商为例分析农村虚拟商圈，见图1-10。2014年中国农村电商的发展处于起步阶段，占网络总销售额的比例仅为6.5%，但近几年，农村电商整体一直处于高速发展阶段，尤其是2015~2016年农村网络零售交易额翻了近1倍。2015年农村电商实现了全面爆发，农村虚拟商圈发展迎来了前所未有的机遇期。2017年农村网络零售额达到12448.8亿元，同比增长39.1%，占网络总零售额的17.4%。

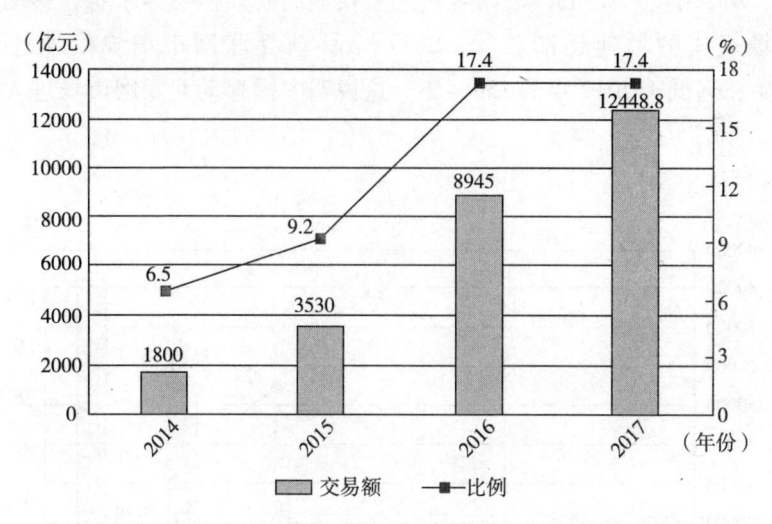

图1-10　2014~2017年农村网络交易额及其占网络总零售额的比例

资料来源：电子商务研究中心《2017年度农村电商发展报告》。

（四）虚拟商圈内部复杂体系

虚拟商圈不仅是自身的规模不断扩大，而且随着电子商务市场不断复杂化，虚拟商圈也开始不断演化出新的形态和结构，内部各业务之间关联程度加大，并且虚拟商圈采用了不同于传统企业的业务多元化模式，从自身业务创新到资本市场并购甚至培养中小创新企业等多种方式实现虚拟商圈规模扩大化、业态复杂化。下面以中国最具有代表性的电子商务虚拟商圈巨头BAT（百度、阿里巴巴和腾讯）为例进行深入分析，如表1-2所示。

BAT分别凭借各自搜索、电商和社交的优势，在各自市场取得了近乎垄断的地位，形成了规模巨大的虚拟商圈，但是它们通过业务创新、并购和参股等三种方式实现虚拟商圈扩张，从而演化出了复杂的虚拟商圈帝国。

百度凭借搜索引擎上的优势，在百度贴吧、百度Hi等即时通信工具，以及基于位置服务和工具等方面精耕细作，同时广泛进军电商、泛娱乐、健康医疗和在线教育等领域。其中百度地图、百度云和百度视频等业务为自身技术创新所实现；Hao123、去哪儿、拍拍网等均为资本并购而得；易到用车、安居客等业务只是利用参股方式进行控制，通过在电子商务市场上的多元化扩张，在虚拟商圈内部形成了多种业务错综关联的态势，同时

表1-2 虚拟商圈的内部复杂体系

业务分类		百度	阿里巴巴	腾讯
工具	搜索门户	百度搜索、91无线、Hao123	UC、神马搜索、中国雅虎(已停止)	腾讯网、腾讯微博、SOSO、搜狗*
	即时通讯	百度贴吧、百度Hi	来往、阿里云、新浪微博、陌陌*	微信、QQ；QQ邮箱、Foxmail；Snapchat；开心网*
		百度手机助手、百度浏览器、91助手、安卓市场	淘宝应用助手、淘宝浏览器	应用宝、腾讯电脑手机管家、QQ浏览器、金山软件*、猎豹移动
电商	电子商城	万达电商、百度微购	淘宝、天猫、1688	拍拍、QQ网购、京东、易迅、好乐买、美丽说、口袋购物、万达电商
	支付	百度钱包	支付宝	微信支付、QQ钱包、财付通
	物流		菜鸟物流*、日日顺*(海尔)、中国邮政*、ShopRunner*(美)	京东物流
	地图	百度地图	高德地图	腾讯地图
基于位置服务	团购	百度糯米	聚划算；美团*、丁丁网*	微生活、微购物、微商户、QQ团购、大众点评*、高朋网*
	打车	易到用车*	快的打车	滴滴打车
	旅游	去哪儿	阿里旅行·旁游	同程网*、艺龙旅行*
	外卖	百度外卖	淘点点一淘宝外卖	
	电影		淘宝电影	QQ电影票
	百货		银泰商业集团*、未来商圈	王府井百货*、新世界百货*、华南城
	其他	安居客*	墨迹天气*	58同城*、乐居*、E家洁*、荣昌E袋洗*

续表

业务分类		百度	阿里巴巴	腾讯
金融		百度金融,百度财富	蚂蚁金服;众安在线财产保险*、恒生电子*	理财通(微信);深圳前海微众银行*、众安在线财产保险*
泛娱乐	游戏		阿里游戏	腾讯游戏
	影视	百度视频,爱奇艺,PPS影音	阿里影业(文化中国);优酷土豆、华数传媒*	腾讯视频,腾讯电影+、襄亚传媒*、华谊兄弟*、文化中国*
	音乐	百度音乐	虾米音乐,天天动听	QQ音乐
	其他	百度文学(百度书城,纵横中文网,熊猫看书)	广东恒大淘宝足球俱乐部*	腾讯文学,腾讯动漫
在线教育		百度教育	淘宝大学,淘宝同学	腾讯课堂
健康医疗		百度健康,健康智能硬件系列*	未来医院、中信21世纪、医药馆	丁香园*、挂号网*
智能硬件	操作系统	百度云OS	阿里云YunOS	
	硬件	小度WIFI,小度路由,百度影棒,百度未来商店	天猫魔盒、智能家居(海尔合作)	Q影、QQ物联
	车联网		互联网汽车*(上汽合作)	驾趣WeDrive*(四维图新合作)
数据	云储存	百度云	酷盘	微云
	云服务器	百度开放云	阿里云	腾讯云
	营销平台	百度统计,百度网盘	阿里妈妈,友盟	腾讯分析,腾讯云分析,腾讯广点播

注:*表示公司入股,其他表示收购或自有。
资料来源:一图看懂BAT的商业生态图[EB/OL]. 搜狐财经, http://www.sohu.com/a/230063086_264439. 作者整理所得。

也加剧了百度虚拟商圈的竞争优势。与之类似，阿里巴巴和腾讯也广泛进入互联网的各种业务，形成了自身的完善的虚拟商圈。在互联网领域中，以 BAT 为代表的虚拟商圈巨头和以唯品会、聚美优品等为代表的中小型虚拟商圈共同形成了复杂的虚拟商圈体系，彼此既相互竞争也相互补充。阿里巴巴虽以电商起步，但现在的业务范围遍及各领域。2017 年阿里财报显示，2017 年阿里巴巴收入达 1582.73 亿元，同比增长 56%；天猫实物商品的商品交易额（GMV）同比增长 43%，保持高速增长、持续扩大 B2C 市场领先优势。2017 年腾讯财报显示，腾讯 2017 年全年总收入为 2377.60 亿元，同比增长 56%。经营盈利为 903.02 亿元，比上年同期增长 61%，净利润率由上年同期的 27% 增长至 30%。2017 年百度财报显示，2017 财年百度营收达 848 亿元，同比增长 20%，净利润为人民币 183 亿元。

综合来看，百度以搜索引擎为支撑，在探索新业务方向时，主要以战略投资为主，形式多为收购和控股，这样一方面可以引进人才，另一方面可以带来新的业务。阿里侧重于构筑完善的电子商务生态链，覆盖物流、数据服务、电商的交易支付、供应链金融等领域。腾讯更多的是采用开放平台战略，特别是对其相对不熟悉的领域，游戏领域一直是腾讯投资的重点。BAT 三大电商巨头共同的特点就是利用自己的核心业务构造了复杂的电子商务生态系统和虚拟商圈，并且都在不断延伸自己的商业业态，这一点在表 1-2 中有鲜明体现，无论是搜索引擎、电商、基于位置服务、智能硬件、在线教育等多个领域，三个虚拟商圈几乎都实现了全业务覆盖。

第二章 虚拟商圈研究综述

虚拟商圈的发展与电子商务和互联网经济的高速发展分不开,并且虚拟商圈属于新兴的交叉学科研究范畴,是商业经济学、网络经济学、计算机仿真、管理学等共同的研究热点和兴趣,国内外学者针对虚拟商圈及其相关的学术热点进行了较为深入的探索,根据研究内容可以将其划分为虚拟商圈和电子商务平台研究、电子商务满意度研究、商圈动态演进研究方法和虚拟商圈外部性研究。

一、虚拟商圈和电子商务平台

(一)虚拟商圈

徐小强、李沂蒙(2015)以罗庄区联社为例探索了社区虚拟商圈的构建,通过客户关系管理网,构建以客户为核心线上线下融合的虚拟金融系统,实现虚拟商圈和金融网络的联动,构建农村信用合作社的虚拟生态系统。王彩霞(2012)分析了1号店的线上线下共同运营的虚拟商圈模式,通过手机APP的应用使消费者享受3D的线下虚拟店铺,通过医药馆等的设立拓宽虚拟商圈经营范围,通过代运营和店中店的运营模式创新实现虚拟商圈的轻资产运营。池毛毛等(2015)认为在数字化普及的今天,企业的竞争已经由单个企业转移到企业联盟,供应链乃至企业生态圈的竞争。因此如何获得企业间合作电子商务能力,成为目前企业关心的实际问题。传统信息技术(information techonlogy, information system, IT/IS)战略联盟研究分析了信息技术如何与企业内业务流程融合,而组织间信息系统研究则从技术视角分析电子数据交换(electronic data interchange, EDI)等组织间技术如何构建和采纳。至今尚没有研究从电子商务战略联盟视角探究企业间合作电子商务能力的获取路径。基于IT/IS战略联盟,组织间信息系统，以及治理机制等研究成果，提出了"电子商务（electronic business，EB）能力作用的战略联盟－正式治理－企业间合作"路径，为企业管理者从战略和管理层面如何构建企业间合作电子商务能力提供了具体的指导建议。崔彬、孔荣（2008）认为虚拟商圈的大小除受地理位置、居民收入水平和交通状况影响外，在一定时期还与所拥有的商品种类和企业经营规模有关。虚拟商圈在电子商务帮助下迅速扩展，形成了自身特点，但其在扩展过程中仍面临交易信用、商品标准化、运营规范化等方面的许多问题。徐婧雯（2011）在传统的零售业商圈吸引力理论的基础上，考虑了目前正迅速发展的电子商务市场的虚拟商圈的特点，利用层次分析法建立了电子商务虚拟商圈吸引力模型，得出目前影响电子商务虚拟商圈吸引力的主要因素是商品价格和付款的安全性的结论，并用层次分析法（analytichierarchy process，AHP）分析模型对淘宝、易趣、拍拍三家电子商务虚拟商圈的吸引力进行实证分析，并得出拍拍、淘宝和易趣对买家吸引力减小的结论。

  虚拟商圈是以互联网平台为核心的集成了众多商家、消费者以及相关服务商而形成的互联网商业生态系统（唐红涛、张俊英，2014）。虚拟商圈已经颠覆了传统商圈的空间地理区域限制，通过互联网和移动互联网拓展到整个虚拟空间，从而在规模和业态上都极大拓展了商业空间发展格局。更加重要的是，虚拟商圈不像传统商圈那样仅仅局限于买卖双方的交易行为，而是拓展整合了整个商贸流通各个环节，从金融支付、商贸信息、物流体系等形成一个完整的商业生态闭环，众多企业在虚拟商圈内部不断演化升级，推动虚拟商圈生态结构不断成熟，形成了电子商务中的"小前端、大平台、富生态"的虚拟商圈生态格局。虚拟商圈借助网络形成，无论如何扩展、延伸，始终与原商圈连接成一体，任意两个主体可以交互传递信息，并不影响商圈其他主体信息的交流（吕庆华、刘江，2009）。就像自然生态系统中各生物群体的相互依赖性一样，每个成员在自我改善与改造的同时，必须对其他群体成员予以注意和配合（徐博艺、杨冬梅等，2002）。朱菲娜（2003）从信息流的角度指出网络商圈是B2B企业间互动的重要管道，为商家互联互通建立商脉网络，减弱了信息不对称现象。徐丽娟（2005）也认为虚拟商圈是一种新的商圈形态，并指出商品的配送能力是决定商圈规模的重要变量。巴拉巴西（Barabasi，2011）也指出Facebook.com、Google.com等网站存在数以千万计的链接，成为信息和商务活动的中心，并且这种集聚现象多发生于热门网站。外国学者（Alexandros Kaloxylos，Aggelos Groumas，Vassilis Sarris et al., 2014) 在研究商圈生态系统时, 将农场管理体系与互联网无缝整合, 并将这一套开放式的体系结构应用在实践当中, 使利益相关者之间能够进行更有效的合作。传统商圈和网络商圈之间的竞争存在于流行产品, 通过互联网出售的利基产品则经常免于这种竞争 (Erik Brynjolfsson et al., 2009)。在消费产品市场, 虚拟商圈可以发挥纯网络零售商的优势, 因为它们通过当地商店网上购物提供服务使人产生信任。唐红涛等 (2017) 从交易成本视角分析了虚拟商圈扩张的影响因素, 并利用面板数据模型进行了实证分析, 结果显示, 在虚拟商圈中技术创新和人力资源成本是虚拟商圈扩张的重要影响因素, 技术创新有利于保持高度的核心竞争力, 人力资源成本表示所拥有的知识资源越丰富, 越有利于创新发展, 扩大边界。资产专用性和盈利能力对虚拟商圈扩张的影响程度较微弱, 这可能是由于由资产专用性导致交易成本降低对虚拟商圈扩张的影响并不那么明显和在虚拟商圈中更着重于追求长期规模经济所致。

但有趣的是, 虚拟商圈并不总是提高消费者社会福利 (Nault and Rahman, 2016)。徐婧雯 (2011) 指出对消费者的吸引力和对卖家 (网店) 的吸引力是导致电子商务虚拟商圈聚集的两个主要原因。余金艳等 (2013) 通过 ArcGIS 分析了淘宝虚拟商圈上的 50 家化妆品商店, 利用物流配送时间折算的距离勾画出虚拟商圈的范围。唐红涛 (2014) 初步构建了一个虚拟商圈发展的概念模型, 并指出了虚拟商圈集聚将产生规模经济和技术创新两种效应, 虚拟商圈的成长很大程度上得益于这两种效应的作用。奥弗比和米特拉 (Eric M. Overby and Sabyasachi Mitra, 2014) 比较了买方和卖方在虚拟商圈和传统商圈中的平衡选择, 分析了广告成本和交易成本对机制设计的深远影响。塞思和埃琳娜 (Seth Siyuan Li and Elena Karahanna, 2015) 对 B2C 的在线推荐领域进行了系统文献回顾, 并从消费者、生产者角度进行了比较分析研究。

(二) 电子商务平台

虚拟商圈发展的重要基础和核心是电子商务平台, 正是电子商务平台的特性导致了众多的商业企业集聚形成独有的电子商务现象。严金才 (2014) 从阿里巴巴的治理结构入手, 全方位解读了其团队、创新和文化实质 (武侠文化和倒立文化), 透视了客户、消费者及公众管理机制这一平台生态机理, 提出了其"攘外"必先"安内"的红海"杀戮"路线图。张雪卫 (2014) 以爱美购跨境电子商务平台为例, 通过重新整合爱美购资源，改变爱美购原有的单一商业模式，寻找爱美购的精准定位，最终找出消费者的需求点，实现爱美购海淘购物平台的拓展。电子商务平台品牌在追求成长和发展的过程中，会与其他的电子商务平台品牌为争夺消费者和获取交易额而发生激烈的竞争。李存超（2014）通过对品牌购物网站的研究，通过网站功能设计有效地吸引并维持消费者成为提升电子商务平台品牌竞争力，从消费者行为理论的"感知—态度—行为"范式构建了电商服务质量对品牌资产的影响理论模型和操作模型，探讨电子商务平台服务质量对品牌资产的影响机理。李慧芳（2015）围绕"在竞争激烈的电子商务平台上，卖家应该如何参与竞争并提高销售业绩"这一实践问题展开研究，并具体探索了"电子商务平台卖家应该如何组合使用基于平台的功能从而提高其销售业绩、电子商务平台上卖家的信誉如何调节基于平台功能的类目特征与销售业绩之间的关系、子商务平台上卖家的不同信号对其实际销售业绩的影响具有怎样的相对有效性"三个研究问题。王文贤（2018）构建了电子商务平台的绩效评价指标体系，形成了以财务维度、客户维度、内部流程维度、学习与发展维度为4个一级指标与20个三级指标的绩效评价模式。并以浙江杭州四季青服装市场为研究案例分析了10个电子商务平台商户的绩效。

  李小玲等（2014）从平台第三方的角度切入研究客户管理问题，拓展了客户关系管理研究的二元分析范式。借助双边市场理论、动态能力理论与组织生态理论，在VAR模型基础上分析了卖家竞争的广度和深度对平台企业绩效的动态影响，并探讨了平台企业对双边客户的营销策略如何影响卖家竞争结构。研究结果表明，卖家竞争广度能有效拉动平台企业收入，卖家竞争深度的增加短期内有效但长期却起到抵消效应。此外，针对新买（卖）家的营销策略有独特的效果，并且平台企业的长期发展需要对商家竞争进行有效控制，均衡自身和商家的利益。王法涛（2014）认为以往的产业经济学理论大多是基于对传统产业的关注，并提出了适应不同产业环境的纵向关系治理模式，这与电子商务行业目前纵向一体化的趋势差别较大甚至是背道而驰。因此，王法涛以纵向关系为主线，分析了产业链纵向关系治理的要素，并构建了六种不同所有权主导模式的电子商务产业链治理模型，并分别从纵向协同机制和双边市场竞争的角度研究了电子商务纵向关系治理模式之间的差异。王丹萍（2017）选取百度、阿里巴巴、腾讯、京东和新浪5家国内知名的电子商务平台企业，基于多案例分析的视角分析了虚拟商圈云计算拓展的动因。结果表明，商业动因、环境动因、组织动因和技术动因分别在其决策中起重要作用，且重要程度依次递减。

屠建平、杨雪（2013）从电子商务平台供应链融资的产生背景及意义入手，对电子商务平台下供应链金融的四种模式与传统的融资模式进行了对比分析，接着运用平衡积分卡构建了电子商务平台绩效评价指标体系，并用双模糊模型对其进行了简要的评价。贺桂和、曾奕棠（2013）针对当前电子商务平台推荐中存在的不足，提出了借助于本体技术和 Agent 技术，实现基于情境感知的电子商务平台个性化商品的推荐。桂云苗等（2018）分析了电子商务平台中的质量保证策略，并分别讨论了平台型、自营型和综合型三种不同类型下质量保证策略选择的博弈模型。

（三）电子商务生态系统

电子商务生态系统中各种群由于信息不对称，在追求各自利益最大化的过程中各种群之间存在长期持续博弈现象。李春发等（2015）以电子商务生态系统中三个主要种群为博弈主体，运用博弈理论，建立了有限理性及信息不对称假设条件下，关于三方合作共生的动态演化博弈模型和复制动态方程。研究发现影响电子商务生态系统稳定演化的主要因素为合作策略的收益率，电子商务生态系统趋于合作状态的概率与合作策略的收益率成正比。郭旭文（2014）在传统的对商业生态系统生命周期的分析基础上，重新定义了电子商务生态系统的演化路径，分别是初步形成、扩展、协调发展、进化革新四个阶段，并以阿里巴巴集团为案例，从实证角度为电子商务生态系统及其演化路径的理论分析提供了现实依据。司林胜等（2010）则认为电子商务的湖泊汇聚效应使无数个价值链和生产链动态地组成了电子商务生态系统，维持其动态过程的驱动力就是 Internet 和现代物流，这是电子商务生态系统得以运行的最根本的物质保证，否则就变成了传统的商务系统。胡岗岚等（2009）发现分属不同经济实体成员间的冲突影响电子商务生态系统的总体效益，各成员间的协调问题是制约电子商务生态系进一步发展的主要因素。研究从系统信任问题、利益争夺问题、信息不对称问题以及协作问题着手，提出关系、利益、信息、运作四大协调机制，并以阿里巴巴集团为核心的电子商务生态系统为例，分析其协调机制以及阿里巴巴作为核心企业的作用，采用商业生态系统理论来解释中国电子商务产业的集群化现象，并把电子商务生态系统的演化归纳为开拓、扩展、协调、进化四个主要阶段，提出了电子商务生态系统具有高系统更新率、核心企业的绝对领导地位、系统边界高模糊性、高环境威胁的四大特点。王冰（2014）将电子商务生态系统与协同创新结合，发现电子商务生态系统协同创新的各个构成要素不仅对其协同创新绩效产生影响，而且受到协同创新能力和电子商务生态系统特性的影响。以聚划算为核心的电子商务生态系统的特性对组织协同、市场协同、战略协同影响电子商务生态系统协同创新绩效具有显著的调节作用，对技术协同、文化协同影响电子商务生态系统协同创新绩效的调节作用并不显著。王东辉（2016）以浙江义乌商圈为例分析了电子商务市场业态演进中企业家才能要素培育、配置与升级，在义乌商圈的形成过程中，企业家群体将各种生产要素高效集合，其中企业家才能发挥了主观能动性。在传统专业市场向新兴市场业态转变的关键时期，如何抓住机遇，实现传统市场与电子商务市场的协同发展是区域产业与经济升级的关键。电子商务环境下价值关联、市场结构和资源配置方式都发生了一定程度的转变，因此电子商务环境下的商业生态系统具备其特殊性，将电子商务与商业生态系统相结合研究更具意义（李景怡，2017）。

杨瑶（2015）对电子商务生态系统的资源流转机制进行了研究，发现电子商务生态系统中资源流转的路径分为垂直路径、水平路径、斜向路径三种，并且资源流转呈现出利益最大化、就近性、分散多边性、物质不灭定律。杨克岩（2014）基于电子商务信息生态系统理论，探讨了电子商务信息生态系统的构建，并着重分析了三个子系统——电子商务信息场、电子商务信息生态链和电子商务信息生态圈，并以京东商城为实际案例，着重分析京东商城电子商务信息生态系统的构建。王珊、王有为（2011）基于动机能力和企业资源观理论，充分考虑到 Web2.0 时期电子商务特征，构筑中小企业电子商务使用的动机－能力理论模型，指出中小企业的效率采纳动机、合法性采纳动机、电子商务能力、信息系统能力、财务能力以及网上商圈构筑能力影响电子商务绩效。利用因子分析法和回归方法对 192 个中小企业的数据进行了验证，结果表明，电子商务能力以及网上商圈构筑能力对所有的电子商务绩效指标有促进作用。池仁勇、乐乐（2017）以"淘宝村"作为研究对象，运用电子商务生态微系统理论，以浙江省临安市昌化镇白牛村为案例，深刻分析了"淘宝村"的各个种群以及生态演化规律。雷兵（2017）构建了由网络零售商、消费者、物流配送企业、网络零售服务外包企业等共同组成的网络零售生态系统，并运用系统动力学建立了各种生态关系的因果回路图，并运用计算机仿真揭示了各个种群的内在逻辑联系。

陆立军等（2014）认为专业市场与电子商务相互融合所诱致的制度变迁过程是基于市场内部各要素相互作用及其与外界环境非线性交互作用的动态适应性调整过程。在对投资理论加以修正并与自组织演化发展经济学理论相配合后，建立了一个关于专业市场与电子商务联合演化诱致下专业市场制度变迁的阶段性比较制度分析模型，电子商务增强了专业市场的可延展性，并作为序参量指示产生新的时间、空间或功能结构，在此基础上形成多元体制的互补性进化并实现多方利益的平衡。李广乾、沈俊杰（2014）一方面从信息化、参与主体、电子商务建设服务的供给与需求、产业属性等角度全面认识电子商务经济的基本属性；另一方面从物联网、云计算、大数据及移动智能终端为主要代表的新一代信息技术去把握电子商务经济发展的最新特征。并从电子商务的基本经济架构与电子商务服务业生态方面描绘出了电子商务经济的复杂生态系统。周希霖等（2015）介绍了武汉本地化电子商务发展的背景，通过对大学城商圈电子商务的市场现状分析，从商圈的特征出发，确定了基于大学社会关系并利用统筹管理大学城周边商家的环大学城社交化电商联盟，以求使本地学生与学生、学生和商家相互联系，真正实现C2C的理想状态。

苏珊等（Susan Standing et al.，2010）研究了1997~2008年共12年的电子市场上领先的信息系统期刊研究（见表2-1）。研究文章被分类根据五个概念性的高层次分组：电子市场理论、专注于技术或功能的系统性视角、采用和实施问题、组织的影响、更广泛的电子商务问题。调查结果表明，尽管电子市场的发展研究超过12年，但是对基础理论的研究还不足，一是对电子市场的性质和效率的基本问题缺乏研究；二是关于电子市场组织影响方面的文章相对缺乏。但这两个问题都可以通过增加宏观研究的有效数字加以解决。巴克斯（Y. J. Bakos，1997）认为电子市场最简单的形式是一个可以被定义跨组织信息系统的市集，允许在一些市场参与的买家和卖家交流关于价格和产品信息。电子市场应该使潜在的贸易伙伴进行鉴定和交易执行（V. Choudhury et al.，1997）。从实践的角度进行电子市场的研究也很重要。从企业和消费者角度看，市场对商业世界产生了重要影响。尽管2001~2003年，网络公司（dotcom）崩溃、许多小型电子市场后续整合，电子市场仍然提供了一个更可行的和可持续商业模式（B. C. Glassberg，J. W. Merhout，2007）。

表2-1 1997~2008年国外期刊文献

期刊名称	1997年	1998年	1999年	2000年	2001年	2002年	2003年	2004年	2005年	2006年	2007年	2008年	期刊数量	比例
美国计算机学会通讯		2	1	2	1	1	1		3	1	2	3	17	9
信息系统学会通讯			1					3					4	2
决策支持系统				1			2		3	2	8	10	26	13
欧洲信息系统杂志								1	1	1	2	1	6	3
IEEE工程管理			1			1	1	1		1	1	1	6	3
信息与管理					1			2	1	2			9	5
信息系统研究		1					2	3	4	3		3	17	9
信息技术与管理					1							1	2	1
信息技术与人			1	1			1		1				4	2
国际电子商务杂志	1	1	6			2		2	2	3	2	1	20	10
信息技术杂志			1	1				1	1	2	1		6	3
管理信息系统杂志	1			1			2		1	1	2	4	12	6
信息系统协会杂志						1							1	0.5
管理科学	1	1				2	7	4	16	2	8	6	47	24
管理信息系统季刊		1	1				1	1		2	3	2	11	5.5
战略信息系统杂志		1			1	1	1	2		1	1		8	4
总计	3	7	12	6	4	10	18	16	33	24	31	32	196	100

二、虚拟商圈外部性

网络外部性指随着使用同一产品或服务的用户数量变化，每个用户从消费此产品或服务中所获得的效用的变化。虚拟商圈作为连接消费者和网店的网上交互平台，其用户的使用行为必然受到其网店和其他消费者的影响，即它是典型的具有网络外部性的产品，而且虚拟商圈的迅猛发展吸引了世界各地的关注与使用，人们开始从各个方面对虚拟商圈外部性进行探讨。这部分内容主要从网络外部性角度结合多领域学科来阐述国内外学者对消费者的持续使用意愿、忠诚度、参与强度等的研究。总结分析众多学者的研究成果可以了解他们的研究方法多数采用了问卷调查的方式，联系使用和满意理论、动机理论、理性行为理论、计划行为理论等，以及结合技术接受模型①、结构方程模型②、回归模型等方法来研究消费者使用意愿。

（一）网络外部性的测度

很多学者（Gupta and Mela, 2008; Katz and Shapiro, 1985; Lin, 2008）指出两种类型的网络外部性：直接网络外部性和间接网络外部性。直接网络外部性来源于随着一种特定产品或服务的使用者增加，使用者获得的利益也随之增加。间接网络外部性是指随着一种产品使用者数量的增加，市场出现更多品种的互补产品可供选择，而且价格更低，从而消费者更乐于购买该产品，间接提高了该产品的价值。其中，傅亚平和赵晓飞（2011）认为，参与成员数量就是指一个网站成员感知到使用该网站的人数。当越来越多的用户使用 SNS 网站的时候，对每一个用户来说，增加的

---

① 技术接受模型（technology acceptance model, TAM），1989 年，技术接受模型是戴维斯（Davis）运用理性行为理论研究用户对信息系统接受时所提出的一个模型，提出技术接受模型最初的目的是对计算机广泛接受的决定性因素做一个解释说明。技术接受模型提出了两个主要的决定因素：一是感知的有用性（perceived usefulness），反映一个人认为使用一个具体的系统对他工作业绩提高的程度；二是感知的易用性（perceived ease of use），反映一个人认为容易使用一个具体的系统的程度。

② 结构方程模型（structural equation modeling, SEM）是一种融合了因素分析和路径分析的多元统计技术。它的强势在于对多变量间交互关系的定量研究。其目的在于探索事物间的因果关系，并将这种关系用因果模型、路径图等形式加以表述。在模型中包括两类变量：一类为观测变量，是可以通过访谈或其他方式调查得到的；另一类为结构变量，是无法直接观察的变量，又称为潜变量。

不仅仅是潜在的可以拓展的人际圈,还可能得到更多的信息资源等。所以,当用户感知到有很多人都加入了社交网站后,他们就会觉得可以通过"朋友的朋友"结识更多的人或者获得更多的资讯。此外,邱超敏等(Chiu Chao–Min et al.,2013)研究模型中感知网络规模、苏咏春(Suny Yong Chun et al.,2007)研究模型中的全部网络规模、林宽裕(Kuan–Yu Lin et al.,2011)研究模型中的会员数量均与之类似。还有一些学者(Tao Zhou et al.,2011;Ling Zhao et al.,2012)更加严谨地考虑了用户已有社交圈子的影响,即除了全部网络规模会影响用户使用意愿外,用户自身形成的网络规模或者加入的其他社交圈子的感知规模对用户继续使用也会造成一定影响。总的来说,不管是全部网络规模还是当地网络规模都是直接网络外部性的表现。间接网络外部性方面,周桃等(Tao Zhou et al.,2011)、赵林等(Ling Zhao et al.,2012)考虑了感知互补性,但邱超敏等(2013)更加全面地考虑到外部声誉、兼容性、互补性的影响作用。周园、王念新等(2011)提出用户感知到使用移动社交的其他用户数量、使用这项业务的普遍性,以及他人使用对自身造成的社会认同感和行为上的影响程度来衡量网络外部性,即通过调查问卷的形式区分直接和间接外部性,但最后将网络外部性作为单一变量来衡量。尽管他们针对网络外部性的测度各有差异,但是都是从网络外部性的直接和间接两个方面来衡量,这也是网络外部性构成影响的两个方面。但是如果单一用网络外部性进行度量的话,则不能从深层次细分影响因变量的具体因素,而且从直观上我们就能得出网络外部性对社交网站用户或潜在用户是存在必然影响的。此外,菲施巴赫等(Kai Fischbach et al.,2011)的研究模型只考虑了直接网络外部性,但他们的研究对象是电子邮件和即时短信这两种兼容性很强的产品,是可以忽略间接网络外部性的影响。总体来说,采用多个网络外部性测度来分析可以得出具体哪个因素影响了因变量以及影响强弱,对于测定具体影响因素强弱很有意义。

(二)中介变量与因变量

首先,在因变量为后期网络使用意愿或持续使用意愿时,林宽裕等(2011)以感知有益性(有用性、娱乐性)作为中介变量;赵林等(2012)以感知交互性(控制、娱乐性、连接性、回复)作为中介变量,然后以满意度作为感知交互性与因变量的中介变量。从社会心理学角度来说,用户在使用某个社交网站后产生满意感觉后才会决定使用,但某些学者却忽略了满意度在使用中的影响。而苏咏春等(2007)的研究运用的是回归模型则无中介变量，其中他们将对服务的满意度直接作为自变量。由各自模型来看，中介变量的存在有利于清楚了解对因变量影响的详细路径，所以中介变量是不可或缺的因素。其次，在因变量为忠诚度或用户主观幸福感时，大部分学者（周桃等，2011；顾睿等，2013；邱超敏等，2013）均采用了结构方程模型，而且基本都以用户满意度为中介变量。但周桃等（2011）还采用了感知有用性作为中介变量，邱超敏等（2013）采用了 SNS 认同作为中介变量。其中，邱超敏等（2013）主观幸福感主要是指人们对其使用社交网站的情感性和认知性的整体评价。再次，在因变量为使用或者实际使用时，斯特拉德等（Troy J. Strader et al.，2007）、周园等（2011）采纳了技术接受模型将感知有用性、感知易用性作为了中介变量，但还有结合了使用和满意理论的学者（Aine Dunne et al.，2010）则加入了满意度为中介变量。其中斯特拉德等（2007）将使用行为意愿作为第二个中介变量，来体现技术接受模型中感知有用性和感知易用性作用于使用行为意愿后间接影响使用。最后，在因变量为参与强度时，傅亚平、赵晓飞（2011）运用动机理论和网络外部性理论构建关系模型，借助动机理论中娱乐性动机、社交行动机和信息性动机为中介变量来观测对参与强度的影响，其中参与强度指用户使用社交网站愿意花费的时间、精力等。

（三）研究模型

林宽裕等（2011）基于网络外部性和动机理论建立相关研究模型。研究模型考虑感知有益性和网络外部性是影响用户持续使用意愿的关键因素，其中感知有益性由外部有益性（有用性）和内部有益性（娱乐性）构成。对于网络外部性，模型考虑三种来源，命名为：直接（会员数量）、同伴（同伴数量）和间接（感知互补性）网络外部性。赵林等（2012）基于文献回顾做出的研究模型，假设感知网络规模和感知互补性将正向强化微博用户的感知交互性，其中感知交互性包含四个维度：控制、娱乐性、连接性和回复。接着再假定感知交互性与满意度呈现正相关关系，而满意度会影响持续使用意愿。苏咏春等（2007）的定义模型，包含了提出的三种网络外部性因素，其中网络强度作为除会员数量影响后期使用网络服务意愿的独立变量，表示用户愿意投入的时间、精力等。另外除了网络外部性的三种因素，加入了对服务的满意度作为另一个独立变量，众所周知，满意度是影响用户持续使用意愿的影响因素。周桃等（2011）的研究模型，网络外部性包括两个因素：网络规模和感知互补性；流畅体验同样也包括两个因素：感知娱乐性和注意力集中。网络外部性和流畅体验通过影响感知有用性和满意度进而影响忠诚度，并且假定涉及的网络规模和感知互补性对感知娱乐性也有影响。傅亚平等（2011）基于网络效应和动机理论建立的模型，将网络外部性作为参与动机的外部变量，其中参与成员数量作为直接网络外部性，感知附加功能作为间接网络外部性；再将用户使用社交网站的动机分为内在动机和外在动机两个方面，其中内在动机主要包括娱乐性动机和社交性动机，外在动机主要包括信息性动机；最后提出参与动机作用于参与强度。斯特拉德（2017）分析了在企业各个生命周期阶段在线服务的策略，在企业的初始期、成长期和成熟期，考虑到网络外部性带来的边际成本、边际收益以及服务价值，企业应该提供不同的在线服务策略。

这些研究模型是研究网络外部性的社交网站持续使用意愿或忠诚度的典型代表。首先在网络外部性的测度上，他们均考虑了直接和间接网络外部性，但在直接网络外部性测度方面是有区别的：林宽裕等（2011）、苏咏春等（2007）考虑了全部网络规模和部分网络规模，而其他学者（赵林等，2012；周桃等，2011）则只考虑了部分网络规模。其次在模型选用上，回归模型、技术接受模型、结构方程模型是使用最频繁的模型。最后在结论上均能得出网络外部性对中介变量或因变量有正向影响，我们可以得出网络外部性是社交网站研究不可忽略的因素，见表2-2。

（四）研究结论

在研究人们持续使用社交网站的原因上，林宽裕等（2011）、赵林等（2012）的研究表明感知网络规模（同伴数量）对娱乐性有显著影响，但李宽裕等（2011）则发现会员数量（全部网络规模）对娱乐性影响不大。可知直接网络外部性对社交网站用户造成影响的主要原因是线下社交圈子中的好友、亲人等大部分使用了某种社交网站后反馈了正向意见后，才引起用户选择使用。苏咏春等（2007）采用了回归模型对网络外部性和互联网服务（网上信息、网上社区、网上聊天室、电子邮件）后期使用进行了研究，结果表明当地网络规模对网上信息、网上社区产生明显影响，而且网络强度也对网上社区造成深刻影响。但是在网上聊天室方面却是全部网络规模的影响最强烈。考虑到网上信息和网上社区大部分是由线下已有的社交圈子发展到线上加以巩固和发展的产品，所以当地网络规模影响最大，而网上聊天室则由陌生好友构成，某一聊天室聚集的用户越多，网络规模越大，则能吸引更多用户，在用户选择角度上也是基于聊天室庞大的人口数量。相对于电子邮件，网络外部性的三种测度（全部网络规模、当地网

表2-2 网络外部性测度、中介变量、因变量和研究模型

作者	网络外部性测度因子	中介变量1	中介变量2	因变量	研究理论与模型
Suny Yong Chun, Minhi Hahn(2007)	全部网络规模、当地网络规模、网络强度	无	无	后期网络使用意愿	回归模型
Kai Fischbach等(2011)	直接的网络外部性	感知有用性、感知易用性	使用行为意愿	使用	技术接受模型
傅亚平、赵晓飞(2011)	参与成员数量、感知附加功能	娱乐性动机、社交性动机、信息性动机	无	参与强度	网络效应理论、结构方程模型
Kuan-Yu Lin, Hsi-Peng Lu(2011)	会员数量、同伴数量、感知互补性	有用性、娱乐性	无	持续使用意愿	结构方程模型、动机理论
Tao Zhou, Yaobin Lu(2011)	感知网络规模、感知互补性	感知有用性、满意度	满意度	忠诚度	结构方程模型
Ling Zhao, Yaobin Lu(2012)	感知网络规模、感知互补性	控制、娱乐性、连接性、回复	满意度	持续使用意愿	结构方程模型
顾睿、胡立斌、王刊良(2013)	社会影响	满意度、忠诚度	无	忠诚度	结构方程模型
Chiu Chao-Min, Cheng Hsiang-Lan等(2013)	感知网络规模、外部声誉、兼容性、互补性	用户满意度、SNS认同	无	用户主观幸福感、用户忠诚度	网络外部性、结构方程模型
周园、王念新(2011)	采用Wang(2004)等提出的用户感知使用移动社交的其他用户数量、使用这项业务的普遍性等对自己的影响	感知有用性、感知易用性	无	实际使用	网络外部性、技术接受模型

络规模、网络强度）对其影响皆不明显，主要原因可能是电子邮件是高度兼容性产品，即使由不同的运营商提供但不影响相互沟通，而且对于邮箱用户也不愿意频繁改变邮箱地址来联系好友。再者，（周桃和卢耀宾，2012）的研究表明网络外部性通过影响感知交互性（包含四个维度：控制、娱乐性、联通性、回复）继而影响用户满意度，而满意度与使用意愿呈现正相关关系。但结果表明感知交互性中回复对满意度的影响并不明显，可能是因为信息发表者将信息公开给其他人，其他人对信息进行回复，但回复本身对于信息发布者并不重要。同时，Kuan–Yu Lin 等（2011）的研究结果表明网络外部性与感知的有益性呈现正相关关系，而感知的有益性与持续使用意愿也呈现出正相关关系。但网络外部性中会员数量和感知互补性对持续使用意愿作用并不显著，同伴数量却影响人们持续使用意愿。

在影响用户忠诚度方面，顾睿等（2013）在影响社交网站用户忠诚度的因素中，用户感知价值和满意度的作用较强，满意度对用户忠诚度的影响系数相比于感知实用价值和享乐价值作用的显著性水平较低。这一结果表明对于社交网站用户来说，满意可能并不是影响其对网站忠诚的关键决定因素。社会影响（网络外部性）对于忠诚度也有显著的正向影响作用，这印证了社交网站作为建立和维持人际关系的网上服务平台，其用户的使用行为必然受到其社交圈子的影响。在用户满意度的影响因素中，实用价值对满意度的路径系数影响最大，可见用户对满意度的评价更加受社交网站实用因素的影响。当然对于社交网站休闲娱乐必不可少，享乐到满意的较高路径系数，体现出能够推出令用户满意的娱乐服务对于满意的培养也很关键。周桃和卢耀宾（2011）通过整合网络外部性和流畅体验两个方面来研究移动即时通信使用者的忠诚度，研究结果表明，网络外部性和流畅体验两者有效地影响了感知有用性和满意度，进而作用于用户忠诚度。

在用户实际使用方面，周园等（2011）采用技术接受模型得出感知有用性是影响大学生使用社交网络的直接影响因素；网络外部性、沟通有效性和感知易用性只能通过作用于感知有用性来间接地影响实际使用；孤独感和使用成本则不是影响大学生使用社交网络的因素。网络外部性对使用意愿并不明显，可能存在原因是样本不够大，或者是因为正处于社交网站的接触探索期，用户对产品不够熟悉。

在用户参与强度方面，傅亚平等（2011）以用户使用社交性网站服务的参与动机和参与强度关系为研究目的，运用动机理论和网络效应理论，构建基于网络外部性的社交网站用户参与动机和参与强度关系模型，选取人人网用户作为调研对象,通过问卷调查方式进行实证研究。研究表明,娱乐性动机是影响用户参与强度的主要因素;间接网络外部性(感知附加功能)对用户参与动机(娱乐性动机、社交性动机、信息性动机)全部具有显著影响,但直接网络外部性(参与成员数量)对用户的参与动机只有局部显著影响,且娱乐性动机在网络外部性和参与强度的关系中起到了中介效应作用。

从用户特征进行分析,Kuan – Yu Lin 和 Hsi – peng Lu(2011)的研究结果表明性别在感知有益性和网络外部性的作用对持续使用社交网站的意愿上有显著区别。首先,在持续使用意愿的影响路径上,对于女性同伴的数量有着积极影响,但对于男性来说却没有。先前的研究结果表明女性对于他人的建议更为敏感(Venkatesh and Morris, 2000; Venkatesh et al., 2003),以及易受校友和朋友的影响去使用一种新的技术。相反,男性使用一种新技术一般出于对工作的需要(Minton and Schneider, 1980)。其次,在娱乐性的影响路径上,会员数量对男性没有明显影响,说明男性对有着大量会员的社交网站没有感觉到愉悦,但在扩大他们的社交圈是有用的。后期学者有从年龄、学历、收入、是否单身等因素对感知有用性、感知易用性、网络外部性、感知娱乐性等方面进行了研究。

(五)研究述评

学者们关于虚拟商圈的研究已经非常丰富,主要体现出几个特点:第一,随着时间的不断推移,虚拟商圈在不断地变化以及日益成熟,研究领域不断深入,从最初的网站设计研究到社会心理学、管理学等领域的拓宽,研究不仅仅局限于运营商视角,现在有更多学者关注用户视角。第二,研究工具不断更新,艾妮·唐思等(Aine Dunne et al., 2010)运用深度访谈方法以及苏阳春等(Suny Yong Chun et al., 2007)运用线性回归方法探究为什么年轻人加入和使用社交网站,到一部分学者(傅亚平等,2011; Kuan – Yu Lin et al., 2011; Ling Zhao et al., 2012)开始运用 SPSS 软件、EVIEWS、AMOS 等软件来分析探索研究社交网站。第三,研究模型日益复杂。1989年,戴维斯运用理性行为理论研究用户对信息系统接受时提出技术接受模型,最初的目的是对计算机广泛接受的决定性因素做一个解释说明,后期学者将它延展用于分析社交网络接受意愿。随着虚拟商圈地发展变迁,苏阳春等(2007)考虑了网络外部性因素的影响作用,将网络外部性测度因子运用回归模型来分析后期网络使用意愿。最近几年的研究成果主要集中运用结构方程模型和网络外部性理论来研究探讨社交网站。

但值得注意的是,在我们看来,上述研究仍然存在一些缺陷,或者有些关键问题没有考虑到。第一,对于虚拟商圈的研究普遍采用了调查问卷的形式。虽然从用户角度为中心的主观意向很重要,但是对于研究结果的影响较大,所以选用更具客观性的因素更能得出最佳结果。此外,问卷设计题目可能存在诱导性,导致问卷填写者顺应问卷设计者的思路而填写,缺乏事实性。在问卷筛选方面,设计者可能剔除了某些奇异变量去优化问卷结果。第二,在理论方面,大部分学者只考虑了正的网络外部性测度,而鲜有学者考虑交叉网络外部性或负的网络外部性。第三,定性分析是普遍缺少的模块,尽管定量分析具有客观性、标准性、精确化等鲜明特征,但处处要求量化则导致过分依赖笔纸测验形式,某些内容勉强量化后,只会流于形式,并不能对评估结果做出恰当的反映,因而,定量分析忽略了那些难以量化的重要因素。所以加入定性分析是后期研究需要注意的方面,缺乏定性分析导致存在数据不能很好解释的部分失去意义以及忽略了它的影响。

三、移动虚拟商圈与消费者

2017年中国移动购物市场规模为46370亿元,占网络零售市场70.8%,同比增长135.9%。2017年中国移动电商用户则达到4.73亿人,增速13.2%。其中,农村网民2亿人[①]。由此可见中国移动电子商务发展势头强劲,特别是移动购物市场有很大的发展潜力。截至2013年5月,美国56%的人已拥有智能手机,且大多数人已使用移动互联网,有1/3的智能手机用户把移动互联网作为主要的上网途径(Liran et al.,2014)。与此同时,欧洲的智能手机普及率也早已达到了50%以上。智能手机的普及加速了移动互联网市场的发展,也标志着移动电子商务的到来。移动购物(M-shopping)在移动电子商务中的地位如同网络零售在传统PC电子商务地位一样居于中心位置,移动购物也呈现出与传统网络零售显著不同的特点,根据迈克尔(Michael,2014)的观点,移动购物是一种特殊的基于手机等智能设备的移动服务,它能够使消费者在任意时间、任何地点(这一便利性甚至超过PC购物)通过手机浏览和购买零售产品和服务。伴随

---

① 艾瑞咨询,http://www.iresearch.com.cn/coredata/2014q4_3.shtml#a1.

着移动电子商务在时空存在性、便利性、本地性和人性化等独特而无法取代的优势,企业开始为消费者生活的方方面面提供移动服务和支持(Varnali and Toker, 2010)。事实上,移动购物并不仅仅只是将商品买卖过程转移到移动端,它也是一种全新的分销渠道,极大改变了现有电子商务和网络经济的发展格局,推动传统的线上线下双渠道模式出现变化,移动渠道和 PC 渠道共同组成了线上渠道,致使双渠道模式发生变异。同时,移动购物对电子商务生态链条各个主体也产生了深刻的影响,特别对于消费者行为和生产者行为,从多个维度形成差异。移动购物也加剧了对于个人隐私及购物安全的重视程度,呈现出显著不同于 PC 电子商务的特征。

(一)移动购物与消费者行为

移动购物过程与消费者行为息息相关、密不可分,瑞贝卡(Rebecca et al., 2015)运用匹配法计算移动购物的倾向性指数,研究显示,移动购物影响消费者行为的机理主要表现在四个方面:(1)移动购物使全体消费者的订单数量都有所增加;(2)移动购物使全体消费者的订单率都显著提高;(3)相较于消费量较高的群体,消费量较低的群体在采用移动购物后订单数量和订单率的增长都更为显著,增长幅度也更大;(4)移动购物的消费者更偏好习惯性消费品或经验产品的购买。他们建立了一整套分析移动购物和消费者行为的理论框架,但是消费者行为是非常复杂的系统过程,消费者"黑盒"的决策行为以及移动购物后的满意度都深刻影响移动购物的发展和演变。我们将从移动购物的消费者决策行为和消费者满意度两个方面进行展开分析。

1. 移动购物决策

消费者在移动购物过程的决策行为是极其复杂的,也是学者们研究的热点,如何打开消费者决策的"黑盒",探寻消费者的购物动力源泉在理论和实践上探索较多,许多学者利用现有的 TPB 模型、UTAUT 模型和 TAM 模型进行了移动购物的分析。穆罕默德和凯西(Mohamed and Kathy, 2008)分析了移动电子商务的特性,并据此改进了 TPB 模型[①],从直接和

[①] TPB 模型是计划行为理论(theory of planned behavior, TPB)的简称,由 Icek Ajzen 提出的。是 Ajzen 和 Fishbein 共同提出的理性行为理论(theory of reasoned action, TRA)的继承者,计划行为理论能够帮助我们理解人是如何改变自己的行为模式的。TPB 认为人的行为是经过深思熟虑的计划的结果。

间接两个层面深刻揭示了影响移动电子商务中消费动机的因素。直接因素包括感知结果、态度、主观规范和知觉行为控制；间接因素包括成本、便利、隐私、效率、安全，间接因素作为中介变量又直接影响感知结果和消费动机，实证结果验证了这一改进 TPB 模型的稳健性和可靠性。与实体商店、传统电子商务相比，移动电子商务和移动购物具有自己鲜明的特色，由于手机和智能设备的屏幕较小、运算速度较慢，消费者往往在手机购物选择较为简单的商品和服务，进行相对简单的购买决策行为，这一点也为穆图西（Moutusy, 2010）所证实。当然，随着移动电子商务的软硬件和基础设施环境的不断完善，移动电子商务的购物决策也越来越复杂，与实体商店和传统电子商务的决策程度日趋相似。辛达和乔尔（Sinda and Joël, 2014）运用了最常见的技术接受模型（TAM）构建了消费者移动购物消费动机的概念模型（见图 2-1），模型假设消费者在移动购物感知易用性会直接影响感知有用性，也能通过影响感知享受间接影响感知有用性。所有这些心理感知因素直接影响消费者移动购物的使用动机，同时通过影响消费者满意度间接影响使用动机。问卷调查的研究支持了这些假说。

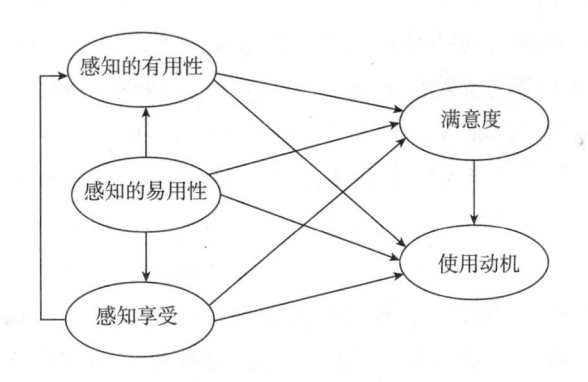

图 2-1 移动购物的使用动机

资料来源：Sinda and Joël（2014）。

这些关于移动购物消费者行为的基础研究被学者沿着两个脉络展开，一个是将移动购物消费者群体具体化，研究各个细分人群的独特动机；另一个是将移动购物消费者和非移动购物消费者进行对比，探索移动购物消费动机。峻和大卫（Jiunn and David, 2014）特别探索了在移动购物中老年消费群体的决策行为，研究发现，相对于年轻消费者，中老年消费者购物动机的强度较弱，主要受到期望效果和社会群体的正向影响，购物风险和传统购物习惯则是主要的负面因素，而这些因素年轻消费者往往选择忽视。帕特里西奥等（Patricio et al.，2015）研究了移动购物过程中性别差异影响，并且差异通过不同的手机系统（主要是安卓系统和苹果系统）体现，男性群体中使用苹果系统的消费动机显著高于使用安卓系统，与之相反，女性群体的移动购物动机与操作系统的差异几乎没有相关性，这证实了女性消费者在移动购物中感性程度要显著高于男性消费者。与研究细分群体的移动购物消费者行为不同，部分学者更加关注移动购物消费者与非移动购物消费者的对比。基索和海耶（Kiseol and Hye，2012）运用多元判别分析法（multiple discriminant analysis）来分析消费者在移动购物中的消费动机，得出了他们选择移动购物的主要动机组成包括理念、效率、体验和满足感，这些与非移动购物（传统实体商店和传统电子商务购物）决策显著不同。辛达和乔尔（2014）的比较也得出了类似的结论。我们将现有的具有代表性的移动购物消费者行为研究进行梳理，见表2-3。

消费者在移动购物决策中除了动机因素影响外，移动购物的技术支持和信息保障也极为重要。决策支持系统（decision support systems, DSS）作为消费者移动购物过程中使用的有效工具被学者们进行了深入分析，当消费者购买的产品涉入程度较低时，例如，在便利店购买矿泉水等，DSS的使用比重较低，随着产品涉入程度越来越高，DSS的使用比重越来越高（Karaatli and Suntornpithug，2010），Kowatsch et al.（2011）发现当产品涉入程度非常高时（如购买数码相机）消费者倾向于借助DSS工具，甚至会愿意支付产品价格的5%作为代价了解产品信息和其他有价值内容。移动推荐系统（mobile recommender systems, MRS）也对消费者移动购物决策产生重要影响，移动推荐清单包括推荐产品目录、服务、订单和供应商网络等，这些推荐清单可以通过大数据和数据挖掘算法与消费者地理位置、购物清单、历史购物记录、浏览行为、对网络广告促销等的反应进行关联获取（Fang et al.，2012）。移动购物导航系统通过电子标签（RFID）或者Wi-Fi可以显著降低消费者搜寻成本，提高消费者购物效率，有研究显示搜寻成本最低可以降为原有的1/3，这种购物系统不仅能在移动商店中发挥作用，也能在O2O的实体商店中产生影响（Hou and Chen，2011）。上述移动购物技术支持能够有效降低消费者在移动购物中的交易成本，特别是信息搜寻成本，同时提高消费者决策效率。

表 2-3 移动购物消费者决策动机研究

研究者(年份)	模型(方法)	研究领域	对比群体	影响因素	结论
Mohamed 等(2008)	TPB 模型	移动电子商务	无	直接因素:感知结果、态度、主观规范和知觉行为控制;间接因素:成本、便利、隐私、效率、安全	实证结果与 TPB 模型结论高度相符,但是安全和隐私风险可能会给消费者带来负面的感知结果
Kiseol 等(2012)	多元判别分析法	移动购物	移动购物和非移动购物消费者	实用主义消费动机:效率、成就;享乐主义消费动机:体验、社交、满足感、理念、角色、评价	消费者在移动购物中的消费动机主要包括理念、效率、体验和满足感
Jiunn 等(2014)	UTAUT 模型	线上购物	中老年消费者及年轻消费者	四个核心维度:绩效期望、付出期望、社群影响、配合情况;四个控制变量:性别、年龄、经验、自愿	中老年消费者,线上购物的主要意向受到期望效果和社会影响,而评价、传统习惯是线上购物的主要障碍;年轻消费者,他们对线上购物有更强的使用动机,但是受到的关于风险和传统的阻碍会更小
Sinda 等(2014)	TAM 模型	移动购物	移动购物和非移动购物消费者	感知的易用性、感知的享受性	感知有用性对移动购买者的使用动机具有促进作用,感知的易用性对非移动购买者无显著作用

资料来源:作者自行整理。

从现有学者所做的研究可以发现，国内外学者关于移动电子商务和线上购物的消费者动机研究已经较为成熟，但尚缺乏原创性的理论模型，多是利用现有非常成熟的模型进行适当变化，或者修正模型背景或者加入移动购物中特有的控制变量，这样的研究结论能够从某些角度较好地分析移动购物行为，但是未来这一领域的研究仍然可以从横向和纵向两个方向拓展。横向可以将性别、年龄、购买经验、不同国家和地区的因素考虑进来，进行探索性和实证性对比研究，分析各个因素对消费者移动购物的内在影响；纵向可以把消费者动机与实际的行为结合起来，并考虑设置一些控制变量或间接因素使现有研究更加贴近现实消费者购物决策行为，构建更为模拟现实的、完善的移动购物消费者决策行为模型。

2. 移动购物满意度

随着移动购物的蓬勃发展，研究移动购物中的消费者满意度具有十分重要的现实意义，传统电子商务关于消费者满意度（e – satisfaction）和消费者忠诚度（e – loyalty）的研究已经非常深入，移动电子商务中满意度和忠诚度可以相应被称为 m – satisfaction 和 m – loyalty，表面上看两者似乎没有本质区别，但是考虑到移动购物主要是通过智能手机等移动终端进行，两者还是有很大不同。济源等（Jeewon et al., 2008）研究了在移动电子商务背景下，分析了韩国消费者移动购物满意度的影响因素，特别对比了电子商务消费者和移动电子商务消费者这两个消费群体，并用DT[①]做出了影响消费者满意度的关系图。济源认为，交易过程和客户服务是电子商务和移动电子商务中影响消费者满意度共同的因素，移动电子商务中的易获得性和使用移动电子商务的价格水平是其特有的影响因素。克姆等（Kem et al., 2015）研究了社交购物中的品牌忠诚度，以微博的实证结果为例，品牌忠诚度主要受到关系质量的影响。消费者与品牌的关系质量可以从三个方面进一步加强：自我因素（即自我和谐）、社会因素（即社会规范）、企业的品牌页面（即信息质量和互动性）。研究结果表明，以下这些方式可以使消费者更容易对社交购物产生信任，提高满意度：（1）品牌的自我概念和品牌形象之间的能够很好的匹配；（2）品牌形象符合消费者的社会期望；（3）在品牌页面获得高品质的信息；（4）公司

---

① 决策树（decision tree, DT）是在已知各种情况发生概率的基础上，通过构成决策树来求取净现值的期望值大于等于零的概率，评价项目风险，判断其可行性的决策分析方法，是直观运用概率分析的一种图解法。

与消费者积极互动。此外，消费者提高了对品牌的满意度后，将影响消费者重复购买其产品，并向他们的朋友推荐此品牌。这些结论已经被很多学者证明是可靠稳健的，但和电子商务的消费者满意度一样，性别和年龄以及经验会对移动购物的消费者满意度产生影响。零售商们已通过实践发现，连接移动零售服务和某个品牌的产品有助于提升客户的满意度，并有助于消费者通过手机零售重塑他们的消费价值观（Rujipun，2014）。哈维亚等（Harvir et al.，2004）曾对电子商务中消费者满意度研究，认为客户服务对消费者满意度的影响很小，但是如果客户服务不好，会对消费者的不满意度影响较大。有趣的是，有学者在移动电子商务中得出了相反的结论。吴（Wu，2013）把消费者的线上购物经验和消费者满意度结合起来，假设检验结果显示消费者之前的购物经验对消费者满意度和消费者的抱怨倾向影响不显著。索尼娅等（Sonia et al.，2015）则考虑了年龄对移动购物的影响，把消费者分为 25 岁以下的年轻消费者和 25 岁以上成人消费者，年轻消费者更加注重娱乐性，如多设计一些互动、图片以及视频等。成人消费者则更加注重亲友推荐，或者说是社会舆论影响。洪等（Hong Hong et al.，2017）分析了移动社交 APP 使用过程中，网络外部性和羊群效应对消费者购物满意度的影响，对微信 APP 调查问卷的研究结果显示：网络外部性和羊群效应对消费者感知收益有显著的影响，同时感知收益对网络外部性、羊群效应和消费者满意度之间存在着明显的调节效应。

虽然国内外学者考虑到了移动购物背景下，年龄和购物经验对消费者满意度的影响，但是目前没有学者分析对比过不同国家之间，移动购物中的消费者满意度是否有差异。也较少考虑消费者的性格、收入、移动互联网技术对于消费者，满意度的影响。关于消费者满意度的调查，多数基于调查问卷收集数据，所以设置的问题可能会使消费者产生歧义，从而影响检验结果。未来的研究可以把消费者的性格、收入、移动互联网技术、不同国家和地区等影响因素考虑进来。

（二）移动购物与生产者行为

移动互联网的发展，使人们越来越依赖移动网络来进行消费行为。于是，生产者的销售思路也发生了颠覆性的变化。零售商考虑到这些线上销售渠道巨大潜力，纷纷在分销渠道中加入了手机渠道和社交渠道，有的生产者甚至改变了零售业的商业模式。在过去十年，多渠道是最主流的销售手段，但是现在零售业迎来了全渠道零售①时代（Peter et al.，2015）。在移动电子商务时代，移动购物的生产者行为主要从虚拟店铺应用和信息媒体应用两方面展开，分别对应于传统商务的店面管理和促销宣传等。

1. 虚拟店铺应用

在全渠道到来之前，网络购物和移动购物经历了单渠道和多渠道时期，在多渠道时期的移动购物销售早已开始崭露头角。多渠道策略使得消费者可以交互使用线上购物（这里指通过非移动入口）和移动购物作为选择。通过连接线上购物和移动购物，多渠道销售的零售商可以整合线上购物和移动购物的数据使得消费者可以在线上轻松下订单，在移动客户端修改或查看订单状态。有效率的交叉渠道销售策略为零售商提供消费者支持创造机会，并交叉销售其他产品和服务（Lin，2012）。而在全渠道时期，由于移动购物的发展，消费者能享受到随时随地随心所欲地购买。因此，移动购物逐步取代传统购物和 PC 购物已经成为明显的趋势，里兰等（Liran et al.，2014）实时监测了美国 e-bay 的自建官方手机商城发现：消费者正从线下转移到电子商务平台和移动电子商务平台，而后者的增长更加引人注目，根据检测数据可以描绘出手机商城的增长曲线，在短期内会有爆发式增长（网络外部性的影响和作用），然后增长速度变缓并维持相对比较长的时期。吉安（Gian，2014）指出通过实体店铺和电子商务把所有线上和线下的商品展出需要能力。而在全渠道时期，市场营销的最为关键的要素是找准市场定位，将所有消费者购买渠道中的数字资料和非数字资料整合并据此推出有针对性的营销策略。关于移动购物具体在虚拟店铺中的具体应用，国外学者给出了许多经验案例的证明。林（Lin，2012）以音乐产品为例，发现 PC 和移动端的音乐经销商拥有消费者，尤其是移动端消费者的历史音乐产品购买记录，在对数据深入挖掘和关联的基础上可以进行音乐产品的关联推荐。吉安指出手机 APP 是营销人员发放电子折扣券的重要工具，相比较实体店和 PC 端发放，移动端发放显得更有效率。移动端电子折扣券可以同时满足消费者、零售商、生产者的需求。消费者能够通过电子折扣券来节约购物成本，而且这种优惠券的获取极为容易并且与消费者历史购物需求高度相关；零售商可以通过电子折扣券的方式提升客户忠诚度从而提升店铺和商品销售额，并且优惠券的发放相较传统方

---

① 全渠道零售（omni-channel retailing），就是企业为了满足消费者任何时候、任何地点、任何方式购买的需求，采取实体渠道、电子商务渠道和移动电子商务渠道整合的方式销售商品或服务，提供给顾客无差别的购买体验。

式成本极低，但是发放精准度提高；生产者不仅仅将移动端电子折扣券视为简单的产品促销手段，而更重要的是它提供了一种将促销产品和移动购物消费者直接关联的方法和手段（Cameron et al, 2012）。基索和海耶（2012）分析了基于地理空间位置的移动促销服务提出，由于手机是消费者随时携带的个性化接入终端，随着全球定位系统和大数据挖掘技术的不断成熟，零售商可以根据每个消费者的实际购物需求以及空间位置进行实时、精准的移动促销服务，既提高了零售商捕捉目标消费者的可能性也为消费者提供了实在的移动购物便利。胡达·卡西姆和伊玛德·阿迪勒（Huda Qasim and Emad Abu – Shanab, 2016）构建了一个移动支付的系统框架，探索了性能期望、易用期望、社会影响、信任和网络外部性对移动支付使用态度的影响。研究结果显示，传统的方式会影响消费者对移动支付的采纳，而网络外部性则是所有变量中最为重要的影响因素。

移动购物中虚拟店铺的应用形式丰富多样，包括自建官方手机商城、自建APP商城、进驻移动商务平台如微淘店等。国内外学者只是在多渠道和全渠道的背景下简单的分析了移动购物在虚拟店铺中的应用，或是结合移动购物在零售实体店的应用。但是虚拟店铺的应用如何影响生产者行为、消费者行为的内在机理并没有深入研究，不同类型移动虚拟店铺的对比研究也处于研究初期。可以预计，随着研究数据和研究方法的不断成熟完善，对于移动购物的虚拟店铺研究将会更加深入。

2. 信息媒体应用

利用信息媒体应用销售商品，PC电子商务早已有之，但是在移动电子商务时期其重要性开始加强，甚至日益成为中心环节。美国以Facebook为代表，率先大规模的在移动社交客户端销售商品，紧随其后的还有YouTube和Twitter等信息媒体，这些信息媒体改变了传统商务过程中只能成为销售活动辅助的地位，一跃成为商品销售的主阵地，中国的微信以社交工具作为起点，大规模连接微商、微商城、微信支付等，打造成了移动购物的全流程王国。姜周永等（Ju – Young et al. 2015）利用3M模型分析了Facebook上倾向于社交购物的消费者的特征。例如，为了搜寻信息和社交需要去购物的消费者，更加倾向于社交购物。还有追逐市场的消费者和社交媒体的常驻消费者也倾向于社交购物。因此零售商必须根据不同消费者社交购物倾向不同采取差异化的营销策略。雷姆（Irem, 2015）从品牌商的角度关注了在Instgram（一款社交APP）的移动购物者，发现能与用户达成良好沟通的及时销售策略更容易促成交易，这一点在女性消费者身上体现得更加明显。销售活动通常包含折扣和抵价券,且做得有趣又引人入胜。这些促销活动拉近了品牌商和消费者的距离,增加了消费者对品牌商的信任感和对品牌的购买意愿。同理,如果微博等社交媒体提供高质量的服务,那么微博有潜力促进社交商务行为,并对社交分享行为产生持续性影响(Liang 等,2011)。除了从不同的信息媒体的角度去考虑,有学者从生产者和零售商的角度分析了如何利用信息媒体在移动客户端销售商品。麦吉特等(Manjit et al.,2013)建议生产者用一个特定的社交软件来影响消费者的决策,提高消费者对产品的兴趣。更有挑战性的策略是,直接成为消费者社交的一部分。例如,使消费者关注制造商的 YouTube 或 Twitter 的账号,或是 Facebook 品牌网页,类似于传统许可 E – mail 营销模式,可以直接向消费者们推送产品信息。生产者可以分析消费者的社交信息并从中受益,也有机会更加接近消费者,最为极致的做法是使消费者能够与社交网络朋友"分享"和"推荐"产品。姜周永等(2015)认为零售商应该充分利用消费者在社交媒体足迹进行位置服务通知和相关联的促销,通过追踪消费者在 APP 上停留的位置和购物活动记录,或者捕捉他们在网上或移动客户端的互动行为,零售商可以进行更加精准和有效率的位置促销和关联促销行为。除了利用社交媒体提供高效率的促销外,要想提高社交购物的销售额,必须要提高在社交购物过程中的服务质量,因为服务质量直接关联移动购物数量及再次购物频率。延等(Yen et al.,2015)利用层次分析法分析了在 Facebook 上进行社交购物的调查问卷,样本是来自于不同国家的学生群体。研究结果发现,消费者在社交购物中最为关注的是产品品牌、网站安全性和交互信息、社交媒体的运用程度;在跨国社交销售活动中,语言功能的切换是非常重要而又常常被忽视的点,同时在社交信息上生产者必须及时更新、修正最新产品和服务;消费者也非常关注自己以及其他消费者的评价是否被及时回应,有没有充分的相互交流的渠道。来自社交端消费者的正面评价有助于生产者在激烈市场竞争中获取独特比较优势。

国外学者在研究社交购物方面已经较为成熟,且已经形成体系,但是信息媒体应用在技术和实践层面不断改变,如何分析信息媒体与移动购物的作用机理显得尤其重要,也是未来研究的重要方向。

(三)移动购物与技术行为

移动互联网使用户更加随心所欲的享受移动购物带来的便捷。实时的移动互联网技术正在改变搜索过程,而且整合了消费者过去购买信息来推测他们的购买决策（Alicia et al.，2014）。移动购物中的生产者为了更好地提供服务，通常需要用户提供位置信息，或其他的个人信息。因此，移动购物中安全和隐私问题显得更为突出。

1. 隐私行为

移动电子商务和 PC 电子商务中的隐私问题有较大相似性，有学者将这两种背景下的隐私问题进行了对比，瑞东等（Ruidong et al.，2013）利用 APCO 模型对比了移动电子商务和 PC 电子商务中的隐私问题。APCO 模型是从经历（antecedents）到隐私问题（privacy concerns）到结果（outcomes）的一个传导机制。相比电子商务，移动电子商务有它独特的挑战，例如，它能随时随地为用户提供便利，且智能手机身份跟踪能力从而泄露更多的个人信息，包括位置、设备数据、IMEI、ICCID、SIM 卡、数据、社会关系、生活方式、偏好以及行为习惯。这些特殊的挑战将是移动电子商务和移动购物健康发展地阻碍。有学者对不同国家移动电子商务的隐私问题进行了比较分析，发现由于国别不同，消费者对隐私问题有不同的看法，且不同国别环境影响了消费者采取保护隐私的措施，因为不同国别的消费者所感受到和实际的隐私威胁不一样（C. G. and Ashok，2009）。吉姆等（Jim et al.，2013）对比研究了在移动电子商务背景下，美国和韩国消费者隐私问题的联系和区别。研究结果显示，美国的受访者更频繁地使用电子邮件和移动支付。但是无论是韩国还是美国调查显示有相当大比例的用户使用他们的移动设备来从事商务活动。由于文化差异明显，美国用户对信息隐私的关注明显超过了韩国移动用户。另一个有趣的结论是，样本显示消费者对隐私问题的关注和年龄呈正相关，年龄越大的消费者越关注隐私问题。用户在最初几年使用智能手机时，对隐私问题非常谨慎。随着时间的推移，用户对隐私问题的警觉和关注渐渐褪色。还有学者从技术角度上，提出了解决消费者线上购物的解决办法，就是在 RSA 算法①的基础上，设计盲解码来解决消费者在线上购物中隐私问题（Chen et al.，2014）。移动电子商务中的隐私问题比电子商务显得更为重要的原因是，智能手机增强了身份跟踪能力，却处于一种较弱的监管环境，以及智能手机在安全执行中存在的漏洞，这些都会对消费者隐私造成威胁（Ruidong et al.，2013）。阿尼尔和坦苏（Anil and Tansu，2013）曾用博弈论分析移动电子商务中的隐私问题，移动电子商务公司与用户进行位置服务的博弈竞

---

① RSA 是目前最有影响力的公钥加密算法，它能够抵抗到目前为止已知的绝大多数密码攻击，已被 ISO 推荐为公钥数据加密标准。

争，生产者可以通过激励消费者来获取消费者的位置信息，激励手段设计决定了隐私机制的设计，消费者报告他们的空间位置与其他重要信息，生产者按照信息重要程度进行相应补贴。

上述研究大多是从移动电子商务或是线上购物的角度来研究消费者的隐私问题，目前还没有学者针对移动购物中的隐私问题做过研究。未来研究消费者隐私问题，可以把消费者的隐私经验、隐私意识、个人差异、文化差异如何影响消费者隐私考虑进来。在研究个人差异，文化差异对移动购物中的隐私问题的影响时，要注意样本的广泛性和客观性。

2. 安全行为

移动购物中的安全问题主要包括支付安全问题、移动终端安全问题、无线应用安全问题和移动电子商务平台运营漏洞的安全问题。移动购物的风险从打开网站那一刻起就有可能发生，消费者可能需要打开不同的购物网站，最后选定一家网站进行购买。在购买之前还要输入个人信息，如信用卡号和地址。这些行为都加剧了线上购物的风险。而移动购物中的安全问题显得更为突出，而且也是体现在多种层面和多种角度的（Rajasree et al.，2009）。安东尼娅等（Antonia et al.，2016）研究探讨了网上供应商和移动支付供应商的声誉如何影响消费者的交易意向。研究表明，不同的供应商能够通过合作，最大限度地参与电子商务交易活动。在线供应商可以通过嵌入一个值得信赖的移动支付服务提供商提高消费者的交易意愿。相比之下，信誉良好的在线供应商不受益于整合移动支付供应商，因为消费者已经相信信誉良好的在线供应商。Rakhi 和 Mala（2015）指出互联网用户在网上支付系统的缺乏信任可能会阻碍网上购物的进行。大多数电子零售商已经将常见的技术安全防护措施应用于电子交易（128 位 RSA 加密、数字证书、防火墙）。但作用相对较小的安全风险处理在全面推进的过程是不同步的。印度的现状可以解释这一现象，印度 80% 的交易都以现金支付，而不在网上付款。这是由于印度的客户不信任网上渠道分享他们的个人银行的详细信息，而是在收到货物时以现金支付方式付款。所以，让消费者们意识到手机上的支付安全问题是很有必要的，因为消费者在使用手机与供应商交互时存在很多风险和不确定性。因此，电子商务公司可以在控制、认证系统及付款方面采取安全措施。当消费者认为他们的个人信息受到保护时，会感到更加的安全和自信（Im et al.，2008）。梅尔巴赫（Mehrbakhsh et al.，2015）用对比矩阵法验证了这一观点，结果表明专家认为安全功能和隐私策略声明在移动电子商务的安全问题中占很大的比重，权重分别达到了 0.488 和 0.283。这意味着移动购物网站的管理者们,应该更加重视安全功能和隐私策略声明问题。此外,公司使用认证授权系统可以保护其信息资产未经授权的访问(Angeliki et al., 2014)。除了从公司层面给出建议,欧盟从个人层面给出了建议,个人应该更好地了解安全级别[①]。也有学者从技术角度提出解决办法,帕伊和吴(Pai and Wu, 2011)介绍了近年来移动商务领域中出现的"虫孔"袭击事件,并提出了一种针对移动商务环境下的移动商务的对策。提出使用采用集群体系结构,采用这种结构,可以减少传输碰撞等,处理和存储在每个移动设备的信息量。最后,代替 RSA 公共密钥加密系统,我们使用椭圆曲线公钥密码体制(ECC),这比 RSA 更高效,可以在资源有限的线更容易实现较少的环境。

上述研究关注支付安全问题的较多,而关于移动终端安全问题,无线应用安全问题和移动电子商务平台运营漏洞的安全问题鲜有学者提及。未来的研究方向可以从移动终端安全问题,无线应用安全问题和移动电子商务平台运营漏洞的安全问题入手,并从政府、公司、个人、立法等不同层面给出建议。

(四)研究展望

近年来,随着移动购物的兴盛,国外关于移动购物的研究兴趣不断提高。取得不少值得关注的研究成果。尽管如此,仍然有一些问题需要深入探讨,而且现有研究在三个方面尚未取得重要突破。

首先,现有研究成果非常丰富,涉及移动购物的各个环节,从消费者行为、生产者行为和技术行为等角度都进行了深刻的分析,探讨了包括购买动机、心理、性别、年龄、消费者满意度等在内的消费者移动购物的重要影响因素,分析了虚拟店铺应用和移动信息媒体在移动购物中的广泛应用。但是从整体上看,并没有一个系统的、完整的分析移动购物的理论框架,将消费者行为、生产者行为和政府行为共同统一在一个分析范式。可以借鉴经济学中可计算一般均衡模型(CGE)的分析范式,将消费者行为、生产者行为和政府行为用一系列的方程组进行描述和刻画,在各自目标完成(消费者目标是效用最大化、生产者目标是利润最大化、政府目标是市场均衡效率)的基础上实现各自市场的均衡,从而建立起适应移动购物的基础理论模型。在此基础上,可以深入讨论单个影响因素或多个影响

[①] A new Eu Action Plam 2004 - 2007 to prevent frand on non - cash means of payment [EB/OL]. http://eur - lex. europa. eu/legal - content/EN/TXT/? uri = URISERV: l33306.

因素同时变化时，整个移动购物市场发生的系列变化。

其次，目前关于移动购物的研究定量和定性研究都非常丰富，但值得注意的是，移动购物的研究数据比较匮乏，相对于传统经济学和管理学研究的系统连续数据而言，现有移动购物领域的数据多为零散的、破碎的，互相之间缺乏直接比较和分析的平台，只有少部分学者运用了国际数据对国别和文化差异对移动购物的影响（Cǎ lin Gurǎu, 2009；Jim et al., 2013）。其余更多的学者都是运用调查问卷进行移动购物实证研究，调查问卷获取数据的方式受到许多限制，问卷本身设置、发放样本范围、消费者因素等都会影响到调查问卷分析方式的有效性，更为严重的是研究结果往往不能重现，在不同时间和不同情境中结果截然不同，各个学者之间的结论也无法进行横向对比，从而无法形成连续性的系统学术成果。不过随着移动电子商务的发展速度加快，各个国家都日益重视移动购物相关数据的整理搜集。宏观层面上看，电子商务、移动电子商务行业及其相关支撑行业（物流、移动支付等）的数据日益完善，为从产业层面分析移动购物机理和宏观消费之间关联打下了数据基础；微观层面上看，随着大数据的盛行和数据挖掘技术的深入，移动购物各个微观主体的数据日益完善，消费者的浏览、停留、预购、实际购买以及空间位置等都变得实时可得，生产者的广告支出、促销支出、动态定价、SEO 等数据也能在后台轻松获取，因此利用海量的微观数据能够更加深入分析移动购物的微观机理和动态模型。这些宏观和微观数据之间都存在着非常强的可比性和客观性，能够提高移动购物研究的精度和深度。

最后，现有文献对移动购物的研究几乎都是从管理学的角度展开，多是利用管理学的经典模型 TPB、UTAUT 模型、TAM 模型和满意度模型等进行理论探讨和实证分析。但是，与电子商务一样，移动电子商务和移动购物是非常复杂的系统行为，特别属于交叉学科研究范畴，涉及多学科的理论知识。在分析移动购物过程中，可以利用经济学建立移动购物的一般均衡模型，利用心理学对模型的适用性进行判断，利用管理学对模型的具体要素进行分析，利用计算机和数据挖掘对模型进行动态模拟和仿真，多个学科的交叉研究能够深入探讨移动购物的"黑箱"。

整体上看，在未来研究中必须要突出移动购物的"移动性"，并在此基础上构建起融合移动购物消费者行为、生产者行为和技术行为的基础框架理论，为移动购物和移动电子商务发展提供更为坚实的理论指导。

四、商圈动态演进方法

虚拟商圈动态演进的研究尚处于初级阶段,但是关于传统城市商圈动态演进的方法已经相对成熟,许多可以借鉴于虚拟商圈动态演进研究。目前可尝试用于零售商圈空间位置定位的有三种方法:GIS 分析、回归分析和模拟仿真分析。

(一)零售商圈空间位置定位 GIS 分析

随着零售业的时间序列数据,以及与时间序列相关的空间数据的可获得性增强,可视化的地理信息系统(geographic information systems,GIS)分析软件被学者们成功运用至零售商业空间位置分析。GIS 分析零售商圈空间位置,需要拟分析区域的地况图和已有商业网点布局图等一系列静态地图,以及与该区域相关的既有商圈销售业绩、竞争者数量、人口社会统计学数据等时间序列数据,再通过 GIS 软件的可视化电子地图技术,使这些静态的单维或双维数据,生成动态时序变化与空间可视的多维空间交互数据,形成多层互动地图,从而获得更为直观的零售商圈空间位置点(Hernandez,2007;Bosona et al.,2011;Suárez-vega et al.,2012;Bosona et al.,2013)。穆拉德(Murad,2014)运用 GIS 软件对沙特阿拉伯吉达市的两个商圈进行了空间交互分析,并提出在借助 GIS 软件处理已建商圈位置、每个商圈的实力、拟研究区域的商圈需求和道路网络覆盖能力等数据的基础上,构建的空间交互模型可有效判别城市零售供给不足区域,预测新零售商圈产生的空间位置。

(二)零售商圈空间定位回归分析

地理加权回归模型(GWR)就是这样的一个空间区位定位模型。地理加权回归模型是弗泽林哈姆(Fotheringham et al.,2002)在完善空间回归模型(Brunsdon et al.,1996)的基础上提出的:

$$P_i = \beta_{0i} + \sum \beta_{ki} X_{ki} + \varepsilon_i$$

其中,P_i 为因变量;X_{ki} 为第 i 个样本的第 k 个自变量;ε_i 为第 i 个样本的呈正态分布的残差;β_{0i} 为第 i 个样本的常数估计;β_{ki} 第 i 个样本的第 k 个自变量的回归系数。地理加权回归模型突破了传统回归模型的范式,即接纳局部而非全局的参数估计，并假定线性回归系数是观测点区位的函数，研究随地理位置变化而变化的变量间的关系，使每个样本都有一个根据周围相邻的样本加权回归的系数，并可将这些系数在地图上进行展示，进行比较分析和解释。通过加权最小二乘法的 n 次迭代，可得到样本 i 的空间交互权重矩阵：

$$B_i = (X^T W_i X) X^T W_i P$$

其中，B_i 是样本 i 的参数估计；P 是样本的因变量；X 是一个 $n \times k$ 的解释变量矩阵；W_i 是样本 i 位置对于相邻样本的空间交互矩阵的对角矩阵。其中 W_{ij} 为样本边宽。

为有效计算 W_{ij}，法贝尔和帕埃斯（Farber and Páez，2007）提出使用交叉验证法（cross-validation score，CVS）计算，以降低系边界误差对参数估计的影响。此后，瓦罗尔和盖尔芬德（Ozuduru and Varol，2011）运用空间自回归模型（SAR）和地理加权回归模型（GWR）分析得出，商业集群的数量与中年人数成正相关，与家庭规模呈负相关，与私有房产主人数呈负相关。并且，与拥有多渠道交通的城市内部相比，上述商业集群选址所应考虑的相关关系更显著地存在于依赖于私家车的郊区。盖尔芬德（Gelfand et al.，2003）则构建了贝叶斯空间变系数模型（bayesian spatially varying coefficient process，SVCP），该模型将回归系数内嵌空间区位信息，使之既能体现数据的空间差异，还能解释因变量和自变量之间的关系，从而能有效地确定零售商圈的位置。对比 SVCP 模型和 GWR 模型的分析效果，SVCP 模型在依据边际系数推断共线性的适度性水平方面的总体分析更具有优势；且当样本出现强共线性时，SVCP 模型比 GWR 模型测算的参数具有更高的显著性。并指出 SVCP 能有效降低方差膨胀，加强了模型弹性，且能更规范地测量模型预测不确定性。

（三）零售商圈空间定位的模拟仿真分析

所谓零售商圈空间区位的模拟仿真分析是根据零售商圈预期的市场占有率、规模和商业聚集度，使用现实的具有相似销售额的零售商圈的经验数据，以及竞争者的空间位置等，运用进化算法模拟推导零售商圈的空间区位。目前运用模拟仿真分析零售商圈空间定位的有两个角度，一是消费者需求角度，二是直接分析零售商供给角度。

从消费者需求这一角度分析零售商圈空间定位的研究，出发点是消费者的行为偏好对商圈的空间位置有决定性作用。申克等（Schenk et al.，2007）运用多智能体仿真（multi-agent simulation，MAS）分析了整个瑞典北部地区居民的消费行为，从需求的角度为该区域商圈空间定位提供了分析基础。其中家庭单元基的属性通过其家庭社会人口统计学特征、家庭规模、家庭收入等指标标度，家庭智能体的消费选择取决于商圈与家庭和办公室之间的距离、商圈在城市群中的位置、价格、商圈类别、商圈商品质量等一系列因素。中谷等（Nakaya et al.，2007）则认为准确定位商圈的空间区位离不开微观消费者数据分析。然而，微观消费者数据难以获取，即便是销售点数据（point-of-sale，POS）、采样市场调研有时也难以反映区域内消费者的真实状况，因为分类的样本数据并不能保证各类样本数据之间的连贯性，从而不能准确估计样本偏差和缺失变量的估计误差，造成商圈的空间定位预测失败。作者针对大量流动人口涌入日本草津，消费者行为偏好多样化增加，商圈体系亟须发展的现实背景下，为获取微观消费者数据以准确定位商圈空间位置，在综合空间交互模型（spatial interaction model）和空间微观仿真方法（spatial micro-simulation）的基础上，提出了一个测算城市家庭消费支出流的经营零售交互模型（operational retail interaction model）。

从供给的角度分析零售商圈的空间定位，可运用基于智能体模型（agent-based model，ABM），恰里等（Ciari et al.，2011）将零售商圈作为智能体，把相互依存的零售商圈位置选择、消费者购物位置选择、零售商圈价格政策嵌入多智能体传述仿真工具包（MATSim），求解获取最大市场份额的零售商圈空间位置。

由于国内学者对零售商圈研究较晚，国内的微观零售商业组织数据基本不可得，使得国内有关零售商圈空间定位研究仍处于空白区。而国外从供给角度分析零售商圈空间定位的成果尚不多，这主要也是目前难以收集到大量不存在组织关联性的微观零售商业组织数据，从而有效抽象简化零售商业聚集式发展的动因，而消费者角度的社会人口统计数据相对容易获得。随着数据挖掘能力的增强，以及计算能力的提升，其后在零售商圈空间定位的研究过程中，综合运用回归和模拟的方法，同时分析零售组织和消费者在零售商圈成形过程中的动态交互，并通过地理信息技术将这一过程刻画出来，以准确预测零售商圈的空间位置。

另外，还有学者运用仿真方法从不同视角对生态系统或者商圈进行了研究，孙浩和薛霄（2016）、朱建刚（2012）对复杂生态系统的建模和仿真进行了探讨；张晶（2012）对产业生态系统进行了评价及仿真；欧忠辉等（2017）对创新生态系统的共生演化进行了仿真模拟；宋燕飞和尤建新等（2016）对汽车产业创新生态系统的演化过程进行了仿真研究；黄丽娟和赵文德等（2017）基于系统动力学的视角研究了农村电子商务生态系统的构建。

从上述分析可以看出虚拟商圈动态演化也可借鉴传统零售演化分析方法，我们将在后面尝试采用计量回归分析和计算机仿真进行较为深入的探索分析。

第三章　虚拟商圈集聚与演化框架

虚拟商圈作为近年来电子商务、互联网经济以及商业经济学中的热点研究内容，属于交叉研究范畴，长久以来随着各个相关学科的发展不断变化。电子商务环境下形成了类似于传统城市商圈的虚拟商圈，从抽象意义上看，虚拟商圈是由更小单位的电子商务企业（以下称为网店）通过自发和外生的集聚演化而成的，虚拟商圈及其构成的虚拟商圈体系的移动轨迹形成虚拟商圈结构演化的全过程。我们拟系统构建出一个虚拟商圈体系动态演化的理论框架，为进一步展开研究提供支持。

一、概念模型

在分析虚拟商圈演化的一般概念模型前，我们先要厘清几个关键概念，首先是构成虚拟商圈的基本单位，我们可以认为是各种大小不一、业态各异的电子商务网店，网店之间通过复杂的相互作用以及网店与消费者之间的相关关联共同形成了虚拟商圈，另外在互联网世界不知存在一个虚拟商圈，单一虚拟商圈发展达到某一限度时必将分裂或重新组合，形成新的虚拟商圈，多个虚拟商圈并存的态势可以被认为虚拟商圈体系。借鉴唐红涛等（2015）提出的城市商圈演化的基本模型，加上考虑虚拟商圈的内在本质，可以将虚拟商圈及虚拟商圈体系的基本演化逻辑设定为：网络平台网店集聚—虚拟商圈演化—虚拟商圈体系分布。但是值得注意的是，我们提出这一逻辑仅仅是为了分析的便利性，事实上，与城市商圈演化轨迹不同的是，虚拟商圈从诞生的第一天起就面临着所有的消费者，其跨地域的性质也使得所有的虚拟商圈都在同一时点面临着所有的消费者和消费购买力，虚拟商圈在与其他虚拟商圈和网店的竞争合作中吸引网络消费购买力，促进自身发展。

与城市商圈不同的是，虚拟商圈的形成需要依赖于网络平台，在网络平台发展初期,平台吸引的消费者数量有限;随着消费者与该平台内网店的互动,平台吸引的消费者规模不断增大、消费者的购买力上升,该平台的网店的规模和网店数量亦不断上升至突破一个阈值下限形成虚拟商圈;随着消费者与该平台内网店的互动加剧,以及消费者的规模不断增加、分布逐渐扩散、购买力不断上升,网店适应了平台制定的规则等因素的影响,虚拟商圈逐渐发展壮大,开始衍生出新的虚拟商圈。原始的虚拟商圈衍生出新的虚拟商圈的原因比较复杂,有可能是现有的虚拟商圈无法满足商圈消费者的需求;有可能是网络平台实力增强,战略性开拓其他行业虚拟商圈,或是并购其他虚拟商圈。新的虚拟商圈不断涌现,从而发展形成虚拟商圈体系。

从前面论述可以看出,虚拟商圈体系演化的核心和主体是网店,正是一个个电商网店的规模、业态的变化在网络平台的聚集和分散形成了虚拟商圈及虚拟商圈体系分布。因此,描述虚拟商圈体系演化的核心就在于刻画一个典型的网店的演化路径。我们建立了以下的概念模型进行描述:

$$B_{ijt}(scale,format) = f(C_{it}, B_{it} \times C_{it}, B_{ijt} \times B_{ij-t}, B_{it} \times B_{i-t}, R_{it}, O_{it}, N_{it}, L_{it}, P_{it}, \varepsilon_t) \quad (3-1)$$

公式(3-1)中,$B_{ijt}(scale,format)$代表了互联网中第 i 个虚拟商圈第 j 个网店在第 t 时期的演化状态,这种状态可以用规模(scale)和业态(format)来进行描述,这两个变量刻画了网店最重要的发展特征。C_{it} 代表第 i 个虚拟商圈在第 t 时期的所吸引的消费购买力,这是非常关键的变量,它既是一个重要的交互变量,它的数值与虚拟商圈网店发展相互影响,在某些时候互相促进,在某些时候又相互制约①,同时消费购买力也是非常重要的控制变量,决定着虚拟商圈的下限阈值②和临界值③。R_{it} 代表第 i 个虚拟商圈中网络平台规则对网店的影响④,网店平台规则包括各种复杂的评价体系以及支付手段和物流体系等,如果网店能够适应网络平台制定的规则,则网络平台规则对网店的发展有积极作用。反之,如果网店不能够

---

① 当网店的商品和服务深受消费者好评时,消费者可以通过给予好评或者口碑传播的方式进行扩散,为网店带来更多的消费购买力,此时消费者购买力和网店就呈现出正向的交互关系;当然,如果消费者得不到需要的服务,这种正向影响也会变成负向影响。

② 虚拟商圈的下限阈值指的是一个突变点,达到这个临界点后网店及其平台就能被称为虚拟商圈。

③ 虚拟商圈的临界点是指虚拟商圈发展的上限极值,当超越临界点虚拟商圈将会出现规模报酬递减,从而分裂出新的虚拟商圈或多元化等。

④ 严格意义上,此处应该是,因为电子商务平台规则对网店的作用力并不完全一致,但为了简化分析我们令其同质化,以下几个影响因素都采取类似的简化分析。

适应网络平台制定的规则，则网络平台规则对网店的发展有消极作用。深入分析电商平台规则，还会发现平台规则与网店演化间也存在复杂的互动关系，尤其是考虑非正式规则和寻租行为对电商平台规则造成的破坏，这种互动关系就更明显。O_{it}代表第i个虚拟商圈的网店运营成本，一般而言，虚拟商圈越发展，网店运营成本越高，对虚拟商圈演化起到阻碍影响。甚至从某个意义上说，O_{it}是决定虚拟商圈发展临界点的关键要素之一，当网店发现在某一特定平台上需要付出的运营成本与吸引到的消费者购买力边际均衡时，虚拟商圈的临界点从某种意义上就出现了。N_{it}代表第i个虚拟商圈发展时期网络基础设施建设的状况。无疑，电信网络通信的发展，无线网的覆盖，4G网络的普及以及即将出现的5G网络都为虚拟商圈，特别是移动虚拟商圈发展起到至关重要的促进作用，具体而言，N_{it}为所有的虚拟商圈都提供了一个基础的信息环境，这种信息环境（如网络带宽资源）甚至决定了虚拟商圈及电商平台能集聚的网店上限。L_{it}代表第i个虚拟商圈发展时期物流业的发展状况，物流是虚拟商圈发展的基石，物流发展变量既直接影响虚拟商圈网店的发展速度，也通过影响网络消费者满意度来间接影响网店与消费者的交互作用，更为重要的是作为一个整体物流业的发展为虚拟商圈整体发展提供保障。P_{it}代表第i个虚拟商圈发展时期国家政策对虚拟商圈的支持程度，国家政策的影响分为两个层面：首先，国家政策可以直接影响虚拟商圈本身发展，如融资政策和税收政策等的调整就会深刻影响虚拟商圈的发展速度；其次，国家政策可以影响网店本身，例如，2015年4月8日出台的跨境电商税收新政就对跨境电商网店经营商品种类和利润产生了极大影响。ε_t表示模型中没有描述的其他因素影响。

  虚拟商圈主要演化动力来自公式（3-1）右半部分的前四项，其中C_{it}在虚拟商圈演化的各个阶段都起着非常重要的作用。$B_{it} \times C_{it}$则代表了第i个虚拟商圈的网店和消费者间的复杂互动关联，这种关联作用于虚拟商圈演化的全过程。随着网店能够吸引的消费者购买力的不断增加，网店开始有了演化的外生动力，同时网店规模和业态的变化也能吸引更多的消费者购买力转移到第i个虚拟商圈。$B_{ijt} \times B_{ij-t}$表示第i个虚拟商圈之间第j个网店受到所有虚拟商圈内部其他网店的影响，来自网络外部经济以及规模经济、范围经济等共同作用。$B_{it} \times B_{i-t}$表示在虚拟商圈体系中第i个虚拟商圈和虚拟商圈体系中其他虚拟商圈的互动关系，这种关系既包括虚拟商圈间的互补效应，也包括虚拟商圈间竞争效应。

  决定网店是无序、零散在网络平台组合还是构成了虚拟商圈以及虚拟商圈体系，最为重要的控制变量就是平台所能吸引的消费者购买力，这一变量决定了虚拟商圈演化的重要节点。

当 $0 \leq C < \underline{C}$ 时，$\underline{C}$ 代表虚拟商圈的所能吸引的消费者购买力下限值，虚拟商圈因为没有吸引足够的消费者购买力不能形成，每个网店更多的是自身的演化而与其他网店的相互关联非常弱，为虚拟商圈演化的初级阶段，为网络平台网店集聚阶段；当 $\underline{C} \leq C < \overline{C}$ 时，虚拟商圈已经形成，并且随着消费者而在商圈内部激烈演化，既包括虚拟商圈内部各网店之间也包括网店和消费者之间的互动，这一阶段为虚拟商圈演化的中级阶段，为虚拟商圈演化阶段，直到消费者购买力达到上限值；$\overline{C} \leq C < \infty$ 时，单个虚拟商圈在原来的网络平台扩张已经无法满足消费者购买力需求，所以必然会在平台分裂出或衍生出新的虚拟商圈，此时除了虚拟商圈内部的演化机理仍然存在，虚拟商圈间的相互关联也成为虚拟商圈体系演化的重要动力，这是虚拟商圈演化的高级阶段，为虚拟商圈体系分布阶段。我们在接下来对每个阶段进行详细分析，其中对于各个阶段的一些关键问题进行了重点刻画。

二、初级阶段

事实上，虚拟商圈与城市商圈的最大区别在于，虚拟商圈的发展不受到空间约束，所以可以认为网络平台在发展初期，消费者就拥有潜在的购买力，网络平台通过吸引消费者购买力，逐渐发展成为虚拟商圈。

（一）网店聚集

网店在诞生的初期，伴随着网店所能吸引到的消费者购买力以及平台的发展壮大，不断形成不同种类的网店。此时，网络平台所能吸引到的消费者购买力是网络平台上各个网店所能吸引到的消费者购买力的函数簇，见公式（3-2）。随着网络平台所能吸引到的消费者购买力增加，网络平台可以发展成虚拟商圈。

$$C_{it} = f(C_{i1t}, C_{i2t}, C_{i3t}, \cdots, \varepsilon_t) \qquad (3-2)$$

公式（3-2）中，C_{i1t} 代表第 i 个虚拟商圈内第 1 个网店在第 t 时期的所吸引的消费购买力；C_{i2t} 代表第 i 个虚拟商圈内第 2 个网店在第 t 时期的所吸引的消费购买力，以此类推。ε_t 表示模型中没有描述的其他因素影响，包括网络平台发展壮大后自身可以吸引到的消费者购买力。

与第一部分的概念模型相比，可以发现当 $0 \leq C < \underline{C}$ 时，虚拟商圈尚未形成，单个网店的演化过程为其自身的演化，主要受到消费者购买力、网店运营成本、网店和消费者间的复杂互动关联的共同影响，见公式（3-3）。

$$B_{ijt}(scale,format) = f(C_{it}, B_{it} \times C_{it}, B_{ijt} \times B_{ij-t}, O_{it}, N_{it}, L_{it}, P_{it}, \varepsilon_t)$$
（3-3）

在网络平台发展的初期，网络平台的网店数量少，一般没有形成网络平台规则，为了吸引网店，也不会增加网店的运营成本。因此，此时单个网店所受到的网络平台规则和网店运营成本可以忽略不计。

随着网店所吸引的消费者购买力的增加，网店的演化主要从两个方面展开：一个是网店的规模不断扩大，既包括网店规模扩大，也包括通过在其他平台上开分店等方式的规模扩大。从而形成网店内部的规模经济效应，这种正向的规模经济效应极大地提升网店聚集的动力；另一个则是网店的业态不断改变升级，网店业态的不断改变则适应和满足了消费者的不断增长的需要，因此也能成为网店聚集的内生动力。

（二）虚拟商圈下限阈值

一般情况下，网络平台会不断扩大，网络平台消费者数量会不断增加，消费者购买力不断地增长，这必然刺激着网店不断发展壮大，当消费者购买力突破下限值 $\underline{C}$ 时，网店聚集状态达到某种临界点（虚拟商圈下限阈值），网店数目不断增加、网店业态种类丰富，平台就逐渐发展成虚拟商圈。

在网店演化的过程中，非常重要的两个学术问题是虚拟商圈的下限阈值如何分析以及在消费者购买力不断增加的约束下，网店的演化轨迹是如何。虚拟商圈的下限阈值确定问题体现了虚拟商圈研究中至今仍很模糊的领域，即到底多少家网店，多大的规模的网络平台可以称为商圈。从动态经济学的理论上看，构成阈值的重要特征是在阈值左右事物发展具有巨大的差异，如果我们能够绘制出图形会发现曲线在阈值出现了明显的断裂和离散现象。只要拥有虚拟商圈内部网店销售额或利润的足够长的时间序列数据，就能够绘制出网店的演化轨迹并分析出其规模的临界点以及其他重要的参数。Logistic 曲线或其他非线性曲线都比较适合拟合网店发展的轨迹。在现实数据缺乏时，我们仍然可以进行定性的、理论上的初步尝试，构成虚拟商圈下限阈值有三个非常显著和重要的指标：首先是网店的数量大于某个限度才能称为商圈；其次是网络平台流量必须达到某个限度，这是为了保证能够实现后面虚拟商圈分析中提及的网店之间以及网店与消费者之间的交互作用具有发生的外在保证；最后网店的业态种类也是商圈形成的重要标志，如同生物多样性对自然环境的重要性一样，网店企业业态丰富程度对于保证虚拟商圈内在聚集演化具有重要的作用，只有当业态种类达到一定数目才能触发引起业态间的聚集经济效应。虚拟商圈下限阈值的大小还会受到许多内在及外部环境因素的影响，比如所在网络平台消费购买力大小、网络基础设施的发达程度（无线网络覆盖）、电子商务和移动电子商务发展水平等都会在很大程度上改变虚拟商圈下限阈值。

三、中级阶段

当网络经济不断发展，虚拟商圈在突破下限阈值后就出现了，虚拟商圈的演化与网店的演化有本质的差别，虚拟商圈的演化本质上就是虚拟商圈不断聚集的过程，而这一过程涉及虚拟商圈内各网店之间、网店与消费者之间、消费者与消费者之间的互动作用，其中网店与消费者之间的互动是影响虚拟商圈发展最重要的因素，当网店与消费者之间的互动较为良性，例如为消费者提供热情耐心的售前服务，发货速度快，并有热心周到的售后服务，使消费者感到满意。满意度高的消费者形成黏性后，将再次为网站带来购买力，且留下满意的评价。虚拟商圈与城市商圈受到外部性影响最大的差别在于，虚拟商圈扩大了消费者与消费者之间的口碑效应，消费者在购买商品的同时，可以看到其他消费者对商品的评价，甚至可以在线上咨询其他有购物经验的消费者，这突破了现实商圈里只能依靠熟人之间口口相传的口碑效应模式。与单个网店自身简单演化不同虚拟商圈内网店演化也受到了虚拟商圈其他网店的影响。

（一）虚拟商圈聚集与测度

虚拟商圈聚集研究可从外部经济、规模经济、范围经济、制度经济深入讨论虚拟商圈作为一个复杂的经济对象如何形成、聚集。在虚拟商圈演化过程中，除了前述的网店自身演化外，虚拟商圈内部各个网店的相互影响成为重要的演化动力。当然，虚拟商圈的形成及演化开始受到网络外部性的影响，即网店之间的相互作用、网店与消费者之间以及消费者与消费者之间的相互作用的深刻影响。网店与消费者的互动关系非常复杂，呈现出双向非线性的关系，消费者购买力的增加会影响虚拟商圈内的网店演化，同时网店和虚拟商圈不断演化也会影响消费者购买力分布。但是与之相比，网店间的相互作用对于虚拟商圈聚集和演化更为重要。

从本质原因分析，虚拟商圈聚集演化的主要动力来自外部经济，其余动力来源也包括网店规模经济、范围经济。虚拟商圈初始的形成有非常大的偶然性，但是当虚拟商圈形成后，其演化就受到了网络外部经济的影响，导致了越来越多的网店自发融合在一起，虚拟商圈内部网店间的相互影响可以用公式（3-4）来描述，这种影响既包括相同业态间网店的相互影响，也包括不同业态间网店的相互影响。

$$B_{jt} \times B_{j-t} \Rightarrow \begin{cases} P_i = f(\alpha_1 P_{i-}, \beta_1 P_j, \omega) \\ P_j = f(\beta_2 P_i, \alpha_2 P_{j-}, \xi) \end{cases} \quad (3-4)$$

公式（3-4）中，P_i、P_j 分别代表主力网店和其他网店带来的流量；P_{i-}、P_{j-} 分别代表同种类型的其他网店带来的流量；α 表示主力网店和其他网店间的外部性；β 表示同种类型商店间的外部性，下标表示相互影响程度不一样；ω、ξ 代表了影响商店人流量的其他因素。这个基础模型很好地反映了虚拟商圈集聚的内在机理，由于主力商店的外在辐射力大，能吸引到更多的消费者，这种消费人群由于主力网店和其他网店间的距离近可以充分共享，构成了集聚的内在动因。

虚拟商圈聚集作为一种不断发生的动态现象，应该有个衡量标准，即到底什么指标或指标体系能够反映出虚拟商圈聚集程度，也就是虚拟商圈聚集度。传统关于产业集群的聚集度研究非常成熟，但是虚拟商圈聚集相对于传统的工业集群而言有着非常明显的不同，主要表现为虚拟商圈的自组织性、动态演化性及复杂交互性。因此，在构建聚集度指标体系时必须深入考虑到这些特质，简单地移植产业集群聚集度指标体系会出现许多偏差，无法深入描述虚拟商圈聚集的本质。从总体上看，虚拟商圈聚集度指标体系应该包括规模指标、结构指标和交互指标等几大类指标，具体的指标应该包括在这三大类中。

在指标体系的构建中，规模指标从理论上看是最为清晰、容易度量的，可以用整个商圈网店总销售额、网店总数量等，甚至也可以用整个商圈的日均或月均流量表征。只需处理好指标间存在的权重问题就好。结构指标相对而言就比较难于构建，具体哪种虚拟商圈结构更能够代表聚集状态。例如，有些商圈是由一家网络平台为主体，辅以大量小的各种网店，而有些商圈则是由数量庞大、规模适中的多家网络专卖店和专业店构成，这两种商圈结构从规模总量上看也许相当，但结构完全不同。上述两类指标还比较能够清晰地量化和计算，但在理论上最为重要的聚集要素外部经济及范围经济则无法简单处理。这类指标可以定义为交互指标，主要反映了虚拟商圈内同种业态网店的外部经济以及不同业态网店的外部经济，甚至网店与消费者间复杂的交互作用。这些均没有直接度量的指标，但是却是体现了虚拟商圈聚集的本质要素，只能通过各种间接的方式获取。其中消费者和网店间复杂的交互关系可以利用问卷调查或者消费者询问等方式获取，至于网店间的相互作用，则可以考虑利用各网店的历史流量以及销售额指标，通过经验公式回归出作用系数。

很显然的，虚拟商圈聚集度是一个复合指标体系，它的计算涉及几个重要的方面：一是各种一级指标以及相关的二级指标之间权重如何确立？一般可以利用主观权重法或客观权重法进行计算。但无论哪种方法计算都要注意保持权重的相对性，即能够推广到各种不同类型的虚拟商圈。二是从时间演化角度看，虚拟商圈聚集度必须能保证从时间层面考察，即能够探究随着时间变化，聚集程度会发生怎样的变化，增长的趋势是逐渐增长的平滑曲线还是发生突变的离散图形。这就要求虚拟商圈集聚度指标体系设计具有较强的适应性，能够适应随时间变化而不断出现的商圈新业态等。这样只要具备足够多的样本数据，就可以分析出虚拟商圈聚集的时间轨迹。三是下面即将讨论的命题，虚拟商圈是否能够无限制成长下去，因此在虚拟商圈聚集度指标设计中必须要有讨论商圈临界点的部分。

（二）虚拟商圈影响因素

微观影响因素对虚拟商圈体系演进影响，由公式（3-3）可知，影响虚拟商圈体系空间演进的微观因素包括了消费者购买力、网络平台规则和网络运营成本。三大微观影响因素对虚拟商圈体系演进的影响作用机理相似，但影响形式有所不同。

消费者无疑是虚拟商圈体系演进的最关键的影响因素，其对虚拟商圈体系演进的干预最为显著。

1. 消费者购买力对虚拟商圈影响机理

虚拟商圈所吸引的消费购买力增加是虚拟商圈体系阶段性演进的关键动力。与现实商圈会受到空间的限制不同，由于电子商务和物流的发展，虚拟商圈较少受到空间的限制。所以在虚拟商圈体系未达到饱和之前，消费者购买力总是存在的，因此，以虚拟商圈所吸引的消费购买力为衡量标准，网络平台内网店数量及其销售量随着虚拟商圈所吸引到的消费者购买力的增长而增长。只有网络平台所吸引的消费者购买力达到虚拟商圈聚集所需的规模阈值下限，网络平台内才有足够多能聚集产生出聚集效应的具有关联模糊性的网店，才可能形成初始虚拟商圈；也只有虚拟商圈所能吸引的消费者购买力超过上限值，虚拟商圈会分裂或衍生出新的虚拟商圈，从而催生虚拟商圈体系化演进。因此，虚拟商圈所吸引的消费购买力增加是虚拟商圈体系阶段性演进的关键动力。

2. 消费者与网店之间的互动的影响机理

消费者与网店之间的互动主要表现形式为售前服务、发货速度、产品体验、售后服务等，如果消费者与网店之间的互动是良性的，则消费者会在此网店形成黏性，进行重复购买，并留下良好的评价，吸引其他消费者进行购买。消费者在网店的消费者行为变化是虚拟商圈体系演进的外生源动力。网店趋利的秉性使其会千方百计地满足消费者的消费需求。当消费者消费行为从特定区域内的单目标购买转向同一消费区域内的多消费目标购买、从同一网络平台内的少数网店的比较购买转向多网络平台的多种网店体验比较消费、从感性消费转向理性消费等，相应的网络平台上的网店就会随着消费者消费行为的转变而不断地进行业态的调整。因此，消费者行为是虚拟商圈体系演进的外生动力源。

（三）虚拟商圈演化临界点

在讨论完虚拟商圈聚集度指标体系的构建问题后，下一个值得深入讨论的命题就是虚拟商圈的临界点。从经济学角度看，虚拟商圈临界点的问题有点类似于企业的临界点或最优规模问题。在传统经济学中，企业的最优规模是由两种经济效应的相互作用共同决定的，规模经济效应体现了当企业规模不断扩大时产生的积极效应，而管理成本效应体现了企业规模不断扩大时产生的消极效应。现实生活中的企业在这两种作用相反的效应影响下实现了规模的均衡。用同样类似的方法，我们可以分析虚拟商圈的最优规模，即分析虚拟商圈不断扩大后产生的积极效应和消极效应，但是与企业相比虚拟商圈的临界点会受到一个重要的约束条件，即虚拟商圈所吸引的消费购买力总量约束，只有当某个区域的消费者购买力达到上限值 C 时，商圈的成本高于收益，边际收益开始递减，商圈已发展到临界点以至于形成新的虚拟商圈。

1. 虚拟商圈扩大的积极效应

首先,当虚拟商圈扩大时,由于商圈内部强烈的外部经济效应,使虚拟商圈内各网店都能享受到外部经济带来的收益,尽管这种收益部分随着网店运营成本差异而内生化,但这种收益还是客观存在并且随着虚拟商圈规模的不断扩大也呈现出不断增加的态势。其次,当虚拟商圈不断扩大时,由于虚拟商圈内部有大量不同规模、不同业态的网店,与传统商业企业单纯的规模经济不同,这时虚拟商圈能够实现出前所未有的规模经济,尽管不是某一家网店实现,许多或大或小的网店通过虚拟商圈实现了单个网店无法实现的规模经济程度,同时与单个网店的规模经济相比,这种规模经济还不会带来成本的急剧上升。因此这种积极效应也会随着虚拟商圈扩大而增加。再次,虚拟商圈扩大能够提升由于消费购买力总量约束所决定的虚拟商圈临界容量,因为当虚拟商圈规模不断扩大时,由于网店和消费者间的复杂作用,导致越来越多的消费者也不断被吸引,消费购买力总量也不断增加,因此虚拟商圈规模的约束也不断降低。最后,虚拟商圈的规模不断扩大有利于商圈实现多样性,这种多样性体现在商圈各种业态的多样性、各种规模的多样性、各种销售产品的多样性,这种多样性实现了虚拟商圈的范围经济,并且这种范围经济的效应也远远超过单个网店所能实现的广度和深度。

2. 虚拟商圈扩大的消极效应

首先,虚拟商圈的不断扩大会使网店在网络平台的运营成本上升,包括网络店铺租金、推广费用等。运营成本的大幅增加将会导致许多中小网店企业无力承担,会大大减少了虚拟商圈的多样性,降低虚拟商圈的范围经济效应。其次,虚拟商圈规模的扩大将会导致刷单现象产生,消费者对网店或者网络平台的信誉产生怀疑,或是滋生"网络腐败"降低虚拟商圈的吸引力,尤其针对特定商业业态更加下降的程度更加厉害。

(四)虚拟商圈演化分析方法

如何分析虚拟商圈演化过程,一个显而易见的理论就是突变理论,从网店到虚拟商圈以及虚拟商圈到虚拟商圈体系都符合突变的理论。但是虚拟商圈聚集和演化还有一个非常有趣的现象,虚拟商圈可以看成由无数个网店组成共同实现演化。我们所见到的虚拟商圈聚集、扩张和演化过程其实都是由单个小的网店的决定所共同影响。借鉴区域经济学中的元胞自动机分析方法,小网店强烈地类似于一个个的元胞,自身的发展受到外在环境的重要影响,而影响外在环境的能力几乎可以忽略,并且网店数量巨大。我们可以将每一网店的行为定义为新建、扩张、收缩、退出四个策略构成的策略集,如果构建出合适的运算规则,就可以通过计算机模拟出虚拟商圈聚集演化的轨迹和各种可能的结果。更加进一步地可以将网店业态因素也考虑进去,则可以利用元胞自动机分析更符合现实的模拟结果。

四、高级阶段

当我们深入分析了随着虚拟商圈所吸引的消费者购买力突破上限,单个虚拟商圈规模不断扩大一直到临界点,同时原有的商圈不能满足消费者需要,网络平台实力增强,战略性开拓其他行业虚拟商圈。这时虚拟商圈就分裂或衍生出新的虚拟商圈,在整个互联网范围内就会出现新的大大小小不同的虚拟商圈,这些虚拟商圈共同组成了虚拟商圈体系。其实在虚拟商圈形成之初,其他商圈对它的影响就是持续性的,这种作用主要通过商圈间互补效应以及商圈间竞争效应体现。

(一)虚拟商圈体系形成与演化

虚拟商圈体系形成的关键问题在于新的虚拟商圈如何出现,正如前面所讨论的一样,单个虚拟商圈达到发展上限时,消极效应就会超过积极效应,因此当虚拟商圈规模不断扩大时,新商圈就会出现,这一过程可以通过两种手段实现:一种手段是原有的虚拟商圈分裂出新的商圈,进入与原商圈相关的行业或领域;另一种手段就是,原有的虚拟商圈培育出新行业的商圈,或收购其他行业的虚拟商圈,将其发展壮大,一般而言,虚拟新商圈的发展演化速度要大大快于虚拟原有商圈。

在虚拟商圈体系形成后,其演化规律除了单个网店的自发演化以及虚拟商圈内部体系的演化外,开始受到了虚拟商圈间的相互作用影响,正如公式(3-1)所示。任何一个网店在同一时点都受到其自身演化、商圈内部各种影响以及商圈之间各种影响等的共同作用。

(二)虚拟商圈间互补效应和竞争效应

因此,在讨论虚拟商圈体系演化过程中,与前面不同,最为重要的应该分析虚拟商圈间的相互影响,虚拟商圈体系中某个商圈受到其他商圈的影响表现为商圈间存在着的正面的互补效应和负面的竞争效应。
$$B_{it} \times B_{i-t} = f(\eta, \mu, \zeta) \qquad (3-5)$$
公式（3-5）中，η 表示虚拟商圈间的互补效应；μ 表示虚拟商圈间的竞争效应，从本质上看，消费者购买力的分布最终导致了虚拟商圈间的竞争效应，而这种竞争行为在事实上也确定了每个虚拟商圈的边界和范围。

（三）虚拟商圈体系分析方法

虚拟商圈体系的形成和演化相对于单个虚拟商圈更加的复杂，甚至在现阶段无法用任何现有的理论给予完整的解释。但是与单个虚拟商圈聚集相比，虚拟商圈所能吸引的消费者购买力作为最主要的外在约束条件，在虚拟商圈体系内部可以自由流动，因此虚拟商圈体系中各个商圈演化过程会受到彼此的制约，这一点要远大于虚拟商圈内部网店相互的制约。

考虑在虚拟商圈体系中任何一个商圈，一方面它会受到虚拟商圈体系中所有其他商圈的共同作用，这种影响既有前面所分析的老商圈对新商圈的互补效应，但更多的是虚拟商圈间强烈的竞争效应，甚至这种竞争的结果直接刻画了虚拟商圈体系的布局。另一方面，可以将虚拟商圈受到的虚拟商圈体系的所有影响视为一个外在约束条件，那个虚拟商圈内部仍然会不断演化，正如上一部分分析的一样，同时各个商圈内部的演化过程又会通过竞争和扩散不断重新构造虚拟商圈体系。因此，从理论上讨论，虚拟商圈体系很可能不存在稳定的状态，只能认为在一段时间，当所有外部环境因素暂时维持稳定时，虚拟商圈体系内各个商圈实现短暂的均衡，而随着外部因素的变化或者内部演化的突变，均衡状态将会被打破直至实现下一个均衡状态。

那么，如何刻画虚拟商圈体系的演化呢？一个理论上可行的选择是通过计算机语言进行仿真模拟，与虚拟商圈适合元胞自动机的分析方法不同，我们无法将单个虚拟商圈也定义为一个个的元胞，而应该用更复杂的语言和规则来定义与刻画。最后，不同于虚拟商圈元胞自动机的规则单一性，虚拟商圈体系的模拟过程中应该加入学习的因素，允许通过类似于蚁算法等动态算法模拟现实虚拟商圈在体系中面临其他商圈的竞争和资源的约束对现有处理策略的动态调整。

虽然在商圈演化中比较适合元胞自动机分析，但是所有虚拟商圈演化应该在一个统一的框架进行分析，即构造一个计算机的仿真平台，将网店定义为 Agent，通过设定各种变量和参数，单一的网店就能在网络平台范围内自身演化，然后在网络平台实现集聚形成虚拟商圈，最后又自主扩散为各个商圈，形成虚拟商圈体系，在这个平台中能够实现对各种影响因素及临界点等关键节点的数值模拟，这也是我们接下来正在进行突破的焦点所在。

五、仿真设计

前面理论分析说明，虚拟商圈体系空间演进从初级阶段的交互关系淡薄的离散零售组织演进；到中级阶段的虚拟商圈形成并发展，即随着消费者购买力增强，网店与消费者交互增加，网店之间交互也因此而增加，网店之间的模糊关联性被逐渐激发，特定虚拟商圈内商业聚集度突破门槛值，网店和电子商务企业获得由模糊关联性带来的显著聚集效应；再到高级阶段的虚拟商圈体系形成与发展，即随着虚拟商圈吸引消费者购买力的能力进一步增加，虚拟商圈开始突破临界点，实现虚拟商圈的分裂和衍生，出现虚拟商圈体系。囿于现实数据难以取得，我们采用了计算机语言进行仿真模拟，以获取虚拟商圈体系的三阶段空间演进过程轨迹以及演进各阶段的结构状态。

（一）建模理论基础

1. 理论来源

在现实生活中，大量的自然和社会事物不能以明确的二分法区分其间的差异即不能够简单地将事物之间的关系界定为"有或无"或"是与否"，而是一种两极化过渡中所呈现的不明确状态，此谓事物的模糊关系。存在模糊属性的事物既不能以精确数学算法来进行分析，又不能用随机数学算法来解释。这一困境直到 1965 年才得以系统地解决。1965 年，美国加利福尼亚大学伯克利分校的 Zadeh 教授，模糊理论创始人，在其"Fuzzy Set"一文中，以精确数学集合论为基础，首次系统阐述了模糊信息处理理论，即模拟人类所特有的模糊逻辑处理能力，由定性到定量地对事物的模糊性和系统的不确定性进行描述和处理。此后，Zadeh 教授进一步明确了模糊性的内涵，并通过有效地对模糊性进行界定，如采用模糊集合、隶属函数、隶属度等方法，使具有模糊性的事物和不确定性的系统等研究对象能得以确切化，使研究中的精确事物和模糊性事物、确定性系统和不确定性系统能量化衔接，得以弥补精确数学算法、随机数学算法的不足。表示事物边界或临界值不确定的特定集合，就是模糊集合（Fuzzy Set）。模糊集合使得人类的模糊逻辑语言得以量化；以特征函数表示元素与模糊集合之间归属关系的数学工具，就是隶属函数（membership-function）；隶属函数中表征元素与模糊集合关系的特征函数值，就是隶属度，其值在 [0，1]。模糊理论虽是一门新兴学科，但由于其能较好地对具有模糊性的事物和不确定性的系统进行度量、识别、推理、控制与决策，其被广泛地应用于农业、林业、管理、气象、交通、医疗、环境、军事、能源和地质等领域。并且，学者们将模糊理论与其他研究算法相结合，衍生出许多的模糊研究交叉分析理论，模糊聚类分析理论就是其中的一个交叉分析理论。

所谓模糊聚类分析，就是模糊理论用于对存在模糊属性的事物进行聚集、分类研究。Ruspinid（1969）是最早将模糊概念纳入聚类分析的学者，其使用模糊聚类分析法处理对带有模糊属性的事物进行分类。此后，Gitman 和 Levine 提出了用于处理大数据集合复杂分布的单峰模糊集方法。Bezdek 和 Dunn（1974）构造了模糊 C 均值（FCM）聚类算法或称为模糊 ISODATA 聚类法。目前，常用的模糊聚类分析方法有七种：一是基于将模糊的相似关系改造为等价关系的模糊传递闭包法；二是基于模糊和相似关系的聚类法；三是基于模糊图理论的最大树法；四是基于目标函数的模糊 C 均值（FCM）聚类算法；五是基于数据集的动态规划、凸分解等聚类法；六是人工神经网络模糊聚类法；七是动态模糊聚类法。所谓动态模糊聚类（dynamic fuzzy clustering），是针对兼具模糊属性和空间属性的事物，基于"距离"，并在其相应维度空间上进行聚类分析的方法。

2. 一般步骤

动态模糊聚类分析一般有三大步骤：

（1）标准化的模糊集合内元素。根据拟分析的问题，建立模糊集合，$U = \{x_1, x_2, \cdots, x_n\}$。每一个元素都有 m 个指标表示其属性状况，即：$x_i = \{x_{i1}, x_{i2}, \cdots, x_{im}\}$ $(i = 1, 2, \cdots, n)$。

由于实际问题中不同的数据的量纲可能不同，因此，需要将相关数据进行标准化转变，将数据压缩到区间 [0，1]。常用的标准化方法有平移—标准差变换、平移—极差变换、对数变换。

(2) 构建模糊相似矩阵。根据研究问题的性质，选取相应的聚类方法以确定相似系数，构建模拟相似矩阵，即确定模糊集合中任一两个元素 x_i 与 x_j 之间的相似程度 $r_{ij} = R(x_i, x_j)$。常用的聚类方法有相似系数法和距离法两大类。其中相似系数法具体有夹角余弦法、算术平均最小法、最大最小法、几何平均最小法、数量积法、相关系数法、指数相似系数法等具体算法；距离法具体有倒数距离法、指数距离法，以及基于直接距离的海明距离法、欧几里得距离法、切比雪夫距离法 5 种具体算法。

(3) 获取动态聚类结果。在构建的模糊相似矩阵 $\tilde{R}$ 的基础上，获取动态聚类结果的办法亦有多种：一是传递闭包法。将模糊相似矩阵 $\tilde{R}$ 改造成模糊等价矩阵，再采用二次方法求出模糊矩阵 $\tilde{R}$ 的传递闭包，再让特征值 λ 由大到小变化，从而获取动态聚类图形。二是布尔矩阵法。依据布尔矩阵定理，通过计算模糊相似矩阵 $\tilde{R}$ 的 λ—截矩阵 R_λ，再求出 R_λ 的等价矩阵 R_λ^*，以获得 R_λ^* 在 λ 水平上的分类。三是直接聚类法。直接以模糊相似矩阵 $\tilde{R}$ 为基础进行聚类。四是最大树法。以被分类的模糊元素为顶点，取模糊相似矩阵 $\tilde{R}$ 的元素 r_{ij} 为权重，构建一棵最大的树，其中特征值 $\lambda \in [0,1]$，剔除权重低于 λ 的树枝，得到一个不完全连通的树图，其中连通的分枝就构成了在 λ 水平上的分类。

3. 适用性分析

聚类即为按照一定的标准对事物或系统进行分类的过程，事物间的相似性是划分标准的唯一尺度。聚类分析就是借助数学算法对特定对象集合中元素集聚、分类的研究方法。传统的聚类分析是将研究对象集合中的每一个对象，按照具体的二分法标准，严格地集聚到某一群体中，或划分到某一特定的类别中。模糊理论引入到动态聚类分析之后，模糊聚类分析则是将研究对象集合中拥有空间属性的每一个对象，按照对象模糊属性的隶属度将其聚集到不同相应空间维度的集团区域内，或者划分到不同的类别中。自中国学者1985年将模糊聚类法引入国内的研究，模糊聚类的应用研究取得了不俗的应用成果，动态模糊聚类的应用研究成果也不少。罗顿等（2013）采用动态模糊聚类法构建了一个任务——资源模糊聚类分析模型，以平均距离为模糊集合的隶属度，并基于此定了模糊相似系数，将实时任务和历史任务——资源数据库里的任务进行聚类分析，以实现系统资源对实时任务的快速响应,并通过仿真测试检验。苏粟等(2014)利用动态模糊聚类和曲线特点辨识法,结合用户响应评价模块分析结果,对电动汽车充电控制系统空间分布进行了建模仿真。夏雪等(2014)综合运用动态模糊聚类、ESDA、GIS 以及 AHP——熵值组合赋权法,分析了鄂豫皖赣省级边缘地区的经济差异的时空格局,研究表明县域经济发展具有空间集聚性,但整体空间集聚性相对较弱,同时,在自然区位、经济条件和政府导向等作用影响下,"桥梁效应"远小于"切变效应"。

显然,动态模糊聚类分析法可广泛地应用于经济管理和科学技术等领域。零售组织之间存在的模糊关联性是其交互关系作用的动力源,而零售组织之间的交互作用是零售商圈得以形成与发展的根本。同时,距离越近的零售组织之间的模糊关联性作用越大,因此零售商圈演进、零售商圈体系演进分析,可以这一与距离高度正相关的模糊关联性为基础展开。城市零售商圈体系中的基本单元——零售组织,正如动态模糊聚类中的模糊元素一般,都具有模糊关联性和空间属性,都有向其所在相应维度的空间内隶属度最高的聚集区域或热点移动集聚的禀性。并且,动态模糊聚类算法在经过 N 次的迭代运算,使模糊元素按照隶属度产生聚集,获取聚集体的整体特性。虚拟商圈体系空间演进,正是需要对网店组织聚集体的整体特性进行研究,探究其演进过程中的影响因素对虚拟商圈体系演进过程中的交互作用,以便寻找促进虚拟商圈体系发展的对应措施。因此,我们认为虚拟商圈体系集聚演进分析可借助于动态模糊聚类法。

(二)实验设计

1. 实验主体

仿真实验的主体为网店,其数量和行为的设定如下所示:

(1) 网店组织数量设定。在虚拟商圈体系的空间演进过程中,网店与消费者之间的交互关系,一方面体现在消费者对网店的影响,消费者的购买总量对网店数量的影响;另一方面体现为网店组织对消费者的影响,网店的组合和营销战略对消费者的购买量、消费行为的反作用。为简化仿真实验的运算量,同时又不脱离实际,我们假定消费者的购买总量与消费行为存在较强的正相关,即消费者的购买力增加,其集中购买的消费行为越明显。并且,消费者的购买总量决定了网店组织的数量,由此网店随着消费者的增加，其数量不断增加。因此，在仿真实验中设定电子商务空间消费能力有着时序性递增，但是每一个运行周期内资源总量是有限的，区域内资源能够支撑的网店组织增加是有限的。网店组织初始设定为30个，此后随着栅格代表的消费者购买力总额的增加而增加。鉴于供给平衡的考量，每个时间周期内元素点的新增数量，由栅格代表的购买力总额决定。

（2）网店组织行为设定。网店组织兼具模糊属性和空间属性，即网店组织之间存在着模糊关联性，这种模糊关联性会随着欧氏距离而发生变化，相邻网店组织之间的距离越近，其间能激发的模糊关联性就越强，而距离越远，其间能激发的模糊关联性就越弱。因为随着虚拟空间内消费者购买总量的增加，其购买的消费需求越强烈，同时网店组织之间的空间交互也日益加强，都驱使网店组织驱动空间聚集（此处空间为虚拟空间，即集聚在虚拟电商平台），以激发其间的模糊关联作用，取得诸如包含规模经济、范围经济和外部经济性等在内的聚集效应，以便空间聚集的网店组织能比离散的同规模网店组织能满足更多的客户需求，获得额外的市场利润。因此，在仿真实验中，网店组织具有在虚拟空间内选择一个与其存在高隶属度关系的聚集区域或热点移动的行为特性。网店组织寻找聚集热点的过程通过离散选择模型（discrete choice model）来仿真，其中的隶属度函数包含网店组织到聚集热点的空间距离因素，且空间距离使用欧几里得距离。

2. 实验流程

模拟实验流程如图3-1所示，即模拟实验开始于一定量的网店组织根据实验环境而随机撒在模拟空间内，接着根据时间的推演，模拟虚拟空间内的消费购买力按比例增加，随着网店组织相应的增加。判断其所属区域的消费购买力达到了聚集所需下限阈值，如果尚未达到聚集下限阈值，则空间位置不调整，进入下一个时间周期；如果达到了聚集下限阈值，则向由隶属度函数给出的聚集度未达到上限阈值的热点聚集。一旦聚集热点聚集度超过上线阈值，而与阈值规模相关变量未发生改变时，该聚集热点不再聚集其他网店组织。网店组织不再调整空间位置，进入下一个时间周期，重新判断所属区域消费购买力状况，并开始寻找新的聚集热点。

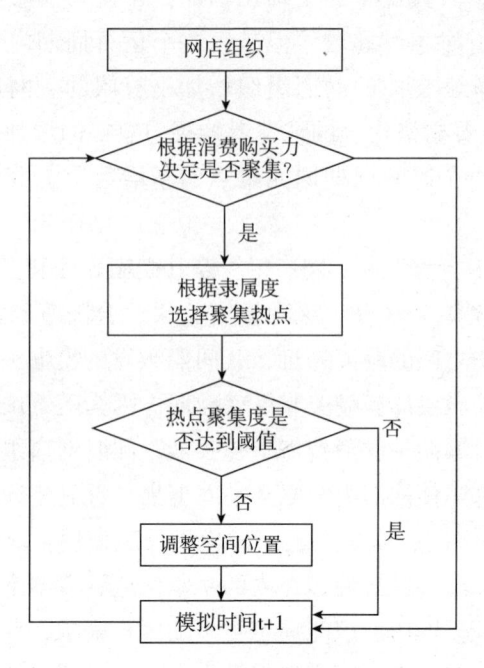

```
        ┌─────────────┐
        │  网店组织    │
        │             │
        └──────┬──────┘
               │
        ┌──────▼──────┐
   ┌───◆ 根据消费购买力 ◆
   │    ╲决定是否聚集？╱
   │        │是
   │    ┌───▼────────┐
   │    │根据隶属度   │
   │    │选择聚集热点 │
   │    └───┬────────┘
   │        │
   │    ╲热点聚集度是╱  否
   │    ◆否达到阈值 ◆─────┐
   │    ╲          ╱      │
   │        │否           │是
   │    ┌───▼────────┐    │
   │    │调整空间位置 │    │
   │    └───┬────────┘    │
   │        │             │
   │    ┌───▼────────┐    │
   └───►│模拟时间t+1  │◄───┘
        └────────────┘
```

图 3-1　虚拟商圈体系空间演进模拟

模拟实验中没有设定自动停止机制，当零售组织数量足够多，并已实现各阶段的均衡结果，有效反应各阶段均衡特征时，人为终止模拟实验。

3. 实验假设

（1）空间环境设置。显然，电子商务环境下的虚拟空间外形没有一般性形状。虚拟商圈体系的空间演进对外界轮廓并不敏感。同时，为降低实验的复杂度，实验的文化背景假定为没有特殊区域文化影响。故我们在兼顾虚拟商圈体系空间研究本质需求和仿真运算便利性的基础上，构建了一个"100×100"的空间栅格代表"虚拟空间"，具有模糊关联性的网店组织就是模糊集合中的元素，在仿真模型运行过程中用"点"表示。本书基于"100×100"空间栅格和元素点，设计了一个虚拟商圈体系空间演进的过程。在这个实验环境中，不同"虚拟空间"区域内的基础条件不同。

（2）实验前提假设。为了实现基于动态模糊聚类的虚拟商圈体系自发空间演进三阶段过程，我们采用 Windows7.0 操作系统作为实验平台，利用 Matlab7.0 计算机语言建立了仿真环境，为保证仿真实验能体现虚拟商圈体系发展演进历程，实现仿真结果的经济含义和现实价值，我们做了如下前提假设：

第一，"虚拟空间"资源设定。"虚拟空间"区域内的资源和需求分布不均匀，资源的分布状况由变量 beta 决定。"虚拟空间"区域内资源和需求是相对应的，并有着时序性递增，但是每一个运行周期内资源总量是有限的，因此，区域内资源能够支撑的网店组织增加是有限的。鉴于供给平衡的考量，每个时间周期内元素点的新增数量，由栅格代表的购买力总额决定。

第二，聚集热点设定。热点是"虚拟空间"环境内网络主力店或居领导地位网店组织元素点所在区域，该热点一方面吸引在"虚拟空间"内已经存在的，与其有高度隶属关系的零售组织元素点，其中隶属函数包含各网店组织元素点到热点的空间距离这一要素。该空间距离计算方式使用欧几里得算法。空间距离参数与隶属度呈负相关，说明元素点离热点越远，聚集的可能性越小。这和现实中较远距离的网店组织搬向电商聚集区域的搬迁成本越高有关。另一方面，热点还将直接吸走大部分的系统新增加网店组织。除了初始阶段的热点，由实验操作者根据初始撒点的状况给定之外，此后随着热点增加的数量及空间定位都由系统根据栅格中的总购买力和区域内网店组织元素点的分布情况测算而得。

"虚拟空间"内的每个热点都有一个既定的吸引力值，这个吸引力值代表虚拟商圈的空间发展规模阈值上限。"虚拟空间"内的热点吸引力不完全相同，反映现实中不同等级、不同规模的虚拟商圈，其中吸引力低的热点代表低等级、小规模虚拟商圈，吸引力高的热点则代表高等级、大规模虚拟商圈。并且，区域内资源和市场需求是有限，"虚拟空间"区域内的数个热点总吸引力既定，各热点之间的吸引力此消彼长，以反映虚拟商圈之间存在争夺资源和市场的竞争，虚拟商圈体系内的各虚拟商圈之间存在此消彼长的关系。

第三，网店组织的运动规律。趋利的网店组织会倾向于向其隶属度最高的网店组织所在的商业热点移动，元素点也将随着运算迭代，向其隶属度高的热点区域聚集。网店组织元素点聚集到其所属热点之后，就不再运动。

（三）仿真实验与结果

1. 仿真模型构建

由前面提出的虚拟商圈体系演进理论分析可知，虚拟商圈体系空间结构自发动态演进,是指在只有市场主体力量的干预下的虚拟商圈体系的轨迹演进,即虚拟商圈体系的结构演进主要受制于公式(3-1)的关键变量,消费者购买总需求就是虚拟商圈体系阶段演进的关键阶段性变量。故虚拟商圈体系空间演进三个阶段仿真概念模型见图3-2。

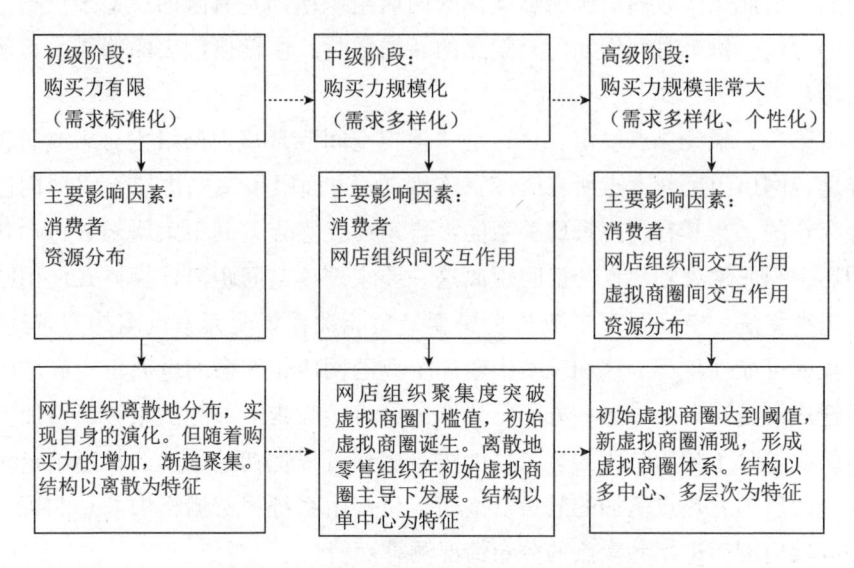

```
┌─────────────┐     ┌─────────────┐     ┌─────────────┐
│初级阶段:     │     │中级阶段:     │     │高级阶段:     │
│购买力有限    │ --> │购买力规模化  │ --> │购买力规模非常大│
│(需求标准化) │     │(需求多样化) │     │(需求多样化、 │
│             │     │             │     │ 个性化)      │
└─────────────┘     └─────────────┘     └─────────────┘
      │                   │                   │
      ▼                   ▼                   ▼
┌─────────────┐     ┌─────────────┐     ┌─────────────┐
│主要影响因素: │     │主要影响因素: │     │主要影响因素: │
│消费者        │     │消费者        │     │消费者        │
│资源分布      │     │网店组织间交互作用│  │网店组织间交互作用│
│             │     │             │     │虚拟商圈间交互作用│
│             │     │             │     │资源分布      │
└─────────────┘     └─────────────┘     └─────────────┘
      │                   │                   │
      ▼                   ▼                   ▼
┌─────────────┐     ┌─────────────┐     ┌─────────────┐
│网店组织离散地│     │网店组织聚集度│     │初始虚拟商圈达│
│分布,实现自身│ --> │突破虚拟商圈门│ --> │到阈值,新虚拟│
│的演化。但随着│     │槛值,初始虚拟│     │商圈涌现,形成│
│购买力的增加,│     │商圈诞生。离散│     │虚拟商圈体系。│
│渐趋聚集。结构│     │地零售组织在初│     │结构以多中心、│
│以离散为特征。│     │始虚拟商圈主导│     │多层次为特征。│
│             │     │下发展。结构以│     │             │
│             │     │单中心为特征。│     │             │
└─────────────┘     └─────────────┘     └─────────────┘
```

图 3-2 虚拟商圈体系演进仿真概念模型

该概念模型反映了虚拟商圈空间演进的三阶段过程。其中,实线框表示一个阶段性的状况,虚线框表示阶段性内一个时段的状况;实线箭头表示当期消费者状况对虚拟商圈空间结构的实质影响,虚线箭头表示经济社会发展或者虚拟商圈体系结构演进从一个状态演进到下一个状态。

实现上述概念模型,虚拟商圈体系空间演进的模拟函数所用到的公式表述为:

$$function\ absorb\_center = absorbCenter(num\_sampleCB, beta) \quad (3-6)$$

$$function\ [dist\_resident] = sadian(dist\_rate) \quad (3-7)$$

$$function\ [store] = special\_sadian(center, rate, alfa, beta) \quad (3-8)$$

其中,$store$ 表示网店组织;$center$ 是聚集热点;$beta$ 为基础条件控制变量;$rate$ 为热点的聚集度;$alfa$ 表示热点聚集阈值。虚拟商圈体系演进主程序代码参见附录。

2. 仿真结果分析

基于动态模糊聚类的虚拟商圈体系自发演进模拟实验,经过总共20个时间周期迭代运算后,得到模拟的虚拟商圈自发演进的三阶段过程。

（1）虚拟商圈体系演进模拟初始状况。初始化模拟环境后，得到如图3-3 所示虚拟空间中的初始拓扑结构。

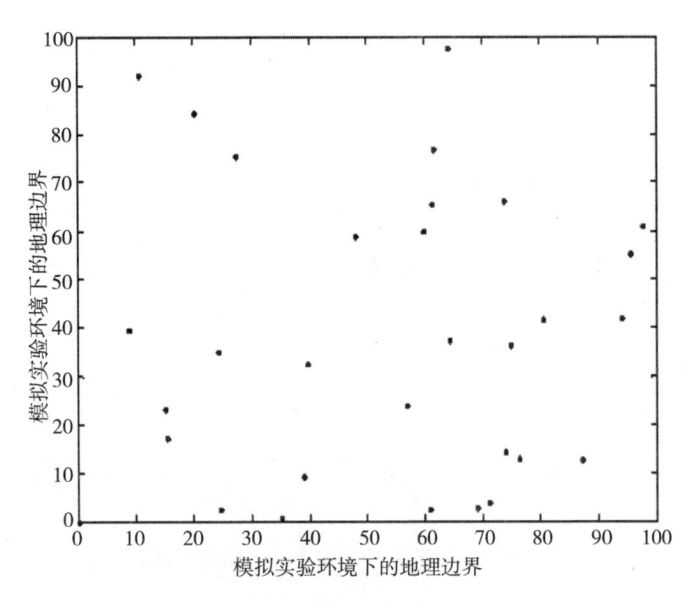

图 3-3 虚拟商业空间初始拓扑结构

此时的虚拟商圈体系结构是没有聚集体的完全离散状况，30 个网店组织元素点离散地分布在虚拟空间区域内，由于缺乏激发其模糊关联性产生聚集的基础条件，因此并没有聚集的趋势，即在消费总购买力达到下限阈值前，消费需求比较单一，而且需求的标准化比较高，因此只需要离散分布的网店组织为消费者提供电子商务发展初期简单的标准化程度较高的商品。

（2）初级阶段虚拟商圈体系演进模拟结果。经过数个时间周期的变化，消费总购买力发生变化，虚拟空间内根据消费总购买力增加而新增的网店组织元素点，再次撒向虚拟区域内，形成了如图 3-4 所示的空间拓扑结构。由于消费总购买力的增加，居民与网店组织之间的空间交互加强，很快在图 3-4 的右上角出现一个网店组织元素点相对聚集的区域，但是由于此时的消费总购买力仍不足以激发网店组织间的模糊关联性产生显著聚集效应，虚拟空间内其他区域的零售组织元素点仍然是离散地分布在虚拟空间区域内。由于右上角聚集的网店组织仍较少，虚拟空间结构整体上仍处于离散状态。

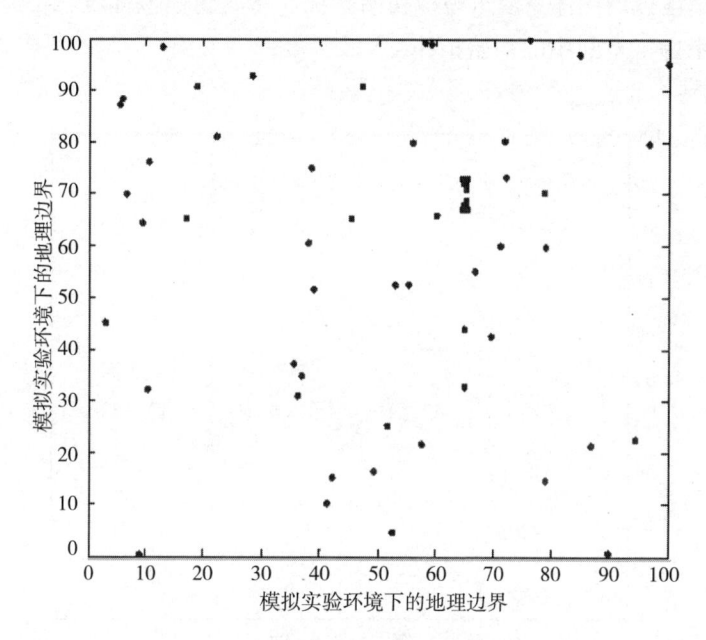

图3-4 初级阶段的虚拟商业空间拓扑结构

（3）中级阶段虚拟商圈体系演进模拟结果。随着消费总购买力的不断增加，网店组织元素点的模糊关联性逐渐激发。在模拟实验中，界定虚拟空间右上角的聚集区域为虚拟商圈初始热点，并给定此初始热点聚集度阈值。虚拟空间内的网店组织元素点逐渐向热点移动，初始状态下边界附近的网店组织元素点逐渐向右上角的"热点"移动，新增加的网店组织元素点亦趋向于直接落入该热点区域。

随着运算的时间周期增多，消费总购买力不断增大，虚拟商圈体系演进出现了一个阶段性变化，如图3-5虚拟商圈体系空间拓扑结构所示。在虚拟空间右上角界定的热点区域，近25%的网店组织元素点已经聚集到热点覆盖范围内，形成了一个具有相当规模的网店组织元素点聚集体。此时，购买力已经激发了网店组织元素点之间的模糊关联性，聚集体内聚集的网店组织元素点已经达到了预先设置的虚拟商圈聚集度门槛值，能产生显著的空间聚集效应，形成典型的初始虚拟商圈A。每经过一个时间周期，虚拟空间内的网店组织元素点都不断地向初始虚拟商圈聚集处移动，大部分的新增网店组织元素点仍直接落入该区域，初始虚拟商圈聚集的规模不断增长。因此，此阶段的空间拓扑图呈现出一种虚拟商圈组织逐渐从由内而向外地扩散分布。

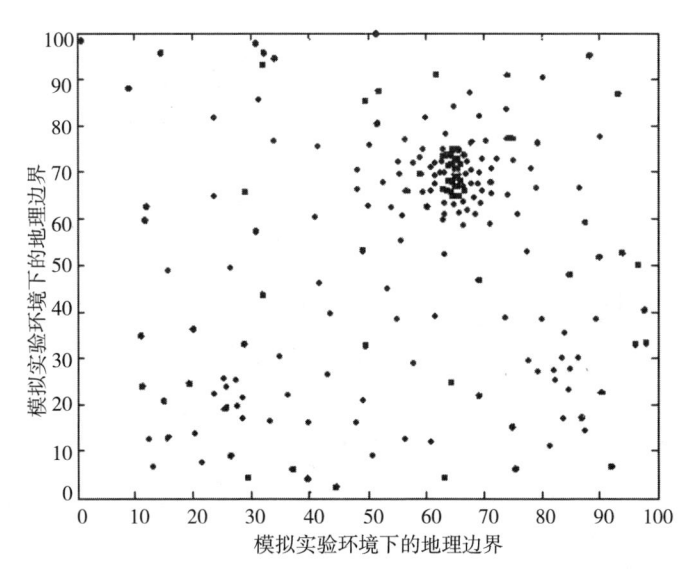

图 3-5　中级阶段的虚拟商业空间拓扑结构

随着运算时间周期的增长，消费总购买力不断增长，初始虚拟商圈的聚集度将逐渐接近其相对应的预设吸引力值，而难以满足不断增长的购买力需求。此时，虚拟空间系统内将根据已存在的具有模糊关联性的网店组织元素点分布状况，测算新的虚拟商圈热点。在图 3-5 的左下角和右下角各有一处，相对除初始虚拟商圈外的其他区域，网店组织的聚集度相对高些，此两处将生成新的虚拟商圈热点。

（4）高级阶段虚拟零售商圈体系演进模拟结果。再经过数个时间周期的迭代运算，消费总购买力再次实现阶段性突破，随之而新增加的网店组织元素点已经非常丰富，形成了如图 3-6 所示的空间拓扑结构。

消费购买力总量已经很大，已经超过了单个虚拟商圈所能服务的上限阈值，同时虚拟空间消费力的分布也相应发生了改变，不仅仅是集中分布，因此虚拟商圈体系空间演进进入了最后的高级阶段，并不断地扩展。图 3-6 中右上角的虚拟商圈 A 热点，已经聚集了非常多的具有模糊关联性的网店组织元素点，并且其周围还环绕有许多离散的网店组织元素点，该片区域所拥有的网店组织元素点占据虚拟空间网店组织元素点总量的 40.93%。当该初始中心虚拟商圈 A 的规模扩大到其阈值上限时，已存在

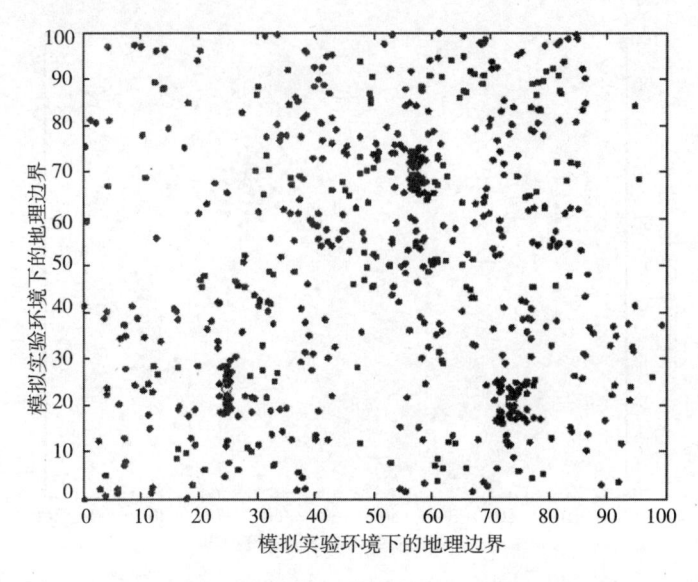

图 3-6 高级阶段的虚拟商业空间拓扑结构

的网店组织元素点将不再向其聚集，而新增加的网店组织元素点也将不再落入该热点区域内，但仍会有落在其周围区域，围绕虚拟商圈 A 热点区域离散地分布着。同时，虚拟空间的右下角虚拟商圈热点 B 和左下角处虚拟商圈热点 C，已经聚集足量的具有模糊关联性的网店组织元素点，形成了新的虚拟商圈。并不断地吸引与其存在高隶属度的网店组织元素点聚集，以及新增加的网店组织元素点落入热点区域内。这三个大小不同的虚拟商圈构成了虚拟商圈体系。由于先发优势，右上角的初始虚拟商圈 A 的聚集度以及聚集规模显著地大于其他两个虚拟商圈，此阶段，整个虚拟商圈体系空间结构呈现多种规模体系虚拟商圈环绕共生状态。

第四章 虚拟商圈集聚与成长

2017年11月27日,国务院办公厅《关于深化"互联网+先进制造业"发展工业互联网的指导意见》指出,要极大拓展网络经济空间,实施"互联网+"行动计划,发展分享经济,促进互联网和经济社会融合发展。互联网经济的快速发展颠覆了传统的生活方式和商业模式,越来越多的企业逐渐围绕网络客户的需求进行集聚,通过互联网这一"虚拟园区"交织为庞大的新产业环境,并进行更广泛的资源整合。2015年9月,中共中央、国务院印发了《关于推进线上线下互动加快商贸流通创新发展转型升级的意见》,文件中提到要鼓励线上线下创新,增强经济发展新动力。2016年12月,国务院印发《"十三五"国家战略性新兴产业发展规划》以及《关于印发"十三五"国家信息化规划的通知》,文件中多次提到"互联网+",提出要加快信息技术与经济、社会的融合发展,加快培育"互联网+"生产体系,构建产业生态体系,建设互联网跨领域融合创新支撑服务平台等。2017年8月《关于进一步扩大和升级信息消费持续释放内需潜力的指导意见》文件强调要促进多领域融合,建立新型平台生态体系[1]。天猫CEO张勇说,"天猫有几万多个品牌,有百货也有专卖店,更像一个大商圈"。这个虚拟商圈已开通电器城、名鞋馆、运动馆、淘特莱斯登垂直商城,家装、美容、超市、时尚等行业市已经建成。虚拟商圈作为电子商务发展中自发形成的产物发挥出越来越大的作用和影响力。

---

[1] 引自《关于深化"互联网+先进制造业"发展工业互联网的指导意见》《关于推进线上线下互动加快商贸流通创新发展转型升级的意见》《国务院关于印发"十三五"国家战略性新兴产业发展规划的通知》《关于印发"十三五"国家信息化规划的通知》《关于进一步扩大和升级信息消费持续释放内需潜力的指导意见》。

一、虚拟商圈集聚现状

唐红涛和张俊英（2007）给定了虚拟商圈的定义，虚拟商圈为商家企业在互联网空间中通过电子商务手段实现的吸引消费者购买其产品或服务的特定范围（商务平台网站）。之后的学者多采用这一定义对虚拟商圈进行分析。但是值得注意的是，随着电子商务的发展，尤其是类似于天猫商城、QQ 商城等平台类 B2C 企业的不断发展，甚至当当网和京东商城原来是自营式 B2C 企业也开始涉足平台类业务。虚拟商圈的定义有必要进行适当的修正，借鉴柳思维等（2007）对传统商圈的中观层面的定义，可以将虚拟商圈的主体从单个网站扩大到单个甚至多个网络平台上聚集的电子商务企业集合，它们共同对消费者产生吸引力，构成影响范围。乔丹（Jordan）以亚马逊网站为例，分析了亚马逊最成功的商业模式在于与供应商以及消费者的互动联盟，这在某种程度上提出了类似虚拟商圈的概念。鲍劳巴希（Barabasi）也指出 Facebook、Google、雅虎、亚马逊、eBay 等网站存在数以千万计的链接，成为信息和商务活动的中心，并且他还指出这种集聚现象多发生于热门网站。传统商圈和网络商圈之间的竞争存在于流行产品，而通过互联网出售的利基产品则经常免于这种竞争。在消费产品市场，虚拟商圈可以发挥纯网络零售商的优势，因为它们通过当地商店网上购物提供服务使人产生信任和能力。但有趣的是，虚拟商圈并不总是提高消费者和社会福利。

虚拟商圈可以说是电子商务发展过程中自发形成的产物，在网络经济环境中存在各种不同类型的虚拟商圈。如中国的 B2C 企业巨头天猫商城、京东商城、苏宁易购、当当网等，都可以称之为虚拟商圈生态系统，只不过他们在规模、主营业务等方面存在差别。这些虚拟商圈生态系统以电子商务企业为核心平台，吸引了大量的消费者，聚集了众多产品、品牌和店铺入驻，产生了巨大的流量和销售额（见表 4-1）。

表 4-1　　　　　　　　主要虚拟商圈生态系统发展现状

虚拟商圈	2016 年销售额（万元）	产品、品牌、店铺数量	主营产品	流量（日均 IP 访问量）
天猫商城	141500000	店铺 17.92 万家，品牌 14 万个，海内外超 100 万商家	综合百货	346752000

续表

虚拟商圈	2016年销售额（万元）	产品、品牌、店铺数量	主营产品	流量(日均IP访问量)
京东商城	93920000	店铺12万家	综合百货	534854000
当当网	1250000	商店数量已超过1.4万家,产品共几十个大类,其中在库图书、音像商品超过80万种,百货50余万种	综合百货	4300000
唯品会	5659000	全球精选超过6000家品牌入驻,近百家为全网独家入驻	名品折扣	5385000
聚美优品	800000	拥有5000万注册用户	化妆品	102000
苏宁云商	17350000	9187家店铺,近1600家门店,苏宁上线了欧洲馆、香港馆、日本馆、美国馆、韩国馆等多个海外馆	数码家电	15360000

资料来源：销售额（https：//www.phb123.com/qiye/14408_3.html）；天猫、淘宝店铺数量（https：//www.douban.com/note/609885979/? cid = 50936085）；流量（http：//www.alexa.cn/）。

表4-1中列举了一些互联网中比较典型的虚拟商圈生态系统，从中我们可以发现这些虚拟商圈呈现出某些方面高度集聚的共性。其中，虽然不同的虚拟商圈销售额存在较大差异（2016年天猫销售额是聚美优品的近177倍），主营产品各有不同（不同的虚拟商圈涉及综合百货、折扣名品、数码等不同种类产品的销售），但是在产品、品牌、店铺数量以及IP访问量方面，不同的虚拟商圈都呈现出了高度聚集的现象。

因此，但我们将虚拟商圈的定义扩大后，虚拟商圈中最为重要的问题出现了，即为什么电子商务企业（可以理解B2C平台上数以百万计的网店）愿意在特定的B2C平台集聚？其背后的经济学含义是什么？虚拟商圈集聚机理如何？虚拟商圈集聚会产生怎样的效应？

二、虚拟商圈集聚机理

虚拟商圈作为在网络经济时代飞速成长的新型商业形态，与传统商圈有非常强的对比性，特别是从集聚机理看，两者既有相似的经济学解释，也有完全不同的本质成因。

(一) 虚拟商圈与现实商圈集聚对比

从虚拟商圈集聚机理上看，与现实商圈既有本质区别也有现象上的区别。从现象上考虑，现实商圈和虚拟商圈都是在狭窄空间（现实商圈是地理空间，而虚拟商圈是网络平台）内集聚产生的经济效应。从经济学层面看，这种集聚都是由外部经济和制度经济带来的，但是由于虚拟商圈和现实商圈存在着强烈的差异，因此，它们集聚的经济学内涵和外在表现也有极大的不同，基本上现实商圈产生的外部经济或者交易成本的节约主要是来自商圈地理空间的邻近及集聚，而虚拟商圈所产生的外部经济及交易经济则来自互联网平台特性及网络互联互通。详细区别见表4-2。

表4-2　　　　　　　　现实商圈与虚拟商圈集聚机理比较

集聚经济成因		外在表现	
		现实商圈	虚拟商圈
外部经济	消费流共享	地理空间位置邻近带来的人流量共享，距离越近，共享程度越高	搜索引擎（内部和外部）中网站页面出现位置的相互邻近以及网站相互交互链接，在网络上链接越多越紧密，共享程度越高
	信息流共享	通过传统促销、口碑宣传获取信息，主要是商业企业对消费者的单向传播模式。传统商圈内信息规模小，信息分布分散	通过网络促销、网络信息扩散获取信息，商业企业和消费者的双向信息互动传播模式。虚拟商圈内信息量大，信息分布集中
	营销活动共享	传统商业企业中营业推广或者人员推销技巧在集聚空间内容易扩散	网络促销模式（团购、积分共享）以及网络开店技巧等的知识传播
	基础设施共享	主要是从厂家到商家的物流配送共享以及商圈内基础设施共享	主要是商家到消费者的物流配送共享以及虚拟商圈公共服务（类似于网页共同推荐）共享
制度经济	交易成本降低	因地理位置邻近，导致买卖双方的博弈过程从单次走向重复博弈，降低双方的交易成本	虚拟商圈内交易双方搜集相关的交易信息的成本，即寻找成本极大的降低，价格以及其他相关信息不对称程度降低
	信任程度提升	在商圈空间范围内，商业企业一旦发生违约交易合同，声誉便一落千丈，并在商圈内迅速传播，这种惩罚机制抑制了企业的机会主义倾向，使商圈内企业互相信任程度提升	虚拟商圈内众多电子商务企业通过无数个内部或外部搜索引擎紧密联系在一起，同时消费者与电子商务企业信任程度也随着虚拟商圈集聚程度提升而提高

尽管虚拟商圈和现实商圈集聚在外部经济和制度经济方面机理相似，但在外在表现则差别极大。主要表现为网络经济背景下虚拟商圈出现的搜索引擎、交换链接及网络促销等新型工具改变了传统商圈的外部经济表现方式，另外网络特有的电子化也会极大地降低虚拟商圈内的交易成本，从而极大地增加制度经济的集聚力量。

（二）虚拟商圈集聚概念模型

但值得注意地是，从本质上看虚拟商圈的集聚机理与传统商圈有非常大的不同，传统商圈集聚的本质就是地理空间范围内共同作用的规模经济和范围经济，但是虚拟商圈没有地理概念，虚拟商圈集聚更多的是来自交叉网络外部性[①]和一般网络外部性的共同作用，而这种相互作用被虚拟商圈平台吸收放大形成正反馈，引起了虚拟商圈集聚程度提升。具体而言，虚拟商圈中商家由于看见消费者数量的不断增加，愿意集聚在某个特定虚拟平台，当然虚拟商圈本身规模的增加也会增加集聚程度；同时，消费者数量也会受到虚拟商圈规模和消费者自身数量的共同影响。可以构建一个基本的概念模型来描述虚拟商圈集聚成因：

$$Y_t = F(Y_{t-1}, X_t, \delta) \qquad (4-1)$$

$$X_t = G(X_{t-1}, Y_t, \gamma) \qquad (4-2)$$

其中，Y_t 和 Y_{t-1} 代表第 t 期和 $t-1$ 期的虚拟商圈规模（等同于虚拟商圈内各商家数量加总）；X_t 和 X_{t-1} 则代表第 t 期和 $t-1$ 期的消费者数量；δ 和 γ 分别代表其他影响虚拟商圈规模和消费者数量的影响因素；F 和 G 代表不同的函数作用形式。

我们可以简单地用线性函数模型[②]来描述上述的动态过程，令 $Y_t = a + bY_{t-1} + cX_t$，为了简化起见，我们忽略掉虚拟商圈平台上消费者自身的网络外部性[③]，只考虑商家对消费者的影响，即交叉网络外部性。因此，$X_t =$

[①] 交叉网络外部性是指在虚拟商圈中，消费者效用的增加受到商家数量的增加的影响，例如商家数量的竞争将会带来商品数量的增加、价格的下降等；反过来商家利润的增加也会受到消费者数量增加的影响，例如消费者数量增多能带来商家更大的销售量和销售选择。这种影响一般是当期的，因此下标均为 t。而一般网络外部性是指消费者数量和商家数量增加对各自群体带来的影响，这种影响往往是滞后的，因此我们在模型中用滞后一期的 $t-1$ 表示。

[②] 线性函数只是简单模拟，但是在现实中商家和消费者之间一定是复杂的非线性关系。

[③] 这种消费者之间的网络外部性通常表现为消费者对某些商家的购买行为或积极正面的评价将会影响到后来的消费者对商家的选择。

$d+eY_t$，其中，$0<b,c,e<1$，将这个代入上面的表达式，可以得出 $Y_t = a+cd+\frac{b}{1-ce}Y_{t-1}$，注意只要满足 $\frac{b}{1-ce}>1$，考虑到在虚拟商圈内，交叉网络外部性通常都大于一般网络外部性，因此上式基本成立。因此，哪怕考虑到极其简单的线性作用机制下，虚拟商圈也将实现自我集聚。虚拟商圈内商家和消费者之间的作用关系极其复杂，也可能在不同发展阶段存在不同的表现形式。在虚拟商圈发展的初期，这种相互作用可能是指数型的函数形式；而到了发展的成熟期，作用机制可能会变成简单的线性函数形式，甚至呈现出稳定状态①。事实上，如果考虑到刚才忽略掉的消费者自身网络外部性，这种内生集聚过程还会加速。

从上述概念模型可以分析出虚拟商圈集聚过程的三个核心特征。

首先，虚拟商圈集聚的核心过程来自商家和消费者之间的互动（交叉网络外部性），因此决定虚拟商圈集聚速度和程度的关键要素来自是否能够形成虚拟商圈内部的交叉网络外部性，特别是在虚拟商圈发展的初期。例如，电子商务发展初始时期，最早的 C2C 企业 eBay 通过对买家免费吸引到大量买家从而对卖家产生交叉网络外部性，实现虚拟商圈的集聚过程；淘宝在此基础上做了改进，同时对买家和卖家免费，从而更加快速的形成买家和卖家之间的交叉网络外部性，从而实现虚拟商圈的快速集聚；到了移动互联网时代，为了加速虚拟商圈的集聚过程，开始大量出现补贴现象，滴滴公司在集聚成长过程曾经花费数 10 亿元资金对乘客和司机同时进行补贴，创造了利用 80 万元启动资金，在三年内成长为百亿美元级移动互联网公司。

其次，虚拟商圈集聚过程中消费者之间的网络外部性、商家之间的网络外部性也起着非常重要的作用。尽管交叉网络外部性是虚拟商圈集聚的核心，但是消费者之间和商家之间的网络外部性对虚拟商圈集聚产生两个方面影响：一方面，这种一般的网络外部性会影响交叉网络外部性，从数学视角看有可能改变交叉网络外部性的方程形式，从线性增长形式转变为指数增长形式。另一方面，消费者之间网络外部性和商家之间网络外部性对于虚拟商圈集聚的稳定性至关重要，许多只注重快速增长的虚拟商圈往往忽视了内在的稳定性，仅仅通过巨额补贴实现虚拟商圈成长，但由于内在缺乏稳定基础很容易坍塌。

---

① 一个不算恰当的例证，每个电子商务 B2C 平台发展的初期都会经历超高速的增长，当到达一定规模时，增长速度会出现明显的下降。

最后，虚拟商圈集聚过程会收到外部环境的影响，这种影响包括经济社会技术发展环境，也包括行业竞争状况以及消费者市场的发展。外部环境的影响会直接影响虚拟商圈成长过程的各个参数，从而在一定程度上影响虚拟商圈集聚与成长的速度。同时，有些关键变量如消费市场规模大小会制约虚拟商圈集聚上限，影响虚拟商圈集聚形成过程。

三、虚拟商圈集聚影响因素

正如自然界的繁衍是为了保持物种的延续一样，在虚拟商圈中各主体规模的扩大是为了使其在市场竞争中占据更有利的地位。总结虚拟商圈形成和发展过程，发现引起虚拟商圈空间成长的动力因素最主要的是网络外部性、市场网络化、现代物流信息技术、产业扩散和转移以及政府政策和规划，其中，网络外部性是根本动因，市场网络化是直接动因，现代交通与通信技术是基础动因，产业扩散与转移是内在因素，政府政策和规划是外在动因，信用制度和标准化是制度动因。

（一）根本动因——网络外部性

虚拟商圈生态系统发展的内生动力根源于网络的外部性。作为虚拟商圈发展过程中最先诞生的主体——平台，其本身价值的高低取决于平台的活跃用户数量。因此，在平台诞生的初期千方百计扩大用户规模是其价值增值的基础。这也是今天我们看到众多电商平台争相烧钱争取用户（商家、消费者）的根源所在。当平台的用户规模突破一定的临界值，聚集于平台上的用户会因为资源的高度集聚而极大的降低交易成本，提高交易效率，因此会自动开始吸引更多的用户向平台聚集，使得平台本身的规模和价值不断提高，平台得到不断成长。与此同时，随着向平台聚集的用户数量越来越多，平台的交易能力、服务功能以及处理速度也必须随用户的增长而提高，而作为平台本身其容量也是有限的，比如页面数量和页面容量，这样就内生要求平台本身进行扩容，以防止交易效率的损失。因此，在整个虚拟商圈生态系统中，平台本身最先开始自我繁殖与自我进化，以维持其竞争地位和竞争优势。此外，平台在成长过程中为不断提升交易效率和改善用户体验，将在平台内部整合更多专业化功能、专业化服务、增值服务与平台和用户之间的协同效应会随着平台规模和功能的完善不断显现，从而促进平台的进一步成长，也使得虚拟商圈生态体系进一步完善。

虚拟交易平台相较于其他市场形态，信息不对称程度极大弱化，交易成本大幅降低，交易效率大大提高。交易效率的差别会使用户从低效率系统进入高效率系统，因此，高效率的虚拟商圈可以从传统市场甚至其他虚拟商圈获得发展的动力。但这种高效率不可能持续保持下去，随着平台上聚集的用户数量超过边界值，平台的交易效率将会大幅降低，成本将快速增加。此时，平台上的用户黏性会下降，开始脱离平台分流到其他平台。而专业服务提供商与增值服务提供商，由于自身的不断壮大也开始逐渐摆脱对原有平台的依附，建立新的独立的平台。只要新平台的交易效率不低于原有平台，用户便会被分流。从整个虚拟商圈生态系统看，多个独立完整的新的虚拟商圈开始形成。

（二）市场动因——网络化与虚拟化

虚拟商圈是集网络、信息和计算机技术一体的网络营销，以其快捷高效的显著优势对传统贸易方式产生巨大冲击，成为当今贸易的重要方式。从交易方式和范围看，其虚拟空间经过三个阶段的演变。第一阶段是生产者内部网络市场，始于欧美工业界采用EDI缩短业务流程和降低交易成本所形成的网络市场。第二阶段是生产者网络市场，企业在Internet建立商业站点发布产品信息供客户浏览，或销售数字化产品，根据用户确定的"购物篮"自动生成订单，在规定时间内送货到顾客指定的地点，顾客收货时付款，称为"在线浏览，离线交易"，是这个阶段主要的网络交易方式。第三阶段是信息化、数字化、电子化的网络市场，网络不仅用来发布信息，而且实现在线交易，是网络市场发展的最高境界，称为"在线浏览，在线交易"，其前提是产品和服务的流通、交易、支付实现数字化、信息化，支付电子化最为关键。

（三）技术动因——现代物流技术的进步

现代物流体系是网络贸易得以顺利开展的必要条件，现代物流体系的建立使得网络交易的范围不断扩大。物流系统对于网络交易的达成及交易范围的扩大有重要的影响。空间系统内极核位势的增强引起空间扩散，扩散效应沿空间成长轴向外部延伸，虚拟商圈照此原理从两个方向不断扩大，一是在网络中按照网络的扩展方向延伸，网络建设到的地方都是网络交易的范围；二是沿着现代物流体系的发展延伸，现代物流服务覆盖的区域都是网络交易可以开展的区域。两者相互结合的区域是网络交易的成熟区域，两者不完全具备的区域则是网络交易潜力发展区域，需要不断完善才能开展网络交易。现代物流技术和信息技术不断改善，第三方物流、第四方物流逐渐取代第一方物流、第二方物流成为物流的主体，由此引起虚拟商圈空间转移效率的提高将改变原有空间系统的地域劳动分工和生产转移方式，进而导致虚拟商圈初始空间系统的扩散规模和扩散结构发生改变。虚拟商圈与现代物流的发展相伴而生，现代物流的发展使更远距离的交易成为可能。

现代物流体系是虚拟商圈形成的先决条件之一，良好的物流规划能够引导虚拟商圈的有序发展，虚拟商圈的高度发展能够为改善物流系统累积更多地资金，在进行物流规划时需要结合虚拟商圈发展情况，构建具有前瞻性的一体化综合物流体系。

（四）经济动因——产业扩散与转移

虚拟商圈属于网络经济区域的概念，经济区域的出现是劳动分工深化的结果，部分产品和生产工序可以转移到享有比较优势的地区进行，生产活动得以在更大区域范围内重新组合。研究和培育虚拟商圈的目的是为了整合更大网络区域范围内的资源和优势，形成合理的劳动分工，增强网络区域的竞争力。信息全球化使网络交易内部技术进入置换、转向发展的质变阶段，网络交易势必在更大的范围内重新排列，引起虚拟商圈空间结构的更新，网络化、信息化重构网络交易范畴，网络产业结构调整产生的集聚效应推动虚拟商圈的形成和发展。

相比现实商圈高昂的成本，虚拟商圈成本优势明显，网络交易产业结构调整的结果是形成一种市场力，使设计、采购、营销、金融、服务等先进服务业首先成为虚拟商圈的主导产业，扩大了虚拟商圈的影响范围，使依靠城市、依靠现实市场人口集聚效应形成的现实商圈的集聚效应越不明显。网络交易现实商圈和虚拟商圈形成新型的商圈关系——"在线浏览，实际比对，网上购买，线下配送"，网络交易现实商圈和虚拟商圈关系现状与网络市场发展阶段相一致，网络市场正处于"在线浏览，离线交易"向"在线浏览，在线交易"的转变过程。网络产业扩散引起的虚拟商圈空间成长在发达国家可以很明显地观察到，如美国、日本、欧盟等国家和地区，由于网络化、信息化程度比较高，以及较为发达的国家物流体系，网络交易方式的迅速发展就是虚拟商圈发展和成长的标志。

（五）政策动因——政府政策与规划

虚拟商圈是网上交易和网下建设双向互动的结果，是客观形成和主观推动双向作用的产物，虚拟商圈尚处于理论与实践的初始阶段，政府通过政策、战略规划的制定，使虚拟商圈发展更趋合理，避免无限制的空间蔓延和恶性竞争，政府的信息化规划就是催化剂，尤其在推进虚拟商圈网络基础设施建设和网络市场形成等方面，政府政策尤其关键，重点是依托政府公共资源，建立促进网络经济发展的运行机制，促进虚拟商圈放射状空间结构的形成。虚拟商圈成熟后，政府政策在协调商家矛盾冲突、控制商圈空间蔓延和促进多中心网络状结构形成等方面仍将发挥重要作用。

各国政府对虚拟商圈管制存有很大差别。美国让市场自由发展，只有当其必要性非常清楚时才采取必要的行动。政府只推动信息化建设，制定电子商务市场框架，建立商业法律环境，以保护消费者权益、个人隐私和自由竞争。但为促进促进虚拟商圈走向成熟，美国政府提倡商品通过网络进行交易，采取自下而上的以企业自律和市场驱动为主、提倡自由放任主义的市场导向型管理模式。中国采取"政府引导，市场推进"的管理模式，参与网络商圈交易涉及交易双方、工商、财税、银行等多方面，存在跨部门、跨地区的协调问题，导致机会成本的产生，部门、地区间协调时间长，面临风险就大。为促进我国企业虚拟商圈的快速形成和发展，政府应加快制定相关法规，为企业建设虚拟商圈提供政策支持和帮助。

（六）制度动因——信用制度与标准化

随着互联网的发展，电子商务因其作为一种低成本高效率的商业模式成为整个社会交换体系的重要组成部分，是未来国内贸易和国际贸易的发展方向，是商品交易的一个更高级的阶段。从人类商品交换的历史来看，从最初的物物交换，到货币作为中介的交换；从不固定场所的交换到固定场所的集市交换；从不固定时间的交换到固定时间的交换；从集市发展到店铺，然后出现百货商店、超市等，都遵循提高交换效率、降低交换成本的规律。电子商务的不断发展，也是因为电子商务的交换效率更高成本更低。但是由于电子商务自身的非面对面的远程交易的特点，信用成为电子商务面临的必须解决的首要问题。因为我们传统的商品交易市场就存在社会信用体系缺失、消费者权益难以保护的问题，所以网络商品交易使得这些问题更加突出,这些问题制约了虚拟商圈的集聚与成长,成为虚拟商圈发展的主要障碍。

另外,目前国内电子商务标准化工作还相对滞后,标准体系还不够完善、标准制定与市场需求之间的协调性和配套性不够、标准缺失或不足等诸多问题依然存在。由于中国电子商务标准化发展历程较短,与发达国家相比,仍处在起步阶段。虽然,近几年中国电子商务标准采用国际标准和发达国家标准的比率有所提升,但对国外先进标准的跟踪研究和国内外标准的关联度研究仍比较缺乏。

互联网的发展已经影响到人类社会的各个层面,互联网经济和信用经济是现在以及未来经济的基础。虚拟商圈的信用制度和标准化建设,首先是运用传统的信用理论结合互联网的特点,解决在线交易的信用问题,主要是解决商品交易和信用交易的信用问题;其次是利用互联网的优势结合信用理论解决整个社会信用的问题;最后是要加强电子商务标准化建设,完善健全法律标准体系及标准化工作机制,明确未来电子商务发展的标准化建设方向。这三个方面紧密相连,互相依存且互相影响。

四、虚拟商圈集聚效应

虚拟商圈中大量商家的集聚不仅增加了网站流量和人气,而且从经济学角度看产生了两种大的集聚效应,我们分别称之为规模经济效应和技术创新效应。

(一)规模经济效应

虚拟商圈集聚从需求层面上看,虚拟商圈能极大限度地集聚消费者需求,无论是从跨越地理界限还是超越时间限制上看,消费者通过网络构建的虚拟商圈能够非常方便地进行购物,消费成本降低,例如,2017年"双十一"期间,消费者从凌晨开始全天进行网购,在天猫及淘宝平台上一共产生了1682亿元的消费。考察从2009~2017年期间,虚拟商圈的规模经济效应则体现得更加明显,从2009年的0.5亿元增加到2017年的1682亿元,增长3200倍(见图4-1)。

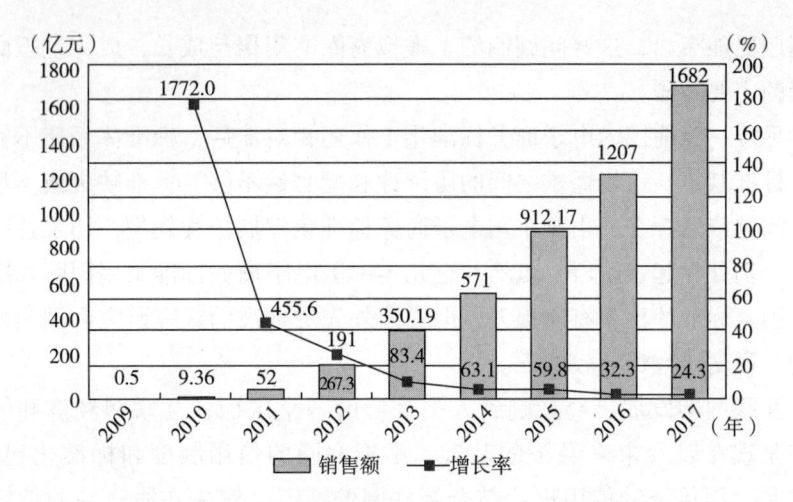

图 4-1　2009~2017 年天猫"双十一"销售额

资料来源：阿里巴巴官网。

另外，消费者在网上购物容易产生网络外部性，即每个消费者的需求对其他消费者的需求产生积极的、正面的影响，在网络购物单个消费者对网店的好评能够吸引更多的消费者进入该网店，因此无数消费者集聚在某个虚拟商圈就能够带来更多的消费需求。表现在图 4-2 上，就是随着虚拟商圈集聚程度的提升，消费者的需求曲线从 D_1 移至 D_2 最后到达 D_3。从供给层面上看，电子商务企业在虚拟商圈内的集聚将能够共享消费者信息以及消费购买力，因此导致其供给能力大幅提升。而考虑到虚拟商圈内各个企业能够共同分担促销成本、物流成本，导致在集聚状态下，虚拟商圈企业的供应成本不断下降，表现为图 4-2 上，随着虚拟商圈聚集程度的提升，电子商务企业的供给曲线从 S_1 移至 S_2 最后到达 S_3。当需求与供给平衡时，均衡点从 E_1 到 E_2 最后到达 E_3。虚拟商圈作为一个整体产生的结果就是价格不断下降，而提供的产品数量不断增加，这也符合目前虚拟商圈发展的实际。

（二）规模经济效应演化博弈分析

虚拟商圈是否进行规模化经营是一个复杂的博弈过程，作为虚拟商圈集聚的一个重要动因，扩大规模的决策不仅取决于商圈自身的成本、消费者的数量和购买力等因素，规模效应的大小及扩大规模的投入资本量也是需要着重考量的部分。因此，为了有效刻画虚拟商圈规模化行为的动态演化过程，我们将选择演化博弈的方法对虚拟商圈规模化行为选择的动态博弈过程进行分析。

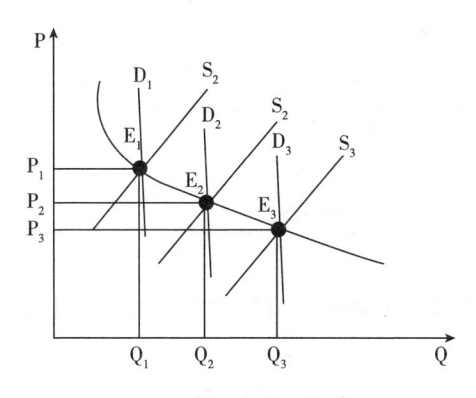

图 4-2 虚拟商圈集聚效应 I

1. 理论假设

(1) 市场中的虚拟商圈规模是异质的,假定市场上存在两类虚拟商圈:虚拟商圈 A 群体和虚拟商圈 B 群体。两个博弈主体均是存在差异的有限理性博弈方,且均拥有有限信息,虚拟商圈有两种策略选择:扩大规模和不扩大规模。虚拟商圈采取扩大规模行为会有额外的资本投入;那么,不扩大规模仅维持生存时,虚拟商圈的总成本支出相对于扩大规模时会有一定比例的缩减。

(2) 虚拟商圈之间存在规模效应,即一方采取扩大规模行为时会吸引更多的消费者。当两个博弈方同时采取扩大规模行为或不扩大规模行为时,双方均享受不到规模效应来的利益。当博弈双方采取不同策略时,规模效应发挥作用。

2. 主要参数设计

对于两类虚拟商圈,$1-\alpha$ 为企业不采取扩大规模行为时的成本节约系数,β 为规模效应系数,文中主要的参数含义如表 4-3 所示。

表 4-3 主要参数设计含义

区域	参数名称	域值
虚拟商圈 A	规模系数	a_1
	扩大规模成本	$C_1 > 0$
	不扩大规模时的成本	$\alpha C_1, 0 < \alpha < 1$
虚拟商圈 B	规模系数	$a_2, a_1 \neq a_2$
	扩大规模成本	$C_2 > 0, C_1 \neq C_2$
	不扩大规模时的成本	$\alpha C_2, 0 < \alpha < 1$

续表

区域	参数名称	域值
消费者	消费者购买力	$g > 0$
	消费者数量	$M > 0$
	规模效应系数	$\beta, 0 < \beta < 1$

在 2×2 非对称重复博弈中,其阶段博弈的支付矩阵如表 4-4 所示。

表 4-4　　　　　　　　　支付矩阵

虚拟商圈 A	虚拟商圈 B	
	扩大规模	不扩大规模
扩大规模	$\frac{a_1}{a_1+a_2}Mg - C_1$, $\frac{a_2}{a_1+a_2}Mg - C_2$	$\left(\frac{a_1}{a_1+a_2}+\beta\right)Mg - C_1$, $\left(\frac{a_2}{a_1+a_2}-\beta\right)Mg - \alpha C_2$
不扩大规模	$\left(\frac{a_1}{a_1+a_2}-\beta\right)Mg - \alpha C_1$, $\left(\frac{a_2}{a_1+a_2}+\beta\right)Mg - C_2$	$\frac{a_1}{a_1+a_2}Mg - \alpha C_1$, $\frac{a_2}{a_1+a_2}Mg - \alpha C_2$

令虚拟商圈 A 中选择扩大规模的电商企业比例为 p,选择不扩大规模的电商企业比例为 $(1-p)$,虚拟商圈 B 中选择扩大规模的电商企业比例是 q,选择不扩大规模的电商企业比例为 $(1-q)$,其中 $0 < p, q < 1$,p, q 都是时间 t 的函数。

3. 演化博弈的复制动态方程

复制动态是对有限理性的参与主体策略调整过程的动态描述和分析,下面我们利用复制动态方程模拟该有限理性重复博弈过程。

虚拟商圈 A 方面,选择扩大规模行为的期望收益为:

$$U_{A1} = q\left[\frac{a_1}{a_1+a_2}Mg - C_1\right] + (1-q)\left[\left(\frac{a_1}{a_1+a_2}+\beta\right)Mg - C_1\right]$$

$$= \frac{a_1}{a_1+a_2}Mg + (1-q)\beta Mg - C_1$$

选择不扩大规模行为的期望收益为：

$$U_{A2} = q\left[\left(\frac{a_1}{a_1+a_2} - \beta\right)Mg - \alpha C_1\right] + (1-q)\left[\frac{a_1}{a_1+a_2}Mg - \alpha C_1\right]$$

$$= \frac{a_1}{a_1+a_2}Mg - q\beta Mg - \alpha C_1$$

虚拟商圈 A 的平均收益为：

$$\bar{U}_A = pU_{A1} + (1-p)U_{A2}$$

则虚拟商圈 A 选择进行扩大规模行为的复制动态方程为：

$$\frac{dp}{dt} = p(U_{A1} - \bar{U}_A) = p(1-p)(U_{A1} - U_{A2})$$

将 U_{A1} 和 U_{A2} 代入到复制动态方程，可以得到：

$$F(p) = \frac{dp}{dt} = p(1-p)[\beta Mg - (1-\alpha)C_1]$$

虚拟商圈 B 方面，选择进行扩大规模行为的期望收益为：

$$U_{B1} = p\left[\frac{a_2}{a_1+a_2}Mg - C_2\right] + (1-p)\left[\left(\frac{a_2}{a_1+a_2} + \beta\right)Mg - C_2\right]$$

$$= \frac{a_2}{a_1+a_2}Mg + (1-p)\beta Mg - C_2$$

选择不进行扩大规模行为的期望收益为：

$$U_{B2} = p\left[\left(\frac{a_2}{a_1+a_2} - \beta\right)Mg - \alpha C_2\right] + (1-p)\left[\frac{a_2}{a_1+a_2}Mg - \alpha C_2\right]$$

$$= \frac{a_2}{a_1+a_2}Mg - p\beta Mg - \alpha C_2$$

虚拟商圈 B 的平均收益为：

$$\bar{U}_B = qU_{B1} + (1-q)U_{B2}$$

则虚拟商圈 B 选择进行扩大规模行为的复制动态方程为：

$$\frac{dq}{dt} = q(U_{B1} - \bar{U}_B) = q(1-q)(U_{B1} - U_{B2})$$

将 U_{B1} 和 U_{B2} 代入到复制动态方程，可以得到：

$$F(q) = \frac{dq}{dt} = q(1-q)[\beta Mg - (1-\alpha)C_2]$$

复制动态的稳定状态是指采用两种策略的博弈方的比例保持不变的水平，所以：

（1）虚拟商圈 A 的稳定状态。

令 $F(p) = 0$，便可以得到 A 的全部稳定状态。即 $p_1 = 0$，$p_2 = 1$。

对 $F(p)$ 求导得：

$F'(p) = (1-2p)[\beta Mg - (1-\alpha)C_1]$

则可以分成以下两种情况：

①令 $F'(p)|_{p=0} < 0, F'(p)|_{p=1} > 0$，此时 $p=0$ 是该博弈的稳定演化策略，虚拟商圈 A 选择不进行扩大规模，那么，$\beta Mg - (1-\alpha)C_1 < 0$。即虚拟商圈扩大规模所需投入的资本量巨大，超过规模效应给自身带来的利益时，虚拟商圈倾向于不扩大规模。

②令 $F'(p)|_{p=0} > 0, F'(p)|_{p=1} < 0$，此时 $p=1$ 是该博弈的稳定演化策略，虚拟商圈 A 选择进行扩大规模，那么，$\beta Mg - (1-\alpha)C_1 > 0$。即规模效应给虚拟商圈带来的利益足够大，如果虚拟商圈选择不扩大规模且维持生存，成本支出也没有降低很多的情况下，虚拟商圈倾向于扩大规模。

（2）虚拟商圈 B 的稳定状态。

令 $F(q) = 0$，便可以得到 A 的全部稳定状态。即 $q_1 = 0$，$q_2 = 1$。

对 $F(q)$ 求导得：

$F'(q) = (1-2q)[\beta Mg - (1-\alpha)C_2]$

则可以分成以下两种情况：

①令 $F'(q)|_{q=0} < 0, F'(q)|_{q=1} > 0$，此时 $q=0$ 是该博弈的稳定演化策略，虚拟商圈 B 选择不进行扩大规模，那么，$\beta Mg - (1-\alpha)C_2 < 0$。即虚拟商圈 B 规模效应越大，扩大规模所需的成本越高，虚拟商圈越趋向于不考虑规模化。

②令 $F'(q)|_{q=0} > 0, F'(q)|_{q=1} < 0$，此时 $q=1$ 是该博弈的稳定演化策略，虚拟商圈 B 选择进行扩大规模，那么，$\beta Mg - (1-\alpha)C_2 > 0$。即规模效应给虚拟商圈带来的利益越是足够大，虚拟商圈选择不扩大规模且维持生存的情况下，成本支出的降低幅度越小，虚拟商圈越倾向于规模化。

（三）提升规模经济效应路径

根据《新帕尔格雷夫经济学大辞典》的定义，规模经济可以被"认为是在既定的（不变的）技术条件下，生产一单位单一的或符合产品的成本，如果在某一区间生产的平均成本递减，就可以视为有规模经济"，一般而言，规模经济主要来源为专业化分工、内部成本节约以及组织学习效应。虚拟商圈通过集聚能够有效实现专业化分工，特别是当互联网和电子商务发展已经有效地降低社会交易成本，专业化分工不断加深，电子商务领域广泛出现的代运营、技术外包等现象都体现了这一点，而这带来虚拟商圈经济效率的明显提升；同样的，虚拟商圈的集聚为内部成员提供了大量的基础服务，包括信息基础设施、流量以及互联网信息和技术资源，极大地降低了内部各成员的经营成本；虚拟商圈内部单个电子商务企业的经营具有强烈的不确定性，在虚拟商圈内部也充斥着技术溢出性、组织学习带来的网络外部性，尤其当电商经营活动中知识程度比重越来越大时，通过"干中学"可以实现缄默知识在虚拟商圈的内部自由流动。有关虚拟商圈集聚的规模经济效应这一问题，相关理论研究较少。虚拟商圈作为一种特殊的经济组织形式，与一般经济组织的规模经济有很大差异：一方面，通过虚拟商圈内生的集聚和不断成长，可以实现单个电商企业无法实现规模经济，通过社会化物流、统一互联网支付，因此要有效实现规模经济，必须建立虚拟商圈内部分工体系，不同类型和不同业态的电商企业各司其职，相互学习和创造新知识，形成虚拟商圈内部良性互动的网络。另一方面，从虚拟商圈内部和外部制度建设着手，提高虚拟商圈内部文化以及组织黏性，有效促进虚拟商圈内部企业融合以及与外部互联网企业的交流，提升虚拟商圈内部的规模经济，也通过与外部网络形成虚拟企业进一步提高规模经济程度。

（四）技术创新效应

虚拟商圈集聚产生的第二种效应如图 4-3 所示。主要体现在虚拟商圈集聚度的提升会给各电子商务企业带来的创新效应，即在虚拟商圈内创新程度将极大提升。这种创新包括虚拟商圈的平台为企业所提供的创新服务，例如，淘宝在 2004 年为了解决网络交易安全所推出的支付宝，2010 年 12 月的用户数已突破 5.5 亿户，截至 2018 年 3 月，支付宝的全球活跃用户已经达到 8.7 亿户。极大降低了虚拟商圈内企业与消费者之间的交易成本，提升了交易效率。同时这种创新也表现为电子商务企业面临激烈竞争时的商业模式、技术模式创新、产品模式创新。例如，著名网店麦包包突出"快"的产品创新，从最初利润低薄的贴牌生产，到销售质优价廉的网货，再到形成自己风格的"淘品牌"，最后到今天占据电商标杆企业的高位，麦包包通过产品创新提升了企业形象，塑造了企业品牌。360 公司则以免费的商业模式，彻底颠覆了中国杀毒软件市场，曾连续 9 年占据中国杀毒软件头把交椅的瑞星，在随后一年的市场份额已跌至 33.15%，而金山已跌至 13.93%。因此，虚拟商圈内电子商务平台和企业必然会随着集聚程度的提升，创新动机和能力不断提高。表现在图 4-3 上，I 代表虚拟商圈电子商务企业的单位投入；O 代表电子商务企业的技术效率。在同样的单位投入水平上，随着虚拟商圈集聚程度 F 的不断提升，其技术效率不断提升，从 O_1 移至 O_2 最后到达 O_3。

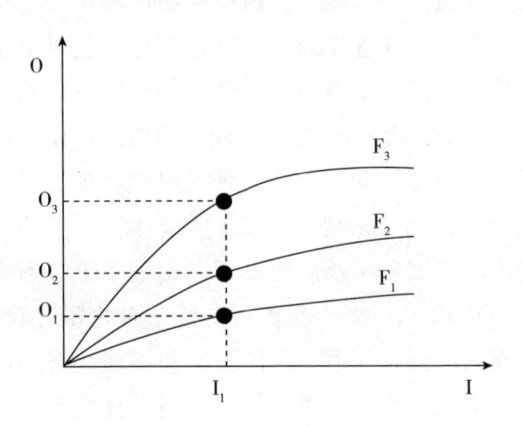

图 4-3 虚拟商圈集聚效应 Ⅱ

（五）技术创新效应演化博弈分析

虚拟商圈的是够选择进行创新是一个复杂的博弈过程，虚拟商圈集聚的重要动因为技术创新，而创新行为的决策往往取决于创新的收益和成本、消费者的数量和购买力等其他因素。因此，为了有效刻画虚拟商圈创新行为的动态演化过程，我们将选择演化博弈的方法对虚拟商圈创新行为选择的动态博弈过程进行分析。

1. 理论假设

（1）市场中的虚拟商圈是异质的，假定市场上存在两类虚拟商圈：虚拟商圈 A 群体和虚拟商圈 B 群体。两个博弈主体均是存在差异的有限理性博弈方，且均拥有有限信息，虚拟商圈有两种策略选择：创新和不创新。虚拟商圈采取创新行为会有额外的成本支出；那么，不创新经营时，虚拟商圈的成本相对于创新时会有定比例的减少。

（2）虚拟商圈之间存在同向外部效应，即一方采取创新行为会吸引另一方的消费者。当两个博弈方都采取创新行为时，双方获得收益相同。当博弈双方采取不同策略时，外部效应发挥作用。

（3）虚拟商圈平台的收费模式都相同，不存在差异。即便企业的行为发生改变，平台的收费仍然不会发生变化。

2. 主要参数设计

对于两类虚拟商圈，$1-\alpha$ 为企业不采取创新行为时的成本节约系数，μ

为外部效应系数，文中主要的参数含义如表4-5所示。

表4-5　　　　　　　　　主要参数设计含义

区域	参数名称	域值
虚拟商圈A	创新成本	$C_1 > 0$
	不创新时的成本	$\alpha C_1, 0 < \alpha < 1$
虚拟商圈B	创新成本	$C_2 > 0, C_1 > C_2$
	不创新时的成本	$\alpha C_2, 0 < \alpha < 1$
平台	平台收费	$C_p > 0$
消费者	每个消费者购买力	$g > 0$
	虚拟商圈A消费者数量	$M_1 > 0$
	虚拟商圈B消费者数量	$M_2 > 0, M_1 > M_2$
外部效应系数		$\mu, 0 < \mu < 1$

在2×2非对称重复博弈中，其阶段博弈的支付矩阵如表4-6所示。

表4-6　　　　　　　　　支付矩阵

虚拟商圈A	虚拟商圈B	
	创新	不创新
创新	$\frac{1}{2}(M_1+M_2)g - C_p - C_1$, $\frac{1}{2}(M_1+M_2)g - C_P - C_2$	$(M_1+\mu M_2)g - C_P - C_1$, $(1-\mu)M_2 g - C_P - \alpha C_2$
不创新	$(1-\mu)M_1 g - C_P - \alpha C_1$, $(M_2+\mu M_1)g - C_P - C_2$	$\frac{1}{2}(M_1+M_2)g - C_p - \alpha C_1$, $\frac{1}{2}(M_1+M_2)g - C_p - \alpha C_2$

令虚拟商圈A中选择创新的电商企业比例为p，选择不创新的电商企业比例为$(1-p)$，虚拟商圈B中选择创新的电商企业比例是q，选择不创新的电商企业比例为$(1-q)$，其中$0 < p, q < 1$，p, q都是时间t的函数。

3. 演化博弈的复制动态方程

复制动态是对有限理性的参与主体策略调整过程的动态描述和分析，下面我们利用复制动态方程模拟该有限理性重复博弈过程。

虚拟商圈A方面，选择创新行为的期望收益为：

$$U_{A1} = q\left[\frac{1}{2}(M_1+M_2)g - C_P - C_1\right] + (1-q)\left[(M_1+\mu M_2)g - C_P - C_1\right]$$

$$= \left(1 - \frac{q}{2}\right)M_1 g + \left[\frac{q}{2} + (1-q)\mu\right]M_2 g - C_p - C_1$$

选择不创新行为的期望收益为：

$$U_{A2} = q\left[(1-\mu)M_1 g - C_P - \alpha C_1\right] + (1-q)\left[\frac{1}{2}(M_1+M_2)g - C_p - \alpha C_1\right]$$

$$= \left(\frac{1}{2} + \frac{q}{2} - \mu q\right)M_1 g + \frac{1}{2}(1-q)M_2 g - C_p - \alpha C_1$$

则虚拟商圈 A 选择进行创新行为的复制动态方程为：

$$\frac{dp}{dt} = p(U_{A1} - \overline{U_A}) = p(1-p)(U_{A1} - U_{A2})$$

将 U_{A1} 和 U_{A2} 带入到复制动态方程，可以得到：

$$F(p) = \frac{dp}{dt}$$

$$= p(1-p)\left[\frac{1}{2}M_1 g + \left(\mu - \frac{1}{2}\right)M_2 g - (1-\mu)(M_1 - M_2)gq - (1-\alpha)C_1\right]$$

虚拟商圈 B 方面，选择进行创新行为的期望收益为：

$$U_{B1} = p\left[\frac{1}{2}(M_1+M_2)g - C_P - C_2\right] + (1-p)\left[(M_2+\mu M_1)g - C_P - C_2\right]$$

$$= \left[\frac{p}{2} + (1-p)\mu\right]M_1 g + \left(1 - \frac{p}{2}\right)M_2 g - C_p - C_2$$

选择不进行创新行为的期望收益为：

$$U_{B2} = p\left[(1-\mu)M_2 g - C_P - \alpha C_2\right] + (1-p)\left[\frac{1}{2}(M_1+M_2)g - C_p - \alpha C_2\right]$$

$$= \left(\frac{1}{2} - \frac{p}{2}\right)M_1 g + \left(\frac{1}{2} + \frac{p}{2} - \mu p\right)M_2 g - C_p - \alpha C_2$$

则虚拟商圈 B 选择进行创新行为的复制动态方程为：

$$\frac{dq}{dt} = q(U_{B1} - \overline{U_B}) = q(1-q)(U_{B1} - U_{B2})$$

将 U_{B1} 和 U_{B2} 代入到复制动态方程，可以得到：

$$F(q) = \frac{dq}{dt} = q(1-q)\left[\left(\mu - \frac{1}{2}\right)M_1 g + \frac{1}{2}M_2 g + (1-\mu)(M_1 - M_2)gp - (1-\alpha)C_2\right]$$

复制动态的稳定状态是指采用两种策略的博弈方的比例保持不变的水平，所以：

（1）虚拟商圈 A 的稳定状态。

令 $F(p) = 0$，便可以得到 A 的全部稳定状态。分两种情况：

若 $q = \dfrac{\frac{1}{2}M_1 g + (\mu - \frac{1}{2})M_2 g - (1-\alpha)C_1}{(1-\mu)(M_1 - M_2)g}$，则 $F(p) \equiv 0$。这意味着所有水平都是稳定状态，即此时策略选择比例不会随时间推移而变化。因为分母显然大于 0，则分子必定大于 0，即 $C_1 < \dfrac{\frac{1}{2}M_1 g + (\mu - \frac{1}{2})M_2 g}{1-\alpha}$。

若 $q \neq \dfrac{\frac{1}{2}M_1 g + (\mu - \frac{1}{2})M_2 g - (1-\alpha)C_1}{(1-\mu)(M_1 - M_2)g}$，则令 $F(p) = 0$，可得稳定点：$p_1 = 0, p_2 = 1$。根据微分方程的稳定性定理，当 p^* 满足 $F'(p) < 0$ 时，$p*$ 为演化稳定策略。下面针对不同情况进行详细分解：

对 $F(p)$ 求导得：

$$F'(p) = (1 - 2p)\left[\frac{1}{2}M_1 g + (\mu - \frac{1}{2})M_2 g - (1-\mu)(M_1 - M_2)gq - (1-\alpha)C_1\right]$$

则可以分成以下两种情况：

① 当 $q > \dfrac{\frac{1}{2}M_1 g + (\mu - \frac{1}{2})M_2 g - (1-\alpha)C_1}{(1-\mu)(M_1 - M_2)g}$ 时，则 $F'(p)|_{p=0} < 0$，$F'(p)|_{p=1} > 0$，此时 $p = 0$ 是该博弈的稳定演化策略，此时虚拟商圈 A 都选择不进行创新。

② 当 $q < \dfrac{\frac{1}{2}M_1 g + (\mu - \frac{1}{2})M_2 g - (1-\alpha)C_1}{(1-\mu)(M_1 - M_2)g}$ 时，则 $F'(p)|_{p=0} > 0$，$F'(p)|_{p=1} < 0$，此时 $p = 1$ 是该博弈的稳定演化策略，此时虚拟商圈 A 都选择进行创新。

(2) 虚拟商圈 B 的稳定状态。

令 $F(q) = 0$，便可以得到企业 B 的全部稳定状态。分两种情况：

若 $p = \dfrac{\frac{1}{2}M_2 g + (\mu - \frac{1}{2})M_1 g - (1-\alpha)C_2}{(1-\mu)(M_2 - M_1)g}$，则 $F(q) \equiv 0$。这意味着所有水平都是稳定状态，即此时策略选择比例不会随时间推移而变化。因为分母显然小于 0，则分子必定小于 0，即 $C_2 > \dfrac{(\mu - \frac{1}{2})M_1 g + \frac{1}{2}M_2 g}{1-\alpha}$。

若 $p \neq \dfrac{\frac{1}{2}M_2g + (\mu - \frac{1}{2})M_1g - (1-\alpha)C_2}{(1-\mu)(M_2 - M_1)g}$，则令 $F(q) = 0$，可得稳定点：$q_1 = 0, q_2 = 1$，进一步根据微分方程的稳定性来判别不同情况下的创新博弈策略。

对 $F(q)$ 求导得：

$$F'(q) = (1-2q)[(\mu - \frac{1}{2})M_1g + \frac{1}{2}M_2g + (1-\mu)(M_1 - M_2)gp - (1-\alpha)C_2]$$

则可以分成以下两种情况：

① 当 $p > \dfrac{\frac{1}{2}M_2g + (\mu - \frac{1}{2})M_1g - (1-\alpha)C_2}{(1-\mu)(M_2 - M_1)g}$ 时，则 $F'(q)|_{q=0} > 0$，$F'(q)|_{q=1} < 0$，此时 $q = 1$ 是该博弈的稳定演化策略，虚拟商圈 B 都选择进行创新；

② 当 $p < \dfrac{\frac{1}{2}M_2g + (\mu - \frac{1}{2})M_1g - (1-\alpha)C_2}{(1-\mu)(M_2 - M_1)g}$ 时，则 $F'(q)|_{q=0} < 0$，$F'(q)|_{q=1} > 0$，此时 $q = 0$ 是该博弈的稳定演化策略，虚拟商圈 B 都选择不进行创新。

由此，我们可以得到虚拟商圈的创新博弈有 5 个局部均衡点：$E_1(0, 0)$、$E_2(0, 1)$、$E_3(1, 0)$、$E_4(1, 1)$，鞍点 $D(p_D, q_D)$，其中 $p_D = \dfrac{\frac{1}{2}M_2g + (\mu - \frac{1}{2})M_1g - (1-\alpha)C_2}{(1-\mu)(M_2 - M_1)g}$，$q_D = \dfrac{\frac{1}{2}M_1g + (\mu - \frac{1}{2})M_2g - (1-\alpha)C_1}{(1-\mu)(M_1 - M_2)g}$。

则 5 个局部均衡点中 $E_2(1, 0)$、$E_3(0, 1)$ 是不稳定点；$E_1(0, 0)$、$E_4(1, 1)$ 是稳定点，是演化稳定策略（ESS），分别对应于虚拟商圈 A 和虚拟商圈 B 的（创新，创新）与（不创新，不创新）两种策略。

4. 演化相位图

用系统的演化相位图来描述虚拟商圈进行创新选择的动态演化过程，见图 4-4。由两个不稳定平衡点 E_2 和 E_3 以及鞍点 D 连成的折线可以看成是电商企业创新博弈策略收敛于不同演化结果的临界线。在该折线左下方的区域，演化系统将收敛于（不创新，不创新），在该折线的右上方区域，演化系统将收敛于（创新，创新）。

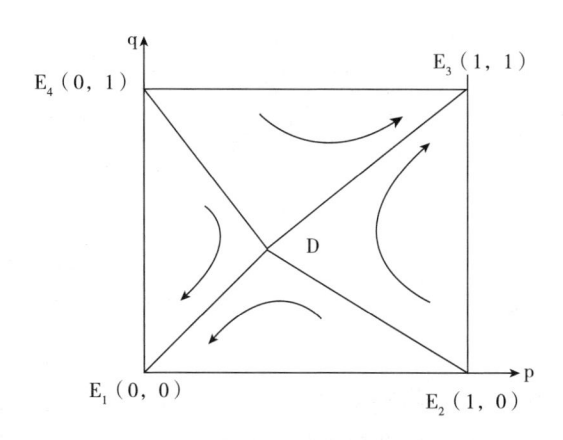

图 4-4　虚拟商圈间演化博弈相位图

图 4-4 中，虚拟商圈的演化过程和稳定状态收到系统初始状态（群体 A 和群体 B 选择不同策略的电商企业所占比例）与鞍点相对位置的影响。当初始状态落入 $E_1E_2DE_4$ 时，演化博弈系统向 E_1（0，0）收敛，最终不创新将是唯一的演化稳定策略；当初始状态落在 $E_2E_3E_4D$ 区域时，演化博弈系统向 E_3（1，1）收敛，最终创新将成为唯一的演化稳定策略。可见，虚拟商圈博弈的长期均衡结果可能是完全进行创新，也可能是完全不进行创新，具体的演化路径和稳定状态取决于区域 $E_1E_2DE_4$ 的面积 $S_{E1E2DE4}$ 和区域 $E_2E_3E_4D$ 的面积 $S_{E2E3E4D}$ 大小。如果 $S_{E1E2DE4} > S_{E2E3E4D}$，则系统将朝着不创新的方向演化，反之，将朝着创新的方向演化。如果两者相等，则创新与不创新的概率相等，不能够明确具体的演化方向。

5. 数值实验及仿真

通过对均衡点的求解即可得出虚拟商圈 A 和虚拟商圈 B 的动态演化系统稳定状态。为方便分析，我们选出一组具有代表性的数值（表 4-7）对参数进行赋值分析，并通过 MATLAB 进行仿真模拟，以期得到各参数变化对于企业创新策略选择的影响。

在参数赋值中，我们依据前文假设以及对现实虚拟商圈的考量，进行表 4-7 的赋值。

表 4-7　　　　　　　　　　　　参数赋值

变量	数值
M_1	100
M_2	70

续表

变量	数值
C_1	90
C_2	80
g	1
α	0.2
μ	0.4

虚拟商圈群体间的创新决策主要受创新成本节约系数、企业间创新的外部效应等因素的影响，因此我们针对这些影响因子进行数值模拟，分析随着时间变化，参数变动对于虚拟商圈的创新策略演化结果的影响。

根据表 4-7 的赋值，在虚拟商圈 B 的创新比例为 0.4 的初始概率下，虚拟商圈 A 的创新策略在不同的参数值影响下最终收敛不同的方向，如图 4-5 所示。

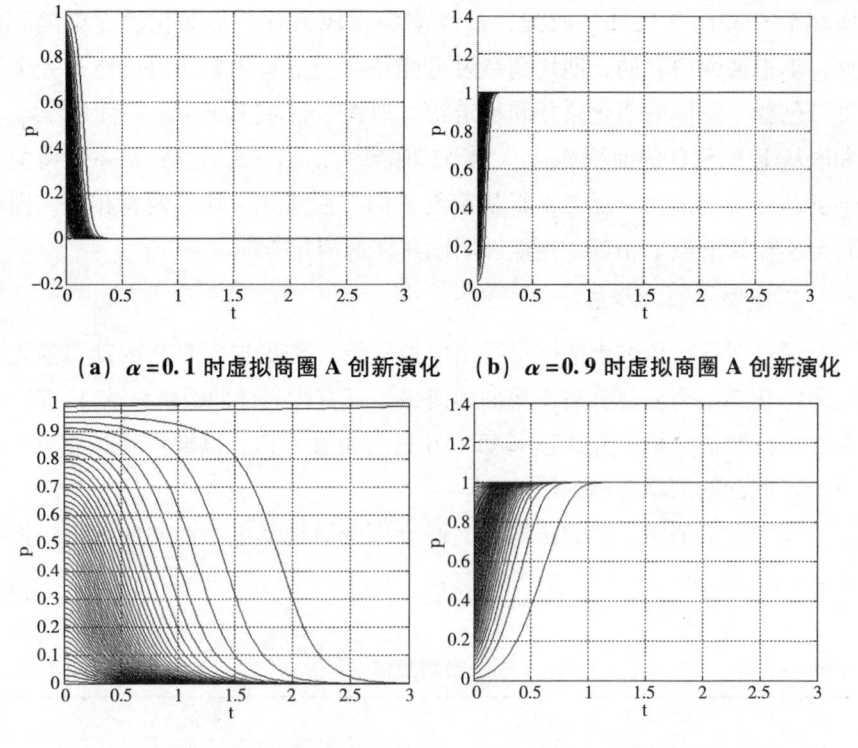

(a) $\alpha=0.1$ 时虚拟商圈 A 创新演化　　(b) $\alpha=0.9$ 时虚拟商圈 A 创新演化

(c) $\alpha=0.38$ 时虚拟商圈 A 创新演化　　(d) $\alpha=0.5$ 时虚拟商圈 A 创新演化

图 4-5　α 变动时虚拟商圈 A 的创新策略选择随时间的变动趋势

由图4-5（a）和图4-5（b）可见，在其他参数不变的条件下，α越大，虚拟商圈越趋向于选择创新；α越小，虚拟商圈越趋向于不创新。其中，演化趋势在区间（0.38，0.5）发生变化，在选取了$\alpha=0.38$，$\alpha=0.5$两点进行了说明，如图4-5（c）和图4-5（d）。当α处于区间（0.38，0.5）左侧时，虚拟商圈的选择是不创新；当α位于区间右侧时，虚拟商圈的选择是进行创新。这是由于创新成本节约系数为$1-\alpha$，α越大，成本节约系数越小，虚拟商圈选择创新所能获得的收益相对较高，选择不创新所能获得的收益相对较低；反之，α越小，成本节约系数越大，虚拟商圈选择创新所能获得的收益相对较低，选择不创新所能获得的收益相对较高。

由图4-6（a）和图4-6（b）可见，在其他参数不变的条件下，μ越大，虚拟商圈越趋向于选择创新；μ越小，虚拟商圈越趋向于不创新。其中，演化趋势在区间（0.7，0.8）发生变化，我们选取了$\mu=0.715$，$\mu=0.725$两点进行了说明，如图4-6（c）和图4-6（d）。当μ处于区间（0.7，0.8）左侧时，虚拟商圈的选择是不创新；当μ位于区间右侧时，

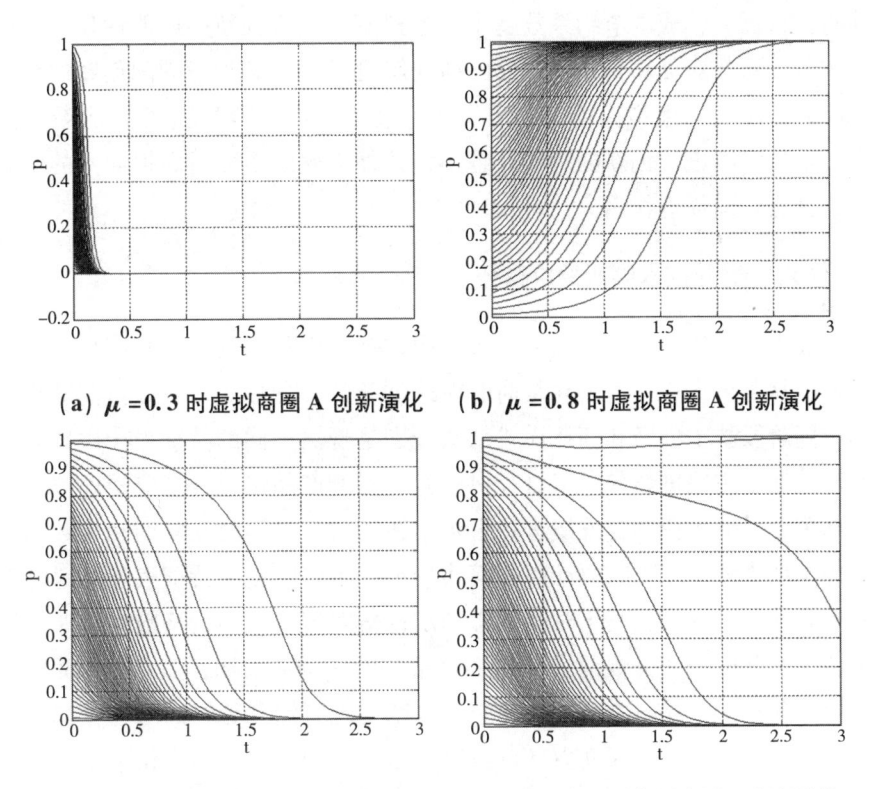

（a）$\mu=0.3$时虚拟商圈A创新演化　　（b）$\mu=0.8$时虚拟商圈A创新演化

（c）$\mu=0.715$时虚拟商圈A创新演化　　（d）$\mu=0.725$时虚拟商圈A创新演化

图4-6　μ变动时企业A的创新策略选择随时间的变动趋势

虚拟商圈的选择是进行创新。这说明 μ 越大时，即虚拟商圈间进行创新的外部效应越大，虚拟商圈 A 从 B 吸引的消费者越多，虚拟商圈进行创新的动力越大，所能够获得的创新收益也越大；反之，μ 越小时，即虚拟商圈间进行创新的外部效应越小，虚拟商圈 A 从 B 吸引的消费者越少，虚拟商圈进行创新的动力相对不足，所能够获得的创新收益也越大。

6. 演化博弈分析结论

我们建立了虚拟商圈群体创新行为的演化博弈模型，通过对演化博弈复制动态方程的求解和均衡点分析，运用 MATLAB 进行数值仿真，分析了虚拟商圈进行创新的成本节约系数、虚拟商圈间进行创新的外部效应、消费者数量等参数对于虚拟商圈群体进行创新策略的影响。研究结果表明：(1) 虚拟商圈的创新行为最终将可能稳定于演化稳定策略（创新，创新），也可能稳定于演化稳定策略（不创新、不创新）。虚拟商圈创新行为最终将沿着哪条路径进行演化与博弈的支付矩阵以及某些参数的变化有关。(2) 虚拟商圈进行创新的成本节约系数越大，虚拟商圈进行不创新的可能性越大，反之，成本节约系数越小，虚拟商圈进行创新的可能性越大，即成本节约系数对创新行为产生反向抑制作用。(3) 虚拟商圈间创新的外部效应系数越大，虚拟商圈进行创新的可能性越大，反之外部效应系数月小，虚拟商圈进行创新的可能性越小，即外部效应系数对虚拟商圈的创新行为具有正向促进作用。

（六）提升技术创新效应路径

虚拟商圈作为一个复杂的经济组织，技术创新是其集聚和成长的核心要素，从某种意义技术创新是商业模式创新的一种形式，在虚拟商圈集聚的不同阶段技术创新和商业模式创新分别呈现出不同的特征：在虚拟商圈的萌芽期，主要创新导向来自吸引顾客；提升产品销量，主要是虚拟商圈内部单个电商企业的自发演进。主要创新动力来自移动互联网和大数据时代的发展推动技术不断驱动商业模式变革，主要的创新特征表现为对消费者行为的精确挖掘，基于时间动态制定价格实现广义的价格歧视，通过地理位置实现电子商务营销（LBS）；在虚拟商圈的成长期，随着虚拟商圈的规模不断扩大，此时主要创新导向来自留住现有消费者，同时建立起虚拟商圈的商誉。主要创新动力来自虚拟商圈内部和外部环境变化带来的市场驱动，随着优胜劣汰的过程，虚拟商圈内部商家的分化及负面评论的快速传播都促使虚拟商圈不断创新。这一阶段主要创新特征为建立虚拟商圈诚信商业环境，建立起产品与服务质量监督机制，建立反馈与退出机制，对于虚拟商圈内部各个主体实行审核准入制；在虚拟商圈的繁殖期，随着价值链不断驱动虚拟商圈渠道整合，虚拟商圈和传统商圈融合趋势不断明显，主要创新导向为满足顾客满意，通过整合虚拟商圈相关资源形成线上线下融合的新型商业模式，实现数据共享整合，线上线下系统整合，提升线上线下服务能力，在虚拟商圈不断出现新型电商服务机构；在虚拟商圈的分化期，此时虚拟商圈的主要创新导向为各参与主体互利共生，范围经济驱动虚拟商圈实现多种类，长尾市场驱动虚拟商圈实现全品类，网络效应驱动虚拟商圈实现开放共赢。主要创新特征表现为建立虚拟商圈内在自洽的演化生态系统，同时对第三方平台提供 API 接口，建立全面开放的虚拟商圈。

五、虚拟商圈成长分析

（一）虚拟商圈成长曲线

虚拟商圈是由一个个的网站平台凝聚消费者和商业企业而形成的，与传统商圈有非常类似的特点，而且虚拟商圈与传统商圈一样都是从小规模逐渐成长起来的，虚拟商圈的成长曲线与传统商圈的成长曲线在本质上一致的，两种商圈的成长曲线均由逐渐上升到相对平稳甚至再到最后的衰退（主要探讨虚拟商圈和传统商圈的成长阶段），但二者的成长过程并不完全相同。

就传统商圈而言，传统商圈中商家的聚集主要是由地理空间的邻近带来的优势所形成的，在同一地理空间范围的商家之间可以互相共享信息流、消费流以及口碑营销活动，并且商家和消费者之间的信任度比较高，因此会逐渐吸引着商家聚集在某一地域内。但是传统商圈的规模不会一直无限地扩大下去，这可以从消费者和商家两个方面考虑。一方面，某一商圈所能覆盖的消费者人数是有限的，消费者的购买力也是有限度的，在商圈可承载范围上的商家的聚集只能带来更多的价格战，耗费更多的资源成本，降低商家的利润，进而导致商家数目减少。另一方面，此种商圈模式下信息流比较分散，受地域限制商圈规模不能随意扩大，商家还需要承担相当大的经济成本和精力成本，因而也将一部分投资成本不足的商家排除在商圈之外。由此可知，传统商圈成长曲线是相对缓慢的，并且由于各方面的制约，商圈规模最终会趋向于一个极限值。

就虚拟商圈而言，虚拟商圈首先打破了制约传统商圈成长的时空障碍，降低了企业开设实体店的经济成本和人力成本，这种新型商圈模式利用互联网的优势，加强了商家之间、企业和消费者之间、消费者之间，以及三者与平台之间的信息流动，减弱了信息不对称现象，在新的互联网时代为商家和消费者降低了成本。同时，网站平台自发的网络外部性优势，使得商圈的规模经济效应和技术创新效应越来越强，对消费者和商家形成一股巨大的吸引力，因此，网络互联互通的优势促使虚拟商圈成长速度远快于传统商圈。但是同样的，虚拟商圈规模不可能会一直扩大下去，该商圈的成长过程要受互联网普及率的限制，最终规模也会受到消费者购买力的影响。

以下，我们对虚拟商圈成长曲线的各个阶段进行具体分析，其中商圈的成长通过商圈规模来刻画，具体到虚拟商圈，可以借鉴传统商圈的指标设定，采用一个或一系列的指标，类似于虚拟商圈中商家数量、商家类型、消费者数量、网站访问量、Alexa 流量等，利用 AHP 分析方法确定各个指标权重能够复合出最终的指标。

如图 4-7 所示，虚拟商圈的成长曲线呈一个近似的"S"形曲线，依据曲线的斜率可以将成长过程大体分为三个阶段。

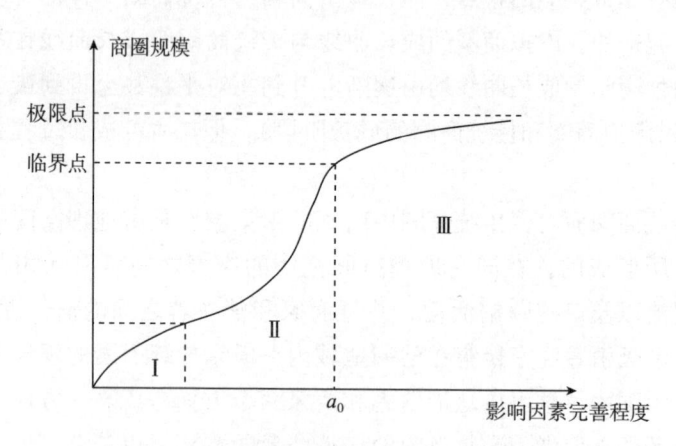

图 4-7 虚拟商圈成长性——"S"形曲线

第 I 阶段，缓慢成长。这一阶段主要是指在网站成立初期，相较于线下经营的不足之处，众多商家会逐渐选择开设电子商务，因而虚拟商圈的规模是逐渐扩大的。但是，由于在摸索阶段，网站的信誉度、服务水平、消费流量都还未累积，各个方面还不完善，网站和商家双方存在信息不对称现象，网站对商家和消费者吸引力不强。因此，商家和消费者选择聚集在某一个虚拟平台上是要花费很长时间的，商圈的聚集速度就比较缓慢。

第Ⅱ阶段，快速成长。这一阶段主要是指随着电子商务技术的成熟，越来越多的商家和消费者愿意电子商务，网络成为日常生活的一部分。网民普及率越来越大，网上购物、网上发布和寻求信息等日益加强了双方的信息互动，线下需求逐渐转移到线上，线上需求方式逐渐增多，再加上平台自身各方面性质的不断完善，在网络外部性和马太效应的驱使下，网站对消费者和商家的吸引力非常强。因此，虚拟商圈呈现快速成长状态。

第Ⅲ阶段，成长非常慢。在这一阶段，影响虚拟商圈的各个内在因素已经相对完善（如物流、支付、商品丰富度等），虚拟商圈规模仍在扩大，但是，虚拟商圈不会无限制的成长，商圈的规模还受制于网民人数和消费者购买力等一些外在的因素。在一定时期内，网民的消费能力是有限的，由此决定了在过了临界点后，虚拟商圈最终会以非常缓慢的速度接近于其规模极限点。

传统商圈与虚拟商圈的成长过程也可以大致分为以上三个阶段，但并不完全相同，主要表现如表4-8所示。

表4-8　　　　　　　虚拟商圈与传统商圈成长曲线比较

表现	虚拟商圈	传统商圈
曲线形状	曲线呈现明显的S形	曲线S形不明显
增长速度	缓慢－快速－缓慢	一直比较缓慢
临界值	虚拟商圈临界值高于传统商圈	
极限值	虚拟商圈极限值高于传统商圈	

第一，曲线形状不同。虚拟商圈的成长曲线呈现明显的"S"形，传统商圈曲线形状不明显。这是由二者聚集机理的不同和传统商圈相较于虚拟商圈的先天不足所导致的，如网站比实体店成本低、消费者覆盖面大、无时间障碍等，只要网站平台性质好，营销活动到位，那么网站比传统商圈对商家的吸引力就大得多，商家在网站上的聚集速度也非常的快，所以，虚拟商圈的成长曲线会有快速上升的一段。

第二，增长速度不同。虚拟商圈的成长曲线经历了由缓慢上升到快速上升再到缓慢上升的阶段，而传统商圈的成长曲线增长速度一直比较缓慢，故曲线更加的平缓。这主要是由于传统商圈受消费者规模和地域时空的局限造成的。

第三，临界值和极限值不同。基于互联网形成的虚拟商圈具有平台的潜在性和空间无限性，消费者覆盖面广，又没有时空的限制，这无疑给虚拟商圈的成长提供了良好的平台，促使最终虚拟商圈规模的临界值和极限值都大于传统商圈。

（二）虚拟商圈成长理论模型

虚拟商圈是由一个个的网站平台凝聚消费者和商业企业而形成的，其核心在于消费者与商家的高度集聚，这种集聚和演化相对于传统商圈更加复杂，因为互联网的跨越时空、消费者与商家能够直接双向沟通的变化，导致虚拟商圈的发展和成长会受到三个层面的影响：

1. *商家自身的网络外部性*

在虚拟商圈中商家数量越多，对于其他商家进入该虚拟商圈具有积极正面的影响。因为商家数量越多可以从某种程度上代表虚拟商圈的吸引力越大，或者说虚拟商圈能够给商家提供的优质资源越多；同时，商家数量越多也能促进第三方物流、第三方支付等电子商务配套服务进入[1]，因此配套服务的完善也能吸引新商家进入；另外，在虚拟商圈中商家数量越多也使新商家更容易寻找自己的上下游企业，降低交易成本。

2. *消费者自身的网络外部性*

在虚拟商圈中，消费者的行为将会影响自己身边的人，购买同一款产品的人数越多，将会增加其他消费者的购买信心，增加同款商品的销售量，即出现所谓的马太效应。同时消费者之间通过社区、论坛等往往会口碑效应，意见领袖的看法将极大影响消费者的购买行为。甚至消费者会相互影响共同选择特定虚拟商圈。

3. *商家与消费者之间网络外部性*

不论是购物虚拟商圈还是信息虚拟商圈，虚拟商圈的存在与扩张都离不开消费者需求。消费者需求的大小能够决定商家的聚集程度，进而吸引更多的消费者消费，即消费需求促进商家规模扩大或集聚继而推动虚拟商圈的成长。虚拟商圈能极大限度地聚集消费者需求，这可以用虚拟商圈的规模经济效应来分析。一方面，虚拟商圈为消费者带来了便利，通过网络构建的虚拟商圈降低了消费成本，超越了地理和时间的限制；另一方面，

---

[1] 因为物流和支付相关企业总是倾向于选择为商家数量多的虚拟商圈提供更多更完善的服务来实现自身利润最大化。

虚拟商圈具有网络外部性的自发优势。一个消费者的需求会对其他消费者的需求产生积极的、正面的影响，在虚拟商圈中单个消费者对网店的好评能够吸引更多消费者进入该网店，因此无数消费者聚集在某个虚拟商圈就能够带来更多的消费需求。

消费者对商家产生的网络外部性可以构建一个简单模型：$c = f(num, \rho, \theta)$，其中，num 代表消费者数量；ρ 代表消费者偏好；θ 代表消费者需求方式。

（1）消费者数量。消费需求的大小与消费者数量正相关。一方面，虚拟商圈访问人数越多，消费者数量越大，生成一笔订单的几率就越大；另一方面，每一个实实在在的顾客都是虚拟商圈的潜在顾客转变而来的，在网络外部性的促使下，消费者基数越大，那么潜在顾客就越多，转换成老顾客的数量就越多，虚拟商圈消费需求越大。

（2）需求方式。虚拟商圈打破了地理障碍、时间障碍及价格信息对比障碍，使消费者省去了大量搜寻成本，由电脑购物到如今手机购物，技术的支持更为消费者带来了很大的便捷，人们不再事事跑商场，网民数量不断增多，虚拟商圈需求不断增大。同时，更多的购物需求从线下逐渐转移到线上，这种需求方式的改变，使得越来越多的实体店家开始拓展电子商务业务，而众多像当当、京东商城等这样的电子商务企业不断拓展网站产品类目，以满足消费者的购物需求。因此，新的消费需求方式促使虚拟商圈的不断壮大。

（3）消费者偏好。一方面，现今越来越多的商品品牌化，消费者对一个品牌的青睐往往影响到消费者的购买欲望，由于每个消费者的偏好不同，所以，虚拟商圈中品牌越多或者正品有保障的产品越多，那么消费者访问的几率也越大；另一方面，消费者对某些虚拟商圈往往有偏好性，而消费者之间往往是信息相通的，一个忠诚的顾客可能带来许多新的顾客。所以，提高虚拟商圈的信誉度，增加顾客回头率，丰富虚拟商圈上的产品以及为顾客提供更有效全面的信息服务，都将提高虚拟商圈的吸引力，消费者对虚拟商圈的偏好也可以促使其成长。

随着虚拟商圈不断成长，除了规模不断扩大外还会产生三大效应：首先是价格效应。虚拟商圈规模越大，商家的数量越多，相互竞争越激烈，通过降价或变相的促销来不断吸引消费者就变得必须，同时商家也会采取措施提升用户体验；提升售前、售中、售后服务，提高顾客的满意度，增加消费者的效用。其次是品种效应。虚拟商圈越发展，商家的数量增加，商家提供的商品种类，款式也会随之增加，同样商品的替代商品和互补商品的数量也会增加，消费者可以选择的空间增大，大大节省时间和金钱成本。最后是质量效应。虚拟商圈中商家数量增加，竞争加剧，为了增加销售量，在降低价格的同时，商家会提升商品的质量，营造良好的品牌形象，树立良好的口碑，提高商品的竞争能力。消费者能够在较低价格的同时购买到较高质量的商品，其获得的效用得到增加。

上述三个层面的网络外部性都会对虚拟商圈成长产生巨大影响，但是从理论角度看，我们认为消费者与商家间网络外部性对虚拟商圈发展影响最为重要也最为本质，因此我们对这种网络外部性进行实证检验。

（三）实证检验

1. 变量设定、样本及数据来源

根据上述的理论分析，同时囿于数据，我们将深入分析消费者和商家间的网络外部性，通过面板数据模型计算网络外部性的大小。我们选取了最具有代表性的 8 家 B2C 虚拟商圈：天猫商城、京东商城、当当网、苏宁易购、唯品会、亚马逊、易迅网和 1 号店。值得注意的是，本来我们应该选择这些公司从成立之初一直到现在的数据进行分析，才能得出成长性曲线的各个阶段特征，但是考虑到数据的可得性，我们实际分析的都是这些公司在快速成长期阶段。为了准确度量虚拟商圈规模和消费者数量，我们特别选择 B2C 虚拟商圈月度下单量（这个数据与商家数量高度相关），以及虚拟商圈的月度覆盖人数作为替代。数据范围是从 2012 年 4 月到 2013 年 12 月[①]，共 21 个月，月度覆盖人数以万人为单位，月度下单量以万次为单位。

2. 模型的设定与检验

我们建立了如下的面板数据模型：

$$y_{it} = \alpha_{it} + \beta_{it}x_{it} + u_{it} \quad i = 1,2,\cdots,8 \quad t = 1,2,\cdots,21 \quad (4-3)$$

公式（4-3）中 y_{it} 和 x_{it} 代表第 i 个虚拟商圈在第 t 个月份的下单量和覆盖人数；α_{it} 和 β_{it} 其取值随个体的变化而变化；u_{it} 为随机误差项满足零均值和同方差的假设。

由于我们所选择的是月度数据，所以先要进行单位根检验以确定数据的平稳性。一般情况下，只采用相同根单位根检验 LLC 和不同根单位根检

---

① 2012 年中国 B2C 在线零售商 Top50 研究报告简版，2013 年中国 B2C 在线零售商 Top50 研究报告简板 [EB/OL]. 艾瑞网，http://www.iresearch.cn.

验 Fisher – ADF 这两种检验方法，如果他们都拒绝存在单位根的原假设，则认为此序列是平稳的，反之就是非平稳的，检验结果体现了该数据在进行一次差分后实现了平稳，见表 4 – 9 所示。

表 4 – 9 单位根检验

单整阶数	检验方法	统计量值(p 值)	
		X	Y
0	LLC	0.84037(0.7996)	– 0.96105(0.1683)
	Fisher – ADF	17.0429(0.3828)	20.4485(0.2007)
1	LLC	– 10.2780(0.0000)	– 15.1947(0.0000)
	Fisher – ADF	112.110(0.0000)	161.007(0.0000)

在确定面板数据平稳性后，我们面临确定具体的模型选择。面板数据模型根据截距项向量和系数向量的不同限制要求，又可以分为不变系数模型、变截距模型、变系数模型三种类型。从理论角度分析看，实证数据属于短个体长时间的分布。另外，从现实角度看，各个虚拟商圈由于规模、品牌、性质等的不同，在网络外部性方面应该具有较大的个体差异，所以我们初步考虑选择变系数模型，但仍需通过参数检验。建立如下假设：

$H_1 : \beta_1 = \beta_2 = \cdots = \beta_8$

$H_2 : \alpha_1 = \alpha_2 = \cdots = \alpha_8$

$\beta_1 = \beta_2 = \cdots = \beta_8$

如果接受 H_2 则可以认为样本数据符合不变系数模型，无须进行进一步检验。如果拒绝假设 H_2 则需检验假设 H_1，如果接受假设 H_1，则认为样本数据符合变截距模型，反之，则认为样本数据符合变系数模型。

分别记变系数模型的残差平方和为 S_1；变截距模型的残差平方和为 S_2；不变系数模型的残差平方和为 S_3。检验是通过两个检验进行的，检验 H_1 的统计量为：

$$F_1 = \frac{(S_3 - S_1)/[(n-1)(K+1)]}{S_1/[nT - n(K+1)]} \sim F[(n-1)(K+1), n(T-K-1)]$$

检验 H_2 的统计量为：

$$F_2 = \frac{(S_2 - S_1)/[(n-1)K]}{S_1/[nT - n(K+1)]} \sim F[(n-1)K, n(T-K-1)]$$

计算出模型的 F_1 和 F_2 分别为 37.69 和 45.83，在给定 5% 的显著性水平下，相应的临界值分别为 1.76 和 2.07，F_1 和 F_2 远远大于临界值，因此拒绝 H_1 和 H_2。我们的面板数据模型确定为变系数模型，即不同的虚拟商圈具有不同的网络外部性，符合我们之前作出的理论假设。

对差分序列进行面板数据分析，估计结果如表 4-10 所示。

表 4-10　　　　　　　　　　模型估计结果

虚拟商圈	网络外部性	t 值
天猫商城	1.0924 ***	24.6660
京东	0.3061 ***	2.8015
亚马逊中国	0.1286 *	0.6245
当当网	0.1904 **	0.9092
苏宁易购	0.1166 **	0.7702
唯品会	0.0715 *	0.3733
易迅网	0.0185 *	0.2001
1 号店	0.0798 *	0.6342
调整后的 R^2		0.7958
F 统计值		42.2978
F 统计值（p 值）		0.0000

注：*、**和***分别表示 1%、5% 和 10% 的显著性水平。

从估计结果可知，回归结果中相对而言只有天猫商城和京东的 P 值是在 1% 的显著水平，当当网和苏宁易购的 P 值在 5% 的显著水平，而其他的网站则在 10% 的显著水平。原因可能是对天猫商城和京东来说，月度覆盖人数这个解释变量所占权重较高，而对于唯品会等网站来说，月度覆盖人数的权重相对来说较小，还需要考虑其他的解释变量才能更好地证明消费者对于商家的影响。另外，模型回归调整后的拟合优度为 0.7958，可信度较高的。从 F 统计量的 p 值来看，$p = 0.0000$，通过了 1% 水平的检验。

3. 结果讨论

虚拟商圈是典型的具有高度网络外部性的市场形态，虚拟商圈规模与网络外部性高度正相关。网络外部性高的虚拟商圈，其相应的虚拟商圈规模也就越大；以天猫商城为例，网络外部性强度能达到 1.09，同时天猫商城的虚拟商圈规模也是最大，2013 年天猫商城的年度销售额达到 2200 亿元。我们根据计算出的网络外部性和 2013 年度销售额作为横纵坐标，可以将各个虚拟商圈画在图上。从图 4-8 中可以发现，这些虚拟商圈分别处于图中的三个象限。

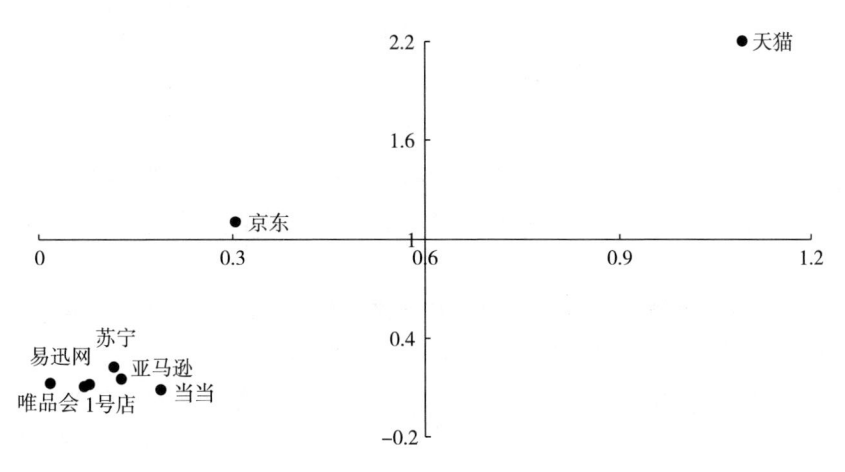

图 4-8 虚拟商圈网络外部性与销售额矩阵

注：图中纵坐标为销售额，单位为千亿元人民币，横坐标为计算出的网络外部性。

从图 4-8 结果可知，网络外部性强的网站，其销售规模也相应较大，是什么导致了虚拟商圈在网络外部性和销售规模方面表现出明显的差异呢？本书认为，虚拟商圈性质、商品专业化程度以及虚拟商圈的知名度三个方面会对虚拟商圈网络外部性产生重要影响，也能解释各个虚拟商圈分布在不同象限。

（1）天猫商城处于第一象限。表现为网络外部性最强，销售规模也是最大的。首先，从虚拟商圈性质上看，天猫商城属于平台类虚拟商圈。它采取商家入驻虚拟商圈进行买卖的平台式经营方式，而自己不进行售卖商品的行为，以保证平台的公平竞争，其主要的收入来源是商家的注册费用、佣金以及广告费用。平台类虚拟商圈天然就需要聚集大量电子商务企业，据统计，天猫商城聚集了 5 万多商家，及 4 亿多买家，因此网络外部性必然高。其次，天猫商城销售的商品多种多样，商品综合化趋势明显，天猫商城销售女装、食品等 16 大类商品，几百类子项以及 7 万多种品牌商品，属于综合性的购物平台，如此巨大的商家数量为消费者提供了更多的选择，消费者可以感受一站式购买体验所带来的满足。天猫商城商品种类丰富，消费者跨度广，品牌多样化满足了具有品牌忠诚度的消费者的需求，可选择的替代品和互补品种类多，极大地满足了消费者的多样化需求。商品之间以及随之产生的消费者网络外部性必然大。最后天猫商城具有非常高的品牌知名度以及消费者的忠诚度。天猫商城是由淘宝全新打造、升级转型而成的 B2C 虚拟商圈，天猫商城的流量可以来自搜索引擎，也可以来自淘宝网，淘宝拥有近 5 亿的注册用户，每天的固定访客超过 6000 万人，同时还可以是阿里旗下的其他产品。同时，天猫商城可以充分利用淘宝发展过程中所创建的各种营销工具，天猫商城负责平台的建立，包括网页设计、购买过程及支付，为消费者提供较好的用户体验。天猫商城成立的时间较晚，其起于淘宝，拥有较好的口碑，并且其提供七天无理由退换货、正品保障、信用评价服务，提高了商品的信誉度，增加了消费者购买的信心。

(2) 京东商城处于第二象限。其网络外部性强度以及销售规模都小于天猫商城，但与其他虚拟商圈相比仍然具有较明显的优势。首先，与天猫商城的平台式经营方式不同，京东商城属于典型的自营式虚拟商圈，当然从 2012 年开始也不断开展了平台式业务。自营式虚拟商圈的经营模式主要是自己从生产商处进货，然后在虚拟商圈上销售，其收入来源主要是赚取差价。虽然天猫商城的流量远大于京东，但是京东商城流量的质量较天猫商城较优质。京东商城是国内最大的自营式 B2C 虚拟商圈，它的经营模式主要是依靠规模和效率来提升利润率，其在基础设施的建设等相关方面的投入巨大，特别是它的自建物流体系以及信息技术的投入。京东商城的自建物流体系成为其核心竞争力之一，缩短用户从下单到收货的时间，提升用户体验，提升运营效率，加速周转。通过技术创新，优化供应链管理，完成对物流、资金流和信息流的整合和创新，降低了供货商的成本，从而为消费者的低价格创造了条件。其次，京东商城初涉电子商务领域专注于 3C 市场的发展，2010 年成功实现 3C 网络零售商向综合型网络零售商转型，逐渐扩展到服装、食品、化妆品等 13 个大类，致力于为消费者提供一站式购物体验，因此京东商城虚拟商圈也能积累巨大的网络外部性。最后，京东商城具有较高的知名度，京东商城一直通过提供值得信赖的商品、快速的配送以及上门取件的特色服务赢得较好的口碑。京东商城的快速的配送服务、丰富的商品种类以及良好的口碑增加了平台上消费者的数量，由于京东的自营式经营方式相比天猫商城的平台式经营存在一定的劣势，其消费者对商家的网络外部性强度小于天猫商城，消费者的增加对商家的影响没有天猫商城的大，消费者数量的增加带来销售规模增大也同样小于天猫商城，但由于京东商城在 3C 产品上的特色经营以及物流配送服务特色，其虚拟商圈规模仅次于天猫商城。

(3) 亚马逊中国、当当网等六家公司处于第四象限。相对于天猫商城和京东商城都有着不小的差距，无论是在网络外部性还是销售额上面，这也体现了网络经济的"马太效应",即赢者通吃。但深入分析后,我们发现这六家公司仍有着内部差异。

第一层次为亚马逊中国、当当网和苏宁易购。这三个虚拟商圈都属于综合型的购物网站,提供的商品种类丰富,但相比之下,各有侧重点,当当网和亚马逊中国以图书为主,而苏宁易购则是以电器为主,其商品的丰富度与天猫商城和京东相比之下还是稍有欠缺的。亚马逊中国和苏宁易购都属于以自营为主的虚拟商圈,亚马逊中国没有像其他电商那样进行价格战而是通过科技手段优化供应链,保证其天天低价战略,并且拥有自建物流体系,70%的中国客户可以享受到当日到达或次日到达的用户体验。苏宁易购依托苏宁电器的采购、配送及信息技术,保持与实体店面的同步发展。当当网则是以图书零售起家,逐渐发展为平台式虚拟商圈,其定位在于不做大而做全,其平台式的发展相比天猫商城来说,还存在较大的差距。最后,苏宁易购有着苏宁电器的品牌效应,而亚马逊中国则以其天天低价和正品行货以及良好的物流配送为其赢得较好的口碑。总之,这三个虚拟商圈在产品的综合化方面相比天猫商城和京东商城来说,虽然全却没有足够大的规模,其网络外部性强度远小于天猫商城和京东。消费者数量的增加所带来的商家效用即销售规模远小于天猫商城和京东商城。

第二个层次为易迅网、唯品会及1号店。这三个虚拟商圈都属于专业化、自营式的虚拟商圈,因此同质商品之间的竞争更激烈。易迅网主要是电器产品,唯品会专门做产品的特卖,其每天授权100个品牌的特卖,确保正品、确保低价,而1号店则主要是一个网上超市,主要经营食品。专业化的购物网站能够提供细分类的商品,提供的互补性商品和替代性商品的种类丰富齐全,提供的品牌、款式多样,消费者可以选择的空间大,能够最大限度地满足消费者对于同一商品的个性化需求。易迅网、唯品会及1号店都有着较好的口碑,在一定程度上都能够影响销售规模。相比之下,这三个虚拟商圈都是自营式的经营方式,却没有京东的规模,他们同属于专业化的平台,其产品的丰富度远小于综合类的购物平台,消费者对商家网络外部性强度较小,消费者增加所带来的销售量增加也就较小。

综上所述,网络外部性强度越大,销售量和虚拟商圈规模相应的也越大。网络外部性的大小受虚拟商圈性质(平台式还是自营式),虚拟商圈商品种类(虚拟商圈是综合化还是专业化)、虚拟商圈的知名度等因素的影响。

（四）结论与建议

我们知道虚拟商圈成长性与消费者网络外部性直接关联，而消费者网络外部性又受到虚拟商圈性质、虚拟商圈商品种类及虚拟商圈知名度等因素影响。我们提出以下建议以产生更大的网络外部性，进一步扩大虚拟商圈规模。

1. 虚拟商圈自营或平台

早期的虚拟商圈更多的是自营式，从最早的亚马逊、当当等莫不如此。但值得注意的是，相对于自营式虚拟商圈，平台式虚拟商圈具有更好的成长性，这可从天猫商城2012年才正式更名，却牢牢占据了B2C市场份额的一半。因此，我们建议现有自营式虚拟商圈可以考虑引入平台经营模式，这也是现在苏宁易购、京东商城所正在进行的转型。

2. 商品综合化或专业化

从理论和实证分析上看，商品综合化程度越高，消费者网络外部性越强。因此可以看见现在虚拟商圈都不断扩大商品种类，增大商品间关联程度，产生规模经济和范围经济。但是考虑到网络经济马太效应，一些中小虚拟商圈类似聚美优品等进行商品专业化也能产生效果，它能够进行精准化营销，使消费者产生良好的消费体验从而扩大网络外部性。

3. 提升知名度

虚拟商圈要想对商家形成吸引力，产生网络外部性，就要提升虚拟商圈的价值。就虚拟商圈而言，信誉度越高，各方面服务越完善，虚拟商圈带给消费者的信任感越强，消费者选择消费的可能性就越大，首先，虚拟商圈要完善自身平台的性质，包括提高网页的级别、提高网站在各大搜索引擎的排名，进而对商家产生吸引力；其次，商家之间、商家和消费者之间存在很强的正向外部性效应。作为虚拟商圈，就应该为聚集在平台上的商家提供更加完善的服务，依靠商家之间的信息流动吸引更多的商家和消费者聚集；最后，虚拟商圈更应该加强平台的服务体系建设，增强自身的竞争力。

事实上，虚拟商圈成长性涉及的因素远远不止本书前述所讨论的虚拟商圈性质、商品专业化程度及虚拟商圈的知名度这三个方面，在前面的基础模型中也谈到了关于消费者层面的影响因素，并且这种影响因素不同于商品专业化程度和商圈知名度，后者更多的是外生变量，而消费者数量、偏好都是内生变量，会随着虚拟商圈的成长而不断变化①。同时，各个虚拟商圈的发展都与网络广告和网站推广密切相关，病毒式营销能使虚拟商圈产生百倍于传统商圈的成长动力②。但遗憾的是，在本书由于研究数据的缺乏，暂时无法进行深入研究，但随着大数据平台的应用，对于消费者和虚拟商圈间的非线性互动关系将会能进行实证研究。

  我们对虚拟商圈成长进行了理论和实证的初步探讨，但许多问题尚未涉及。比如，虚拟商圈网络外部性能否更准确计量？不同类型虚拟商圈间网络外部性是否有明显差异？虚拟商圈成长的内生动力机制究竟是怎样？我们这里讨论的是已经发展成长的各个虚拟商圈的状况，但为什么是这些而不是其他虚拟商圈发展起来了，虚拟商圈在初期的高夭折率究竟是什么造成的？这些都是下一步可以深入研究的命题。

---

  ① 消费者偏好随着虚拟商圈销售商品种类增加而增强，又或者支付方式的变化导致消费者需求发生变化。

  ② 小米手机在短短 4 年内就实现了从初创到中国第三大 B2C 网上商城的飞跃，这在传统经济中完全不可想象。

第五章 虚拟商圈内生演化研究

商业生态系统理论与虚拟商圈相结合，能够很好地解释虚拟商圈内部结构的静态和动态演化过程，从理论上深度探索了虚拟商圈内部生态发展的内在机理和运行机制，虚拟商圈具有不同于传统商圈独特的结构特征，可以把虚拟商圈生态结构的演化过程归纳为萌芽期、成长期、繁殖期、分化期四个主要阶段，在交易成本的视角下虚拟商圈内生演化将会面临着边界点的约束，即虚拟商圈的上限阈值。

一、虚拟商圈内生动态演化

（一）虚拟商圈生态系统

1. 商业生态系统

商业生态系统的概念是由美国学者 James F. Moore（1993）在他的著作 "The death of Competition: Leadership and Strategy in the Age of Business Ecosystem" 中提出的。他第一次将生态学观点应用于互联网市场的企业竞争中，首次提出商业生态系统的概念，并认为商业生态系统模拟了自然生态系统中的诸多机制。众多的商家、企业作为有生命的经济实体，同时还作为经济细胞，组成和推动着整个国民经济乃至整个国际经济的发展，形成一种功能协调、优势互补、和谐增长的共生共荣的生态环境。所谓商业生态系统，指以组织和个人的相互作用为基础的经济联合体，该经济联合体囊括大量的参与者，并且每个参与者必须依靠其他的参与者才能实现自己的生存。商业生态系统理论打破了传统企业之间"单赢"的竞争观念，强调企业的经营大环境是一个联系紧密、互为依赖的共生系统，企业需要在这个环境中与其他企业共同发展（胡岗岚、卢向华等，2009）。商业生态系统概念产生的灵感源于自然界。商业生态系统模拟了自然界中的生态系统——物种相互依存，适应环境的变化，并共同进化。但是商业生态系统中各成员并不是吃与被吃的关系，而是价值或利益交换的关系（赵湘莲、陈桂英，2007）。

商业生态系统是人类在经济活动中形成的一种具有生态特征的社会系统。所谓商业生态系统，就是指由组织和个人所组成的经济联合体。系统主题包括各类经济个体和组织——供应商、生产者、流通者、消费者、竞争对手、风险承担者。其他相关行业和企业、政府机构、行业和社会组织等。与自然生态系统的食物链相区别的是，商业生态系统价值链上各环节之间不是我存你亡的关系，而是价值或利益交换的关系。从这个意义上说，处在价值链的一个环节两端的单位彼此之间更像是共生关系，多个共生关系则形成了商业生态系统的价值网。

2. 虚拟商圈

2011 年商务部和银监会联合发布了《关于支持商圈融资发展的指导意见》，该意见强调，要推动建立商圈与金融机构的合作机制，鼓励各类网络商城、社区、网络交易平台搭建虚拟商圈，并在商圈内开展经营主体信用认证和评价。苏宁云商副总裁范志军在"2015 福布斯·静安南京路论坛"表示，伴随着互联网基础设施和终端的普及，电子商务应用迅速发展。对人、货、场三者之间关系的构建，电子商务打破了"人→货"的零售路径，开启了"货→人"的虚拟商圈发展形态，这个商圈不是存在于哪个城市的地域空间，而是存在于消费者的记忆空间。虚拟商圈是以互联网平台为核心的集成了众多商家、消费者以及相关服务商而形成的互联网商业生态系统（唐红涛、张俊英，2014）。虚拟商圈已经颠覆了传统商圈的空间地理区域限制，通过互联网和移动互联网拓展到整个虚拟空间，从而在规模和业态上都极大拓展了商业空间发展格局。更加重要的是，虚拟商圈不像传统商圈一样仅仅局限于买卖双方的交易行为，而是拓展整合了整个商贸流通各个环节，从金融支付、商贸信息、物流体系等形成一个完整的商业生态闭环，众多企业在虚拟商圈内部不断演化升级，推动虚拟商圈生态结构不断成熟，形成了电子商务中的"小前端、大平台、富生态"的虚拟商圈生态格局（姜奇平、曹小林等，2013）。为保持虚拟商圈的生态多样性，应鼓励发展以租为中心的分享型经济，使生态型商业破解"搭便车"难题。

虚拟商圈作为互联网和移动互联网时代最典型的商业生态系统的表现

形态，其内部生态结构以及演化过程目前尚未展开深入研究，我们希望通过对虚拟商圈内部生态系统这一"黑盒"进行解析，发现虚拟商圈发展演化的一般规律，这对于促进形成良好的虚拟商圈生态系统，推动电子商务领域的健康发展都是极为有益的。

（二）虚拟商圈生态系统的结构及其相互关系

1. 虚拟商圈生态系统结构

（1）虚拟商圈生态主体。我们认为虚拟商圈生态主体是在虚拟商圈生态体系中，为了自身的生存与发展，通过利用自身的资源优势、不断调整自身竞争策略以适应环境动态发展的行为主体或组织单位。我们把虚拟商圈内的生态主体根据它们在产业中所处的价值链位置分成了五类：平台服务商、商家、消费者、专业服务商、增值服务商。

（2）虚拟商圈生态环境。指的是能够影响虚拟商圈生态主体生存与发展的各种因素。就像在自然界的生态系统内，温度、湿度、土壤、水分都是动植赖以生存的环境因素，其中任一因素的变化都会影响到环境内各物种的生存。在众多影响虚拟商圈生态主体的因素里，我们认为资源供给、用户需求、技术发展和商业模式是起决定性作用的关键因素，这些因素的交互作用是生态群落不断进化、演进的主要驱动力。

（3）虚拟商圈生态调节。指的是维持虚拟商圈平衡和稳定的运行机制。就像生物系统具有种群数量调节、自然选择机制一样，虚拟商圈生态系统也存在这样的机制使得系统中的生物与环境资源趋势协调。根据调节机制的不同性质，我们把国家、行业主管机构对行业的战略发展导向、政策法规制定定义为外部调节，把资本逐利、行业竞争、优胜劣汰这样的市场内在调节机制定义为内在调节机制。

也就是说，从产业生态发展的宏观角度而言，产业主体、外部环境及调节机制是虚拟商圈发展的自变量，虚拟商圈的动态发展是因变量，是各种因素综合交互的结果。从生态个体发展演进的微观角度而言，企业主体只有顺应生态系统环境和调节机制的动态变化，主动迎合市场、技术等环境变化的趋势，才能在充满竞争的生态系统中生存发展。

2. 虚拟商圈生态系统的相互关系

在互联网产业生态系统中，我们把在一定时期、一定地域范围内的同类型企业或组织机构的集合称为种群。如提供互联网接入服务的企业可以组成一个种群，提供即时通讯软件产品的企业或个人是一个种群，提供各种综合信息的门户网站可以组成一个种群等。

考虑到互联网产业内企业的多元化经营，一家公司往往同时覆盖硬件、软件、内容服务等多项领域，因此我们把这类公司下属不同业务种类的组织职能机构定义成不同的互联网生态主体，它们有相同的业务范围并提供类似的产品与服务，以保障一个种群内主体的同质性。

（1）种群内关系。

根据生态学原理，同一种群内的主体所依赖的资源相同，所占据的生态位相同。从经济学上看，企业是以追求利润最大化为目标的营利性组织，因此互联网产业同一种群内的关系总是以竞争为主。种群内的竞争和密度紧密相连，在有限的环境所提供的资源有限中，种群数量越多，对资源的竞争就越激烈，资源的稀缺又严重影响企业个体的发展，从而导致竞争能力弱的企业或个人可能就此退出园区或基地，甚至消亡，只有竞争能力强的企业才能生存下来。因此，种群内竞争具有调节种群数量动态的功能。

（2）种群间关系。

借鉴生态学中的种群间关系，根据虚拟商圈的构成及特点，我们把该产业的种间关系归纳为以下几种：

一是相互独立。在虚拟商圈中，由于种群之间的目标客户、技术资源不同使之间的生存与发展互不影响，相互独立。通常这些种群之间的生态位交错，互不重叠。如电子商务种群企业和的电子商务种群企业虽然都是从事网上交易的企业，但是它们针对的用户完全不同，前者针对个人用户而后者针对企业用户，因此两者可以和平共处。

二是竞争。在虚拟商圈中，种群与种群之间的竞争是指某一种群的存在和发展对另一种群的发展产生抑制作用，通常表现为共同竞争同一资源，如门户网站和搜索网站之间对于企业上网用户的竞争。竞争很多时候可能对种群的发展起到抑制作用，但竞争也是群落发展的主要动力。另外，如果不同种群之间为争夺有限资源进行竞争，而在抵御外敌方面实行协作，则能最终促进生物群落的平衡发展，这就是协同竞争。

三是捕食。该现象主要体现在技术的演替过程中。如分类门户网站和搜索网站就是这种捕食关系。作为分类网站的替代者，搜索网站能从竞争中获得分类网站的现有用户资源，取得收益，而分类网站则是这种竞争关系的被捕食者。

四是互利共生。互联网产业中的互利共生表现为两种群紧密合作，一个种群的存在对另一个种群的发展起到促进作用，两个种群能够互惠互利，协同共生。如电子商务平台种群和电子支付平台种群，电子商务平台可以依靠支付平台所提供的可靠技术与服务来保障用户支付的安全，解决互联网购物的后顾之忧支付平台也可以依靠电子商务平台的巨大访问量，迅速拓展自身的用户群。通过两者互相利用资源，从而实现协同发展。

五是偏利共生。互联网产业中存在一种寄生种群两种，它们依赖于其他种群而存在，它们往往共享用户或者某些关键资源，一旦寄主灭亡，寄生种群也将随之灭亡。比如在互联网产业中虚拟物品交易种群就依赖于游戏厂商种群。前者的用户完全是后者用户的子集，因此如果游戏厂商种群消亡，虚拟物品交易种群必然消亡。

(三) 虚拟商圈生态结构的特征

1. 系统成员共同进化

共同进化分成两种情况：一种是处在同一价值链的企业，在任何成员核心能力下降时，都可能弱化系统整体的竞争力。每个成员在积极地自我完善的同时，应当通过投资、赞助等方式来促进供应商、配套厂商、顾客及相关参与主体的共同进化。另一种情况是竞争对手之间的系统同发展，即各自通过自身优势的增强而超越竞争对手。

企业要生存就必须及时地进行自我调整去适应变化迅猛的外部竞争环境，在增强自身抵御能力的同时，应关注密切相关的企业是否也得到了同步的发展。随着竞争的不断升级，企业会发现自身的力量已经不能在资金、研发、技术等方面胜任，此时，合作、共同研发对企业双方都产生利益价值。这不仅使顾客得到更多的满足，而且双方企业也在合并中得到了加强。可见，商业生态系统中企业之间是分工协作的，企业被包围在一种竞争和合作的相互转化的过程中，在这个过程中，各企业都得到了进步，增强了适应外界环境的能力。

虚拟商圈生态系统中，共同进化已成为企业市场活动和竞争的共同目的。每个成员在自我改善与改造的同时，都必须对系统中其他成员加以关注并积极配合以协调一致，同时，其他成员也应该相应对自己进行改进并努力实现共同目标。这种生态环境的形成和进化取决于市场主体，即各个企业的有序规范的市场行为。同时，这种共生环境同样不排除竞争，其本质的要求同样是共同进化。

2. 系统更新迭代速度快

随着技术进步与虚拟商圈生态系统的不断成熟与完善，整个过程中将会持续更新与优化,参与主体多样化、环境的复杂性决定了电子商务系统的不断更新升级。对于传统商业生态系统而言,高速的更新特征只会在衰退阶段出现。

3. 核心企业的领导地位

互联网所具有的正网络效应,使核心企业对其客户的价值随着客户数增加而指数型增加。在电子商务环境下,围绕一个核心电子商务企业的集群化现象明显,随着生态系统的扩大,更多的支撑性、寄生性因素涌入,围绕核心企业实现价值创造、价值共享以及共同进化。

4. 系统边界的模糊性

由于虚拟商圈生态系统参与主体与市场环境的不断扩张降低了信息共享成本,突破了地域限制,由此衍生出了与交易相关的各类增值服务。与一般的商业生态系统专注于特定领域不同,电子商务系统本身的多样性促使其系统边界随着生态系统的扩大不断延伸,以更好地满足客户需求。

5. 较高环境威胁

当前电子商务仍是上升势头迅猛的新兴行业,其发展模式、技术支持与政策环境等都没有定型,伴随着系统的高速更新,各种不确定性也在不断提升。因此,与传统商业生态系统相比,其面临衰退和死亡的威胁更高。外部经济环境、法律环境的变化也将对虚拟商圈生态系统的发展产生不同程度的冲击。

(四)虚拟商圈生态结构演化的一般路径

虚拟商圈是一个复杂的生态平台,在其中聚集了包括电子商务平台、商家、消费者、物流企业、金融机构、广告公司、培训机构等主体,每个主体都是使该生态系统中信息流、商流、资金流和物流得以实现的重要参与者,随着平台中各种资源的聚集,他们自身会随着时间的变迁不断成长壮大。同时,处于虚拟商圈之中的各个主体之间存在复杂的相互作用关系,作为各种产业和利益链条上的一环,各主体之间往往同生共荣,这种内生成长动力和相互作用共同构成了虚拟商圈生态系统的自组织内生动力。借鉴 Moore 的生态学理论,我们可以构建一个基于动态视角的虚拟商圈生态结构演化概念模型,从抽象意义层面看,将虚拟商圈生态结构的演进过程划分为四个阶段:萌芽期、成长期、繁殖期、分化期(见图 5-1)。同时,为了精确区分虚拟商圈各个经济主体的属性,我们定义了虚拟商圈生态结构演化系统的变量,见表 5-1。

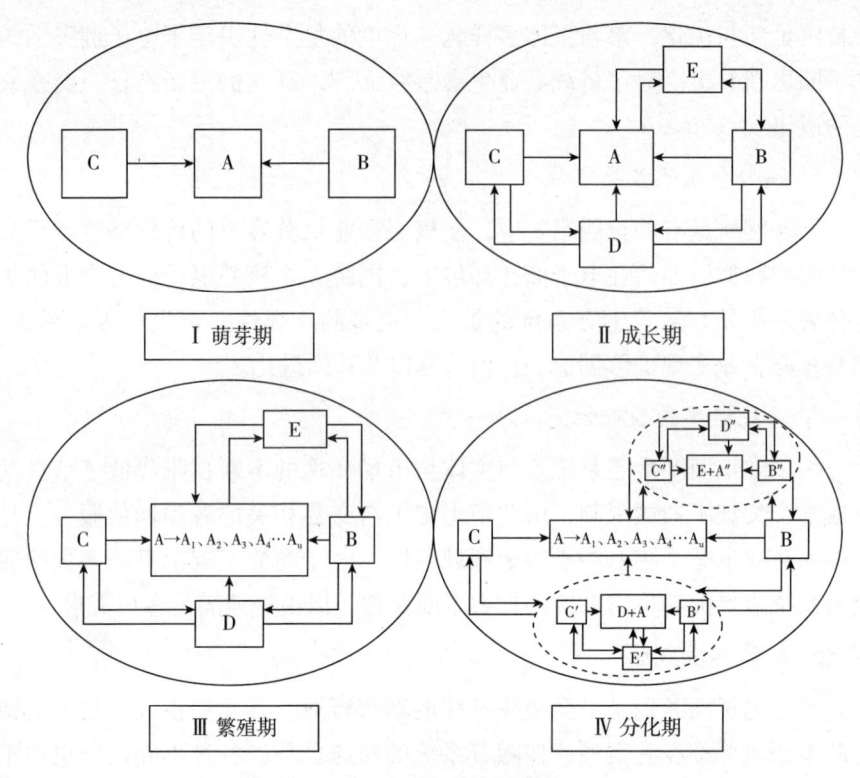

图 5-1　虚拟商圈生态结构演进示意

表 5-1　　　　　　　　　　虚拟商圈生态结构变量

变量	主体	功能	关系
A	平台服务商	聚合资源与协调分配	所有主体的载体
B	商家	网络交易产品或服务提供者	与平台 A、专业服务商 D、增值服务商 E 有关联
C	消费者	网络交易产品或服务的接受者	与平台 A、专业服务商 D、专业服务商系统 D′有关联
D	专业服务商	为网络交易(包括消费者和商家)提供必要的专业服务,包括金融机构、物流公司等	与平台 A、商家 B、消费者 C 都有关联
E	增值服务商	为网络交易(主要是商家)提供增值的专业服务,包括技术外包商、广告服务商、培训机构、认证机构、教育机构、政府机构等	与平台 A、商家 B 都有关联
A1、A2…	平台 A 分裂的各个子平台	当平台 A 规模超越临界值,为了更大限度利用现有平台,分裂为各个子平台有利于整个虚拟商圈发展	

续表

变量	主体	功能	关系
D′	新的专业服务商	同 D	基于自身发展形成新的虚拟商圈
E′	新的增值服务商	同 E	基于自身发展形成新的虚拟商圈

从表 5-1 的描述中可以看出，各主体本身在虚拟商圈中都有明确的功能与定位，任何主体的存在和出现都不是多余的，只是不同主体的出现可能存在先后，有些主体是当虚拟商圈成长到一定规模才逐渐产生的，这种现象在虚拟商圈实践过程中很常见，比如专为网店拍摄宣传片的模特、网店装修师等等新兴行业和职业的出现，正是这种状况的真实写照。

为了更好地描述各个经济主体与其他变量的关系以及它们各自的特征与演化过程，我们构建了图 5-1 的概念模型，对虚拟商圈生态系统内部的相互关系以及成长路径进行描述。

第Ⅰ阶段：萌芽期。该阶段一般指虚拟商圈的初创和形成期，严格意义上的商业生态系统在这一阶段还未形成，通常只有平台、商家、消费者存在。一般而言，虚拟商圈的形成过程中，最先出现的应该是平台，平台的搭建是整个电子商务系统的核心，正如传统商圈形成过程中首先出现的是自发形成的集市，其作用类似于生态体系中的土壤，商家与消费者依附在平台之上，三者构成相互平衡、互利共生的系统。但在这一阶段它们之间的相互依存关系较弱，因为缺乏规模效应，平台本身的网络外部性并没有显现，从而使虚拟商圈各主体之间的交易效率没有显著性提高。但是作为一种新的商业渠道，为吸引更多的交易主体进入系统中，平台在这一时期通常采取免费定价策略，因此对于商家和消费者来说加入平台的边际收益虽不稳定但边际成本极低，也就愿意往平台上聚集，这便构成平台萌芽期成长的基本动力。我们将这一阶段称为萌芽期，如蜜芽宝贝等具有特色经营理念的团购商城正在经历这个阶段。

第Ⅱ阶段：成长期。作为双边市场的平台为聚集更多的交易主体会不断完善平台的功能，以改善交易体验、降低交易成本，如将支付、物流等服务整合到平台上来，形成完整的交易闭环。作为电子商务交易过程中的重要环节，不论是支付还是配送，都直接影响交易效率和交易体验，因此需高效率的专业机构来提供服务，由此，专业服务商和增值服务提供商便出现了。通常，在平台发展初期，此类专业服务多由第三方专业机构提供，也就是图 5-1 中所示的 D 和 E。在这一阶段中，虚拟商圈生态系统从初始的平台、商家、消费者，发展到最后的包含专业服务商和增值服务商在内的完整的生态系统。平台、专业服务商、增值服务提供商为商家和消费者提供服务，并依托平台成长，但同时它又是一个个独立的个体，与商家和消费者之间相互依存。这个生态系统内部的利益链关系不断完善、日趋复杂，我们称这一阶段为成长期。随着商家进驻的数量以及消费者人数的增多，平台不断壮大，平台成长到一定规模之后就有可能将此类专业服务内部化，进而增强平台自身的垄断地位。例如，京东自营物流，阿里的支付宝的案例。

第Ⅲ阶段：繁殖期。随着平台聚集的资源越来越多，虚拟商圈生态系统内各个主体规模随之不断扩大，平台自身的规模和容量必须与生态系统内部各主体之间的成长相适应，否则该商业生态系统便会失去平衡。因此，当平台规模扩张到一定阶段便开始了自我繁殖，以保持整个系统平衡。当然这种繁殖不是简单的复制，通常是基于相同的架构和原理通过不同的包装推出新的子平台或频道。这些子平台或频道归属于原母平台，主要起到为母平台分流或引流的作用。相比于第Ⅱ阶段，这一阶段中平台开始通过分裂进化进行扩容，但其在整个生态系统中的地位和作用并未发生改变，平台与其他主体之间的关系也未发生本质变化，我们将这一阶段称为繁殖期。

第Ⅳ阶段：分化期。当虚拟商圈生态系统内部各个主体都发展壮大到相当规模，会发生自我演化甚至是外溢的现象。我们将这一阶段称为分化期。即本身为平台、商家和消费者提供服务的专业服务和增值服务提供商，由于自身规模不断扩大同时也掌握交易过程中的关键数据，使其与平台之间的关系变得微妙。它们不再像以往一样单方面依附于平台，已经成长为独立的入口。在这一点上，支付宝便是最好的例证。经过十余年的发展，支付宝从最初的植根于淘宝网购平台的单一支付工具，发展成为独立的第三方支付平台，其业务也拓展到阿里系以外的众多视频网站、游戏网站、旅游网站、票务网站、公共性事业缴费以及其他同业竞争的 B2C 平台。此外，顺丰优选、嘿客的出现也正是顺丰速运集团整合渠道资源，充分利用自身优势而开辟新平台的体现。

（五）虚拟商圈生态系统竞争演化仿真

虚拟商圈生态系统的形成和演化过程比较复杂，甚至于现有的理论不能给予完整的解释。虚拟商圈生态系统内部既存在消费者、商家、服务商等微观主体之间的竞争演化关系，也存在着不同虚拟商圈生态系统之间的竞争效应，正是由于这些竞争演化作用的存在才形成了虚拟商圈生态体系。那么，如何刻画这种虚拟商圈生态系统的演化？理论上我们可以通过利用计算机语言进行仿真模拟，即构造一个计算机的仿真平台，通过设定各种变量和参数，各个主体就能够在网络平台范围内进行演化，在这个平台中也能够实现对各种影响因素等的数值模拟。本章主要对第三章虚拟商圈生态系统理论分析内容中虚拟商圈生态系统的演化路径进行计算机仿真模拟，主要针对的是虚拟商圈生态系统的整体演化仿真检验。

1. 仿真实验设计

现实中的城市空间地理外形是多样的，因此实体经济中商圈的形状虽然多种多样，但总可以用某种形状进行描述。但与实体经济不同，在虚拟经济环境下各个经济主体的空间外形没有具体的形状描述，因此虚拟商圈生态系统的演化对外形轮廓并不敏感，且虚拟商圈的边界性难以明确。考虑到虚拟商圈生态系统的空间演化以及仿真设计的便利性，同时为降低实验的复杂度，本书构建了一个"120×120"的空间栅格代表虚拟商圈，商圈生态系统内部的商家、消费者、平台、增值服务商、专业服务商则是该虚拟商圈内部的元素，在仿真模型的运行过程中用不同形状的"点"表示，基于此设计了如下的虚拟商圈生态系统演化过程。

从前面的理论分析中可以看出，虚拟商圈生态系统的演化经历了萌芽期、成长期、繁殖期、分化期四个阶段。为了实现虚拟商圈生态系统自发演进的阶段过程，利用 Matlab7.0 计算机语言建立了仿真环境，为保证仿真实验能体现虚拟商圈生态系统的发展演进历程，实现仿真结果的经济含义和现实价值，做了如下前提假设：

第一，虚拟商圈资源设定。虚拟商圈内部的资源和需求分布不均匀，资源的分布状况由变量决定。虚拟商圈内部资源和需求是相对应的，并有着时序性递增，但是每一个运行周期内资源总量是有限的，因此，虚拟商圈内部的资源能够支撑的商圈主体的增加是有限的。鉴于供给平衡的考量，每个时间周期内元素点的新增数量，由栅格代表的商圈主体的数量决定。

第二，虚拟商圈内部的"点"所代表的不同元素都有一个既定的值，这个值代表商圈发展的规模阈值上限。当达到这个阈值上限时，各个主体开始发生演化——或壮大、或分裂、或分化。同时，为了仿真便利性，我们利用空间栅格限定了虚拟商圈的边界大小，我们并未考虑到虚拟商圈的市场覆盖范围超出设定的虚拟商圈，虚拟商圈的演化分析仅限于所给定的区域内。

2. 仿真结果分析

在虚拟商圈生态结构演化阶段的仿真模拟过程中，我们设定了不同形状的"点"。其中，+代表商家；◆代表平台；◇代表消费者；▽代表增值服务商；☆代表专业服务商，具体仿真演化结果如下。

（1）虚拟商圈生态系统演化初始阶段。初始化模拟环境后，得到如图5-2所示的虚拟商圈生态系统空间演化图。

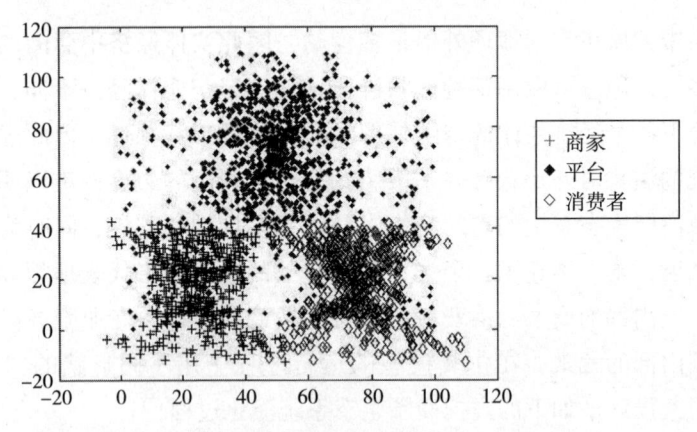

图 5-2 虚拟商圈生态系统演化初始阶段

此时的虚拟商圈生态系统主体成型，规模较小。这对应于虚拟商圈生态系统萌芽期，虚拟商圈生态系统初始形成阶段仅由三个主体——平台、消费者、商家组成，且该虚拟空间结构中消费者、商家和平台的分布已初见雏形，各组织元素点各自聚集的分布在虚拟空间区域中，且各个组织元素聚集的趋势明显，三者构成相互作用、相互统一。在虚拟商圈生态系统发展初期，平台投入较高，周围吸引了大量的消费者和商家。此时，该生态系统中组织结构较单一，消费者的消费偏好和消费习惯等正在初步养成，交易效率较低，与平台、商家之间的相互依存关系较弱。这期间，平台为了提升交易效率，商家为了吸引消费者，会出台一系列的优惠政策（如降低产品价格、发放产品优惠券等）。

（2）虚拟商圈生态系统演化中级阶段。经过数个时间周期的变化，消费者的消费偏好和消费习惯等已经养成，消费者的购买力也相较以前有所提高，平台和商家出台的优惠政策使得该虚拟空间内的消费者数量上升，平台的功能不断完善，虚拟商圈生态系统的演化过程出现了阶段性的变化——专业服务商和增值服务商相继出现，这大大提升了平台的交易效率，降低了交易成本（见图5-3）。

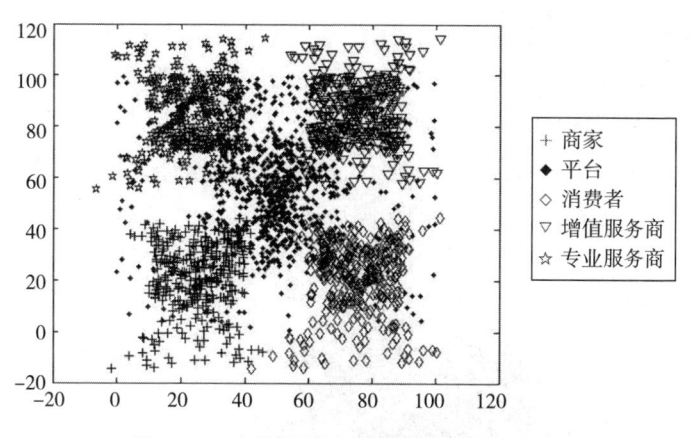

图5-3 虚拟商圈生态系统演化中级阶段

此时的虚拟商圈生态系统主体增多、规模较大。这对应于虚拟商圈生态系统成长期，随着平台的竞相投资吸引流量，扩大用户规模，平台涌入大量消费者和商家，三大主体的内部交易已经不能满足各方的交易体验需求，因此高效率的专业服务商和增值服务商应运而生，且有规律的分布在该虚拟空间内部，也呈现出了明显的集聚效应。此时虚拟商圈生态系统内部结构逐步趋于完整，商圈内部交易效率提高，交易体验改善。

（3）虚拟商圈生态系统演化高级阶段。再次经过数个时间周期的演化，消费者的数量不断增加，消费者的购买力也不断提升，该生态系统内平台、商家、专业服务商和平台服务商的服务能力达到上限，为了保证虚拟商圈生态系统的正常运行，虚拟商圈生态系统进入了演化的高级阶段，此时虚拟商圈生态系统发生了自我演化。

此时的虚拟商圈生态系统主体完善、规模稳定。这对应于虚拟商圈生态系统的繁殖期和分化期。此时的虚拟商圈生态系统已经扩容到5个主体——平台、消费者、商家、专业服务商、增值服务商，但是由于平台的容量有限，且随着平台中用户数量的不断增长，平台的交易的高效率会丧失、交易成本会增加，因此平台必须进行扩容才能满足消费者和商家的需求，这就促进了平台的最先繁殖和进化；同样地，专业服务提供商与增值服务提供商，由于自身的不断壮大也开始逐渐摆脱对原有平台的依附，建立新的独立的平台；与初始平台 A 一样，初始阶段涌入大量消费者和商家，以及新的专业服务商和新的增值服务商来满足现有平台的发展和壮大，于是便产生了一个新的虚拟商圈生态系统。

图 5-4 以增值服务商的自我演化为例①，随着虚拟商圈生态系统各主体的不断壮大，平台的交易效率提升速度不再如之前，当虚拟商圈生态系统的消费者数量达到上限时，平台的交易效率将会大幅降低，成本快速增加，增值服务商的服务能力和服务效率在得到大幅提升，在壮大到相当规模后，增值服务商开始摆脱对原有平台的依附，或许会脱离之前的平台，也或许会壮大到建立以自己为中心的新的平台。这样，虚拟商圈生态系统便由单一转向复杂，多个独立的商圈形成。

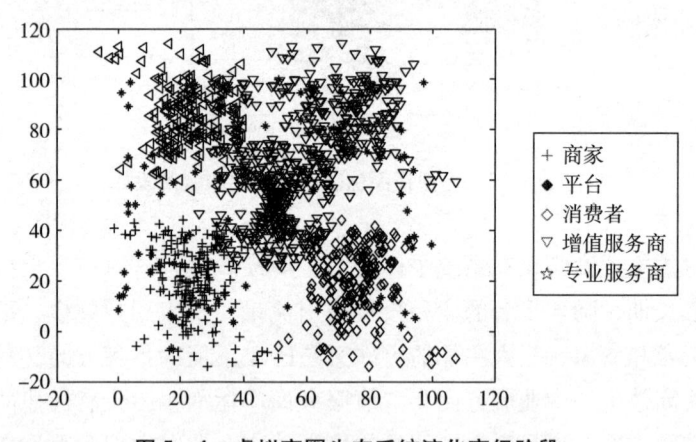

图 5-4 虚拟商圈生态系统演化高级阶段

3. 结论

我们将商业生态系统理论与虚拟商圈相结合，建立起一个虚拟商圈生态系统的概念模型，从理论上深度探索了虚拟商圈生态系统发展的内在机理和运行机制，打开了虚拟商圈生态系统的内部"黑盒"，从中可以发现许多有意义的结论，除了前面论述的虚拟商圈生态系统演化路径之外，还可以发现虚拟商圈生态系统独特的结构特征。

首先，虚拟商圈生态系统演化的内生动力本质来源于各个主体自身的网络外部性以及主体之间的交叉网络外部性，这种外部性会随着各主体自身规模、主体间关联强弱而不断自我繁殖增强；虚拟商圈生态系统演化的外生动力本质来源于作为整体在外部环境中产生的网络外部性价值。

---

① 专业服务商的自我演化过程与增值服务商类似，因此不再单独列出。

其次，虚拟商圈生态系统演化过程可以分为萌芽期、成长期、繁殖期和分化期，其中这几个时期的界限以及拐点的划分是值得进一步深入探讨的。更进一步地说，虚拟商圈生态系统是否有边界，演化是否有临界点，从理论分析看是必然存在的，即网络外部性的效应与其他负面影响的作用形成均衡，但从现实上看，由于虚拟商圈生态系统中电子信息技术的不断进步升级，导致虚拟商圈内部交易成本的降低幅度和交易效率的提升幅度都达到前所未有的高度，因此临界点往往难以测定和实现。另外，核心电子商务平台的分化和新虚拟商圈生态系统的出现又从结构层面实现了虚拟商圈生态系统的演化。

最后，虚拟商圈生态系统演化过程中最为重要的元素是平台，它关联着系统内部所有其他主体，影响着其他主体的演化发展过程，其自身也会通过平台分裂实现深层次的演化。本文利用计算机仿真清晰且直观地模拟了虚拟商圈生态系统的整体演化过程，通过不同演化参数的设定、演化环境的仿真在计算机平台上实现了虚拟商圈生态系统演化过程的全模拟。借鉴一些生态学的理论，我们也可以对一个成熟的虚拟商圈生态系统进行定性评价，从虚拟商圈生态系统的复杂性、多样性、强壮性以及虚拟商圈生态系统演化的非线性、自组织性等对虚拟商圈生态系统进行深度分析和评价。

（六）虚拟商圈内生动态演化经验分析——阿里巴巴

1. 阿里生态系统的结构组成

阿里巴巴集团目前被认为是中国最大的电子商务上市集团，其主要业务涵盖了在线交易平台、网上商城、第三方支付平台、生活服务社区、在线商务管理软件服务平台等，由阿里系的电子商务服务、蚂蚁金融服务、菜鸟物流服务、大数据云计算服务、广告服务、跨境贸易服务、前六个电子商务服务以外的互联网服务在内的七大板块构成[1]，吸引了一大批的供应商、批发商、零售商、代理商、消费者这一完整供应链条以及金融机构、"三通一达"等物流公司、广告服务商等的加入，各个主体以各种方式存在于阿里这个大平台之上，他们之间相互依存、环环相扣、共同成长，形成一个完整的生态系统，见图5-5。

---

[1] 另一种说法为淘宝、一淘、天猫、聚划算、阿里国际业务、阿里小企业业务和阿里云共七个事业群。

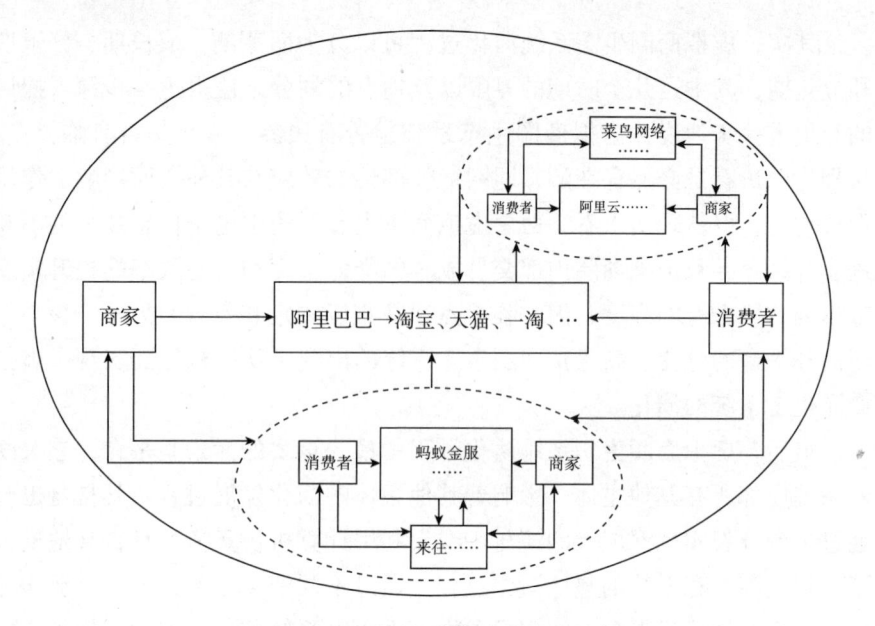

图 5-5　阿里巴巴内部生态系统演化

从图 5-5 我们可以看到，在阿里巴巴发展初期，仅有淘宝平台、商家、消费者的存在，此时三者之间相互依存，共同成长；随着淘宝经营模式的创新、服务的改进，进驻的商家和消费者的数量越来越多，平台逐渐壮大；进入成长期后，支付宝、物流等专业服务商逐渐进入阿里巴巴生态系统，阿里的格局也基本确立；在进化期，阿里妈妈、阿里云计算等广告、科技服务机构进入平台，阿里巴巴生态系统逐渐完善建成；随着政策、经济等社会环境的变化和来自竞争对手的压力，阿里巴巴生态系统进入稳定的进化阶段。

总的来说，阿里巴巴生态系统的结构组成与虚拟商圈生态系统的结构组成基本一致。其中领导种群即承担资源整合和分配角色的核心电子商务企业为阿里巴巴，在阿里巴巴生态系统演化后期分裂为多个子平台——淘宝、天猫、一淘、聚划算等；关键种群为网络交易或服务的提供者及接受者，主要包括分布在阿里巴巴平台周围的消费者、商家等，在平台的服务之下进行网络交易；支持种群为承担网络交易或服务帮助者角色的专业服务商——蚂蚁金服、菜鸟网络、阿里云、来往、飞猪旅行、阿里妈妈等，这些系统主体的专业化极大地促进了阿里巴巴生态系统的交易效率和服务体验；寄生种群为存在于阿里巴巴生态系统内部的众多增值服务商，依赖于系统平台和系统内部其他主体存在，主要包括广告服务商、培训机构等，这些机构分布散而广，且更新率较高。

表 5-2 阿里巴巴集团主要事件概览

年份	事件
1999	3月,阿里巴巴网站上线
2001	6月,推出国际站"诚信通"服务
2003	5月,淘宝网成立
2004	12月,支付宝成为独立第三方平台
2005	8月,收购雅虎中国
2006	10月,收购口碑网
2007	1月,成立阿里软件; 11月,成立网络服务平台阿里妈妈
2008	4月,淘宝商城上线; 6月,口碑与雅虎中国合并,成立雅虎口碑; 9月,提出"大淘宝"战略,成立阿里研究院
2009	9月,阿里云成立,并收购"中国万网"
2010	3月,聚划算上线; 4月,全球速卖通上线; 6月,一淘网上线; 8月,推出"手机淘宝"客户端
2011	6月,淘宝网拆分:淘宝网、淘宝商城、一淘网,"大淘宝"战略升级为"大阿里"战略; 10月,聚划算成为独立平台
2012	1月,淘宝商城正式更名为"天猫"; 7月,业务调整为7个事业群:淘宝、一淘网、天猫、聚划算、阿里国际、阿里小企业业务、阿里云
2013	5月,菜鸟网络成立; 9月,来往上线
2014	2月,天猫国际上线; 10月,成立蚂蚁金融服务集团; 10月,淘宝旅行成为独立平台,并更名为"去啊"
2015	进行各项战略投资与合作:"易传媒、魅族、圆通、联合利华、苏宁、麦德龙、梅西百货、优酷土豆、五矿集团、国际足联、南华早报、饿了么、淘宝电影、娱乐宝资产"等; 12月,成为首家直接接入国家CCC认证信息数据库的电商平台

续表

年份	事件
2016	进行各项战略投资与合作:"韩国 SM 娱乐、蚂蚁金服"等; 2 月,与国家发展改革委签署结合返乡创业试点发展农村电商战略合作协议; 4 月,合一集团(优酷土豆)正式完成私有化; 成为国际反假联盟(IACC)首个电商成员; 5 月,合并"闲鱼"和"拍卖"; 7 月,并购"豌豆荚";
2017	2 月,签署区域零售商——百联集团; 3 月,全资收购大麦网; 11 月,与 Auchan Retail S. A. (欧尚零售)、润泰集团达成新零售战略合作; 12 月,投资中国电动汽车创业公司小鹏汽车
2018	2 月,与万达集团在北京签订战略投资协议; 与北京居然之家投资控股集团达成新零售战略合作

资料来源:阿里巴巴官网、阿里研究院、百度搜索等。

表 5-2 详细记录了阿里巴巴集团自成立以来的主要事件,纵观 1999~2018 年阿里巴巴的发展历程和成长轨迹,可以发现,阿里巴巴生态系统正是随着企业生命周期的发展不断演化和走向成熟。

2. 阿里巴巴生态系统发展历程

阿里巴巴成立于 1999 年,至今只有 15 年的时间,但纵观其发展过程和成长轨迹,结合企业在业务模式、经营规模和产业市场等方面的特征,也体现出一个相对完整的生命周期,基本可以确立为初创期、成长期、繁殖期、进化期四个阶段(见表 5-3)。

表 5-3　　　　　　　　阿里巴巴生态系统的演化

演化路径	时间划分	电商系统演化	部分电商种群
初创期	1999~2002 年	电商种群	阿里巴巴网站
成长期	2003~2011 年	电商生态链	阿里巴巴网站、淘宝网、支付宝、阿里妈妈等平台
成熟期	2012~2014 年	电商生态圈	阿里巴巴网站、淘宝网、支付宝、阿里妈妈、淘宝商城、天猫、聚划算、一淘网、阿里云、阿里小贷、阿里国际、阿里小企业等平台及业务
进化期	2014 年至今	电商生态系统	在现有生态系统下不断更新迭代

资料来源:李华军. 阿里巴巴商业生态系统演化及其投融资战略协同——基于生命周期的视角 [J]. 财会月刊, 2015 (7):96-99。

(1) 阿里巴巴生态系统初创期。初创期（1999~2002年）。1999年，以马云为首的18人创建阿里巴巴集团，这标志着阿里巴巴公司初创期的开始。这一阶段经历了从无到有，成员规模处于稳步上升阶段，许多中小企业纷纷加入阿里，使得阿里巴巴生态系统有了一定的商家和消费者基础，并初具规模。在初创阶段，阿里巴巴生态系统的结构组成非常简单，只有商家、消费者、阿里巴巴平台以及部分必要的专业服务商存在。在这一阶段，生态系统发展尚不完善，阿里巴巴这一核心平台起到至关重要的作用，比如，对入驻平台的传统商家提供咨询、营销等网络服务来引导激发和吸引客户需求。随着盈利的开始以及基本电商模式的确立，阿里巴巴初创期结束，开始步入成长期。

(2) 阿里巴巴生态系统成长期。成长期（2003~2011年）。2003年，中国互联网发展速度飞快，网民用户从2000年的2250万人增加到7950万人，计算机数量从892万台增加到3089万台[①]，随之，阿里巴巴生态系统也进入了爆炸式增长阶段。

在这一阶段，阿里巴巴生态系统的规模不断扩大，同时衍生出各种第三方服务商，系统内部的机能不断完善，交易效率不断提高。这一阶段，阿里巴巴采取了一系列经营运作活动，2003年5月，阿里巴巴成立电子商务交易网站——淘宝；2005年底，淘宝网在线商品数量超过1300万件、网页日浏览量突破9000万、注册会员数量突破1300万人，全年成交额超过80.2亿元，占据国内同类市场72%的份额；2004年7月，在线交流工具——阿里旺旺上线，能够实现交易双方的实时沟通，极大地提高了交易效率，降低了交易成本，2005年淘宝交易额由上一年的23亿元增长到80亿元；2004年12月，阿里巴巴生态系统推出第三方支付工具——支付宝，解决了系统内消费者的在线支付问题，弥补了当时信用体系不完备的障碍；2005年10月收购雅虎中国、2006年10月注资口碑网，加强了阿里巴巴系统内的生活服务功能，极大便利了系统内部各主体之间的交流和互动，吸引了更多消费者进入系统内部，系统规模不断壮大；2007年1月阿里软件成立、11月阿里妈妈上线，阿里软件为平台内各主体尤其是商家提供了最重要的网络基础设施及软硬件运作平台，方便阿里系统内成员进行业务开展及运作等，阿里妈妈是专门的广告服务商，主要提供网站广告的发布及买卖等，这极大增强了阿里巴巴生态系统的软件开发、在线营销功能；与此同时，2008年淘宝商城上线、2009年9月推出阿里云、2010年3

---

① CNNIC第17次《中国互联网络发展状况统计报告》。

月聚划算上线并于2011年10月正式成为独立平台,阿里巴巴生态系统又进入了新的阶段,开始步入下一阶段。

图5-6列出了2003~2011年阿里巴巴生态系统内淘宝+天猫的年交易额,从中可以得知,整体上来看阿里巴巴生态系统的年交易额呈现增长趋势,且2003~2004年经历了一次爆发式增长,增长率接近4300%,这一年正是阿里巴巴大力发展的一年,消费者和商家体会到使用电子商务进行线上交易带来的极大便利;2004年后淘宝+天猫的年交易额增长速度有所下降,中间偶有小幅波动,但年交易额依然维持在每年增长的稳定水平。总的来看,2003~2011年阿里巴巴生态系统内淘宝+天猫的年交易额经历了爆发式增长,2003年交易额为0.23亿元,2011年交易额为6321亿元,增长了近27482倍。

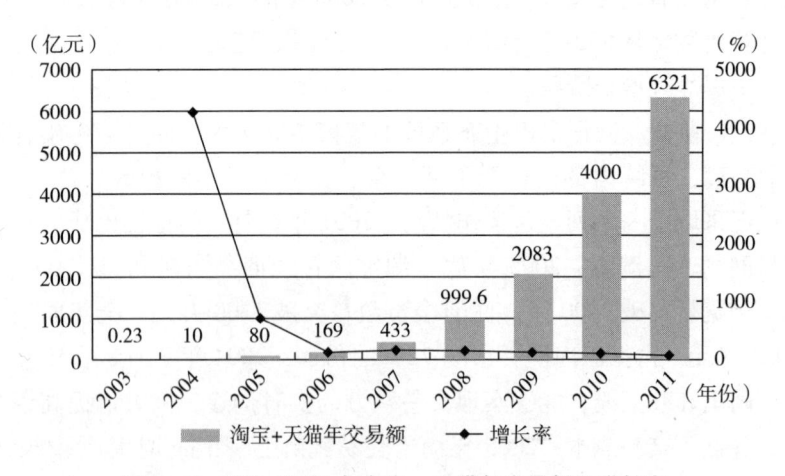

图5-6 2003~2011年淘宝+天猫年交易额及增长率

(3)阿里巴巴生态系统繁殖期。繁殖期(2012~2014年)。这一阶段,阿里巴巴生态系统内成员规模不断扩大直至突破临界点,为了保持系统平衡,系统内部平台出现了自我繁殖现象,通过自我分裂繁殖进行扩容,将系统内部聚集的资源进行分流。

2011年阿里巴巴宣布将淘宝网拆分为一淘网、淘宝商城(后改名为天猫)、淘宝网三个独立平台,10月,聚划算成为独立平台;2012年7月,阿里巴巴进行业务调整,将集团分为淘宝、一淘、天猫、聚划算、阿里国际业务、阿里小企业业务和阿里云7大事业群;2013年1月,对集团现有业务架构和组织进行相应调整,7大事业群变为25个事业部;2013年9月,来往上线;2014年12月,天猫国际上线。

在这一阶段,阿里巴巴生态系统进一步完善,系统内部各个主体都具有相当规模,平台、专业服务商、增值服务商各司其职,阿里巴巴的发展目标是只提供一个独立的平台,增加系统的开放性,生态系统内部个成员能够在平台上自由地交流信息、互动和合作。

图5-7列出了2012~2014年淘宝及天猫各自的年交易额及增长率。从中可以得知,2012~2014年阿里巴巴生态系统内部淘宝、天猫的年交易额总体来说呈现增长趋势,但是交易额增长率在2013年小幅增长后,2014年增长率下降。通过查看表5-3阿里巴巴集团主要事件得知,2013年和2014年阿里巴巴集团进行了两项大的调整:成立菜鸟网络和蚂蚁金服。菜鸟网络和蚂蚁金服是阿里巴巴生态系统内最主要的两个专业服务商——一个承担物流、一个负责金融;2013~2014年是这两项决策的调整期,因此可能导致了淘宝及天猫的交易额增长率出现波动,同时标志着阿里巴巴生态系统进入了繁殖期。

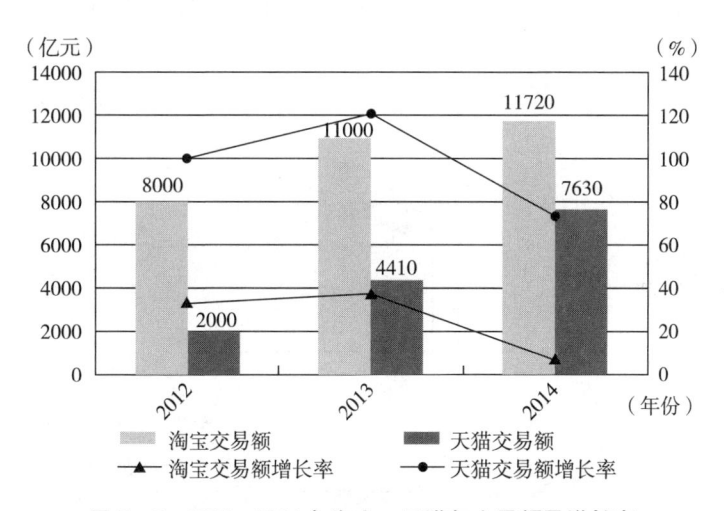

图5-7 2012~2014年淘宝、天猫年交易额及增长率

(4)阿里巴巴生态系统进化期。进化期(2014年至今)。2014年9月,阿里巴巴在纽交所的登陆,标志着阿里巴巴全球化、开放化、协同化、平台化和数据化的电商运营模式建立,也预示着其逐渐步入进化期。

经过繁殖期阿里巴巴生态系统的发展,系统内部的各主体有进一步壮大,这一阶段发生了自我演化甚至外溢的现象。这个阶段的阿里巴巴生态系统随着公司的发展不断壮大,战略方面不再仅仅推出某个平台或者上线某个网站,而是进行了一系列的战略注资、收购,2014年,阿里巴巴投资银泰、恒大、石基信息，收购 UC、恒生电子、高德，2015 年，阿里巴巴以 283 亿战略投资苏宁，成为苏宁第二大股东，阿里巴巴生态系统正在不断扩张自己的生态版图。

自阿里巴巴建立以来，阿里巴巴生态系统中的互联网平台已非常丰富，主要包括：1688 网站（阿里巴巴 B2B 平台）、淘宝网（C2C 平台）、天猫商城（B2C 平台）、聚划算（团购平台）、支付宝（支付平台）、菜鸟网络（物流平台）、阿里妈妈（广告平台）、一淘网（搜索平台）、喵街（实体商业互联网＋平台）、阿里云（IT 服务平台）、去啊（旅行服务平台）。

以支付宝[①]为例，支付宝最初是依附于淘宝平台存在的第三方支付工具，之后发展成为面向整个互联网电子商务网站的开发性支付平台，业务也拓展到阿里系以外的众多视频网站、旅游网站、公共性缴费以及其他同业竞争的平台。经过十余年的发展，支付宝现在已经发展成为以自己为核心平台，商家、消费者、第三方服务商（物流、教育、培训等）聚集的生态系统（见图 5-8）。

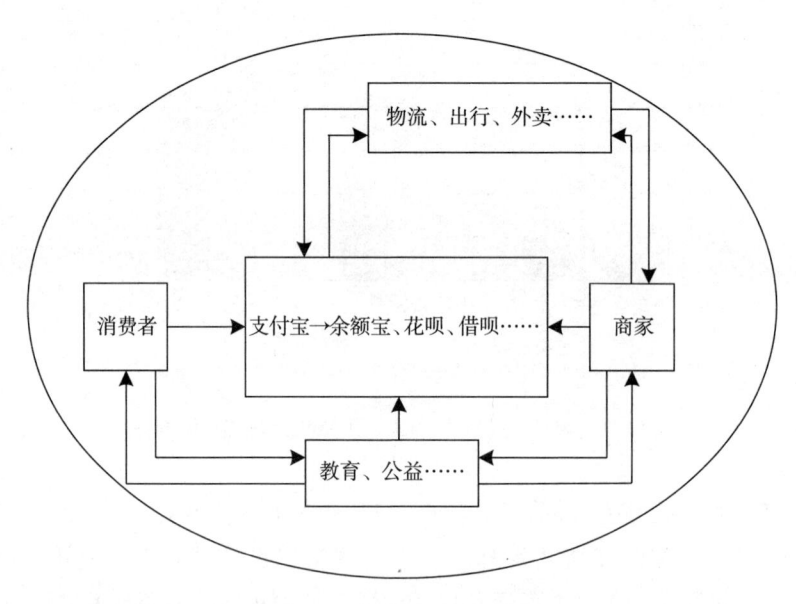

图 5-8 支付宝生态系统

---

① 2014 年 10 月，阿里小微金融服务集团以蚂蚁金融服务集团的名义正式成立，蚂蚁金服旗下包括支付宝、支付宝钱包、芝麻信用、余额宝、招财宝、蚂蚁小贷、蚂蚁金融云、蚂蚁达客等平台。

图 5-9 列出了阿里巴巴生态系统中各个主体的出现时间段，从中可以看出，在阿里巴巴生态系统的演化过程中，各个经济主体的出现时间与图 5-1 的演化过程基本一致，同样经历了萌芽期、成长期、繁殖期以及分化期。在萌芽期，淘宝平台并没有形成规模效应，交易效率较低，为吸引更多商家的进入，阿里巴巴对商家实施免费的策略，吸引商家大量聚集；随着平台和商家的扩张以及消费者的大量聚集，为改善交易体验和提高交易效率，增值服务商和专业服务商等慢慢随之出现；进入繁殖期后，平台的规模会突破一定的临界值，产生自我分裂，2011 年，阿里巴巴宣布淘宝网分裂成为淘宝、聚划算、一淘三个部分；进入分化期后，专业服务商与增值服务商会突破原有的格局，建立以自我为中心的新的平台，建立新的虚拟商圈生态系统。

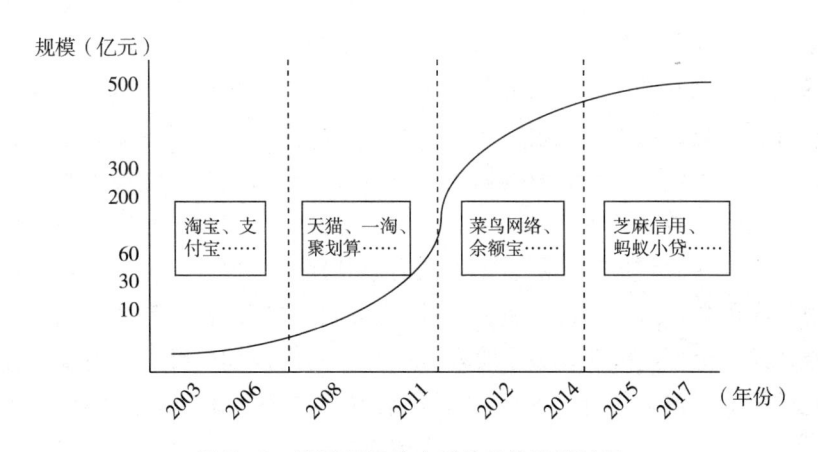

图 5-9 阿里巴巴生态系统总体演进过程

（七）结论与展望

我们将商业生态系统理论与虚拟商圈相结合，建立起一个虚拟商圈内部生态系统的概念模型，从理论上深度探索了虚拟商圈内部生态发展的内在机理和运行机制，打开了虚拟商圈的内部"黑盒"，从中可以发现许多有意思的结论，除了前面论述的虚拟商圈系统演化路径之外，还可以发现虚拟商圈独特的结构特征。首先，虚拟商圈演化的内生动力本质来源于各个主体自身的网络外部性以及主体之间的交叉网络外部性，这种外部性会随着各主体自身规模、主体间关联强弱而不断自我繁殖增强；虚拟商圈演化的外生动力本质来源于作为整体在外部环境中产生的网络外部性价值。其次，虚拟商圈演化可以分为萌芽期、成长期、繁殖期和分化期，其中这几个时期的界限以及拐点的划分是值得进一步深入探讨的，更进一步地说,虚拟商圈是否有边界,演化是否有临界点,从理论分析看是必然存在的,即网络外部性的效应与其他负面影响的作用形成均衡,但从现实上看,由于虚拟商圈中电子信息的不断进步升级,导致虚拟商圈内部交易成本减低幅度和交易效率提升幅度都达到前所未有的高度,因此临界点往往难以实现,另外,平台的分化和新虚拟商圈的出现又从结构层面实现了虚拟商圈的演化;最后,虚拟商圈演化过程中最为重要的元素是平台,它关联着所有其他主体,影响着其他主体的演化发展过程,自身也会通过平台分裂实现深层次的演化。借鉴一些生态学的理论,我们也可以对一个成熟的虚拟商圈进行定性的评价,从虚拟商圈内部生态系统的复杂性、多样性、强壮性以及虚拟商圈演化的非线性、自组织性等对虚拟商圈进行深度分析和评价。

我们对虚拟商圈内部生态结构进行了理论上的和经验上的探索,从四个演化阶段划分及演化过程进行了深入的探讨,但是研究虚拟商圈内部生态结构才刚刚开始,未来研究并将更加深入,而且可以肯定从以下几个方面展开:首先,我们仅仅建立了一个初步的概念模型,事实上,虚拟商圈内部演化可以建立一个完整的模型进行刻画,模型的建立需要经济学、管理学、数学甚至计算机学科的相关知识,但是一个完整的、普适性的模型架构对于深入研究虚拟商圈有极大助力。其次,虚拟商圈的演化过程可以通过详实的数据进行实证分析,通过大数据和数据挖掘工具的使用可以精准地描绘出虚拟商圈演化各个阶段,并计算出内部和外部因素对虚拟商圈演化的影响。最后,计算机仿真能够很好地应用在虚拟商圈演化过程研究,通过不同演化参数的设定、演化环境的仿真可以在计算机平台上实现虚拟商圈演化过程的全模拟。

二、虚拟商圈企业竞争演化

我们将会以虚拟商圈生态系统中的商家为例,构建竞争演化概念模型,利用 Netlogo6.0 对商家间的竞争演化过程进行仿真模拟。

(一)虚拟商圈生态系统竞争演化概念模型

商家即网络店铺是构成虚拟商圈生态系统不可或缺的一个主体,是构成虚拟商圈生态系统的基本单位之一。不同于城市商圈,虚拟商圈生态系统的形成依赖于网络平台,且虚拟商圈生态系统的演化核心和主体是商家

（网络店铺），商家自身的规模、业态变化对于虚拟商圈生态系统的演化形成具有重要影响。因此，描述虚拟商圈生态系统内部竞争演化的核心就在于刻画一个典型商家的竞争演化模型。借鉴唐红涛等（2015）对于城市商圈体系中商业企业演化路径的概念模型，我们建立了以下虚拟商圈生态系统中商家竞争演化的概念模型进行分析：

$$B_{ijt} = f(N_{it}, C_{ijt}, T_{ijt}, Q_{ijt}, R_{it}, k_{ijt}, r_{ijt}, g_{ijt}, \alpha_{ijt}, \varepsilon_t) \quad (5-1)$$

B_{ijt} 代表了该虚拟商圈生态系统中第 i 个虚拟商圈中第 j 个商家在 t 时期的演化状态，这种状态可能为商家规模扩大、缩小或者商家退出平台或市场等，这种演进状态受到以下多种因素的影响。

N_{it} 代表第 i 个虚拟商圈在 t 时期所包含的商家数量，随着虚拟商圈生态系统的演化，系统内部的商家之间也存在竞争演化，这种竞争演化的结果可能为你死我亡一方退出市场，或者共同繁荣商家都发生扩张和分裂。

C_{ijt} 代表第 i 个虚拟商圈中第 j 个商家在 t 时期的原始资本，一般而言，商家的原始资本越高，越有利于商家未来的发展，对虚拟商圈生态系统的演化起到促进作用。

T_{ijt} 代表第 i 个虚拟商圈中第 j 个商家在 t 时期的亏损容忍度，即商家可接受的亏损比例，当亏损达到一定程度时，该商家不再进行下一阶段的运营。

Q_{ijt} 代表第 i 个虚拟商圈中第 j 个商家在 t 时期所吸引的消费者数量，一般说来，商家的规模越大、资本越多，所能够吸引的消费者数量越多，而这些消费者同时又是虚拟商圈生态系统内聚集店铺的客户或者潜在客户。

R_{it} 代表第 i 个虚拟商圈在 t 时期中平台的监管对商家的影响，如果商家能够适应平台的规则，则平台监管对商家的发展有积极作用，反之，如果不能适应平台的监管，则平台监管对商家的发展有消极作用。

r_{ijt} 代表第 i 个虚拟商圈中第 j 个商家在 t 时期的利润率。

g_{ijt} 代表第 i 个虚拟商圈中第 j 个商家在 t 时期的消费者增长率。

α_{ijt} 代表第 i 个虚拟商圈中平台给予第 j 个商家的支持力度，一般说来，平台对于商家的支持力度越大，对商家的发展越有利。而且，平台往往会对主力商家或者规模较大的商家给予大的支持力度，以此享受这类商家带来的大的客流、信息技术流和物流等外部经济效益。

ε_t 代表模型中没有描述的其他因素影响。

在虚拟商圈生态系统的内部竞争演化过程中，随着虚拟商圈生态系统内各种组织结构的聚集，交易成本下降、物流仓储边际成本下降、互补商品的"搭便车"效应等随之出现，消费者购买力不断增加，消费结构不断升级，系统内商家的数量增加、规模扩张，随之带来的是商家间竞争加剧、平台拥堵、假冒伪劣商品爆发等问题，商家的外部经济可能由正转负。因此虚拟商圈生态系统内部的商家规模不会一直无限度进行扩张，总会到达竞争演化的临界点。那么，本章要研究的内容则是，探究在虚拟商圈生态系统内部商家之间的竞争演化过程中，是哪些因素影响了商家的竞争演化？影响力度有多大？竞争演化的结果如何？

公式（5-1）中的各个变量也是影响虚拟商圈生态系统中商家竞争演化的微观影响因素，这些微观影响因素对于商家竞争演化路径的影响作用机理相似，但影响形式有所不同。为了具体探究各个影响因素的作用大小，我们对以上个变量进行赋值，利用 Netlogo6.0 对异质性商家之间的竞争演化过程进行了计算机模拟。

（二）虚拟商圈生态系统内部竞争演化仿真分析

Netlogo 软件具有强大的计算机建模功能，非常适用于虚拟商圈生态系统中商家竞争演化的模拟，在模拟过程中可以清晰看到微观个体随时间的动态变化过程。

1. 仿真模型构建

假设虚拟商圈生态系统中存在两类异质性商家，异质性因素包括：商家数量、原始资本、亏损容忍度、消费者数量、平台监管、企业运营成本比率、利润率、消费者增长率、平台支持力度。在竞争作用的激发下，由于存在不同的异质性参数，不同类型的商家演化趋势不同。

本文分别定义了3类虚拟商圈生态系统竞争主体：消费者（consumer）、商家A、商家B。其中，消费者和商家都是依托平台存在的，具体变量表示如表5-4所示。

表5-4　　　　　　　　　相关变量定义

变量	含义	解释说明
consumer	消费者	平台中唯一的消费者，边际消费倾向为0.8
A B	商家A 商家B	两类竞争主体，两者有类似行为，共享同一群消费者，两者之间的博弈类似于零和博弈
N C	商家数量 商家资本	当商家资本超过一定阈值时，会产生（分化）新的商家，即发生开新店行为
T	亏损容忍度	当商家资本小于一定数量时，该商家会灭亡或退出平台

续表

变量	含义	解释说明
Q	消费者数量	仿真过程中依据马太效应为两类商家分配消费者
R	平台监管	平台的监管会对商家产生一定影响,可正可负
k	运营成本比率	每次演化都存在一定的运营成本支出
r	利润率	每次演化都存在一定的收益
t	消费者收入增长率	消费者收入每年以固定增长率增加,可调节变量
α	平台支持力度	为了简化仿真过程,假设平台只给予商家群体 A 支持

模型中的代理变量为消费者(consumer)、商家 A、商家 B,这三个代理变量都是在仿真模拟开始时生成的,该模型为每个代理变量在仿真过程中特定的标识和视觉跟踪分配特定的颜色,仿真模拟开始生成时,每个代理变量被随机分配。在生成代理变量并形成虚拟商圈生态系统后,消费者依据自己的消费偏好和消费习惯等开始进行随机浏览并搜索和评估产品,在虚拟商圈生态系统中与其他消费者和商家进行交互。在仿真模拟过程中,不同的因素对虚拟商圈生态系统的内部竞争演化的影响不同,属性如下:

(1) 消费者。平台中的消费者每个周期的消费量是自身储蓄的 80%,每个周期的收入函数表示为:

$$(initial\_deposit + consumer\_deposit) \times (1 + t + disturb\_value) \quad (5-2)$$

消费函数表示为:

$$consumer\_cost = consumer\_deposit * 0.8 \quad (5-3)$$

$consumer\_deposit$:本期消费后剩下的储蓄;

$consumer\_cost$:本期的消费量;

$disturb\_value$:[-5%,5%] 间的随机扰动。

另外,在本次仿真模拟中,依据马太效应为两类商家(A、B)分配消费者,根据每个商家的规模(C),正比分配消费者($consumer$)。分配过程为:将所有商家的规模(C)标准化到(0,1]之间,称之为分配指数。

(2) 商家。在仿真模拟过程中,也就是程序执行部分,由描述代理变量动作行为的函数构成,在这个过程中会产生驱动店铺运营、开新店和关店等行为。当商家资本(C)超出一定阈值后,假定商家为获取更多利润开设新的店铺;当商家资本(C)小于一定数量时,商家退出平台。

$$开新店: C \geqslant initial\_ C \times 1.5 \qquad (5-4)$$
$$关店铺: C < initial\_ C \times (1 - T) \qquad (5-5)$$

$initial\_ C$：开设新店的成本，与商家的初始资本相等；

T：商家对亏损的容忍程度。

2. 仿真结果分析

本文通过独立参数试验对上述仿真模型进行了验证，并比较了不同参数变化对虚拟商圈生态系统中商家群体 A 和 B 的竞争演化状态。初始参数设置如表 5-5 所示。

表 5-5　　　　　　　仿真模型初始参数设置

变量	数值
N	50
C	450
T	0.76
Q	500
R	0.10
k	0.20
r	0.30
t	0.10
α	0.00

在最初的实验模拟中，虚拟商圈生态系统中商家群体 A 和 B 的各项指标分配是相同的，包括相同的初始商家数量、原始资本、亏损容忍度、平台监管以及运营成本比率、回报率，且初始时平台支持力度为 0，即平台在初始设定时公平对待商家群体 A 和 B。同时，消费者的初始数量和增长率也是既定的，以上参数都是输入参数，可以通过调试来模拟虚拟商圈生态系统中商家群体 A 和 B 的竞争演化过程。

（1）初始状态。初始参数设置后，我们可以看到图 5-10 输出结果：

图 5-10 中，白色房子表示商家群体 A，黄色房子表示商家群体 B，蓝色人形表示消费者。在虚拟商圈生态系统内，商家群体竞争演化的初始阶段，系统内部成员的分布尚未产生聚集现象的离散状态，50 个商家群体 A 和 50 个商家群体 B 以及 500 个消费者离散地分布在虚拟商圈生态系统内部，此时由于缺乏激发商家群体和消费者进行聚集的基础条件，因此商家群体 A 和 B 以及消费者并没有进行聚集的趋势。

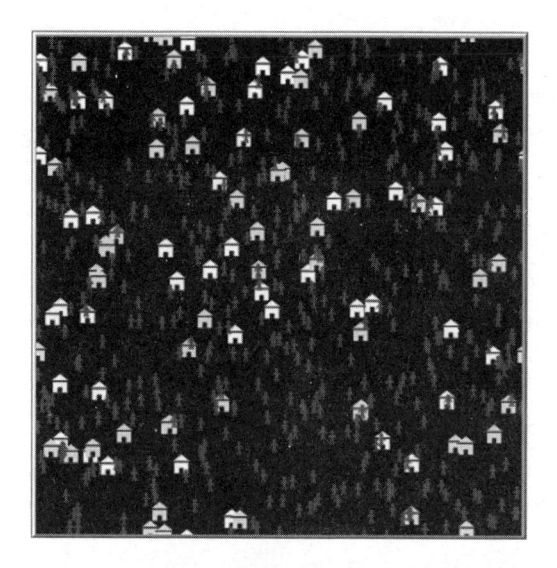

图 5-10 初始状态下商家群体 A 和 B 及消费者分布

图 5-11 中，白色房子表示商家群体 A，黄色房子表示商家群体 B；绿色人形为商家群体 A 吸引的消费者，红色人形为商家群体 B 吸引的消费者。经过数个时间周期的竞争演化后，商家群体 A 和 B 以及消费者的分布均发生了变化。尽管由于初始条件设置相同，商家群体 A 和 B 的演化趋势大致相同，没有发生明显的差别，但是消费者出现了分流，这是由于消费者的购物偏好和消费习惯等的不同造成的。

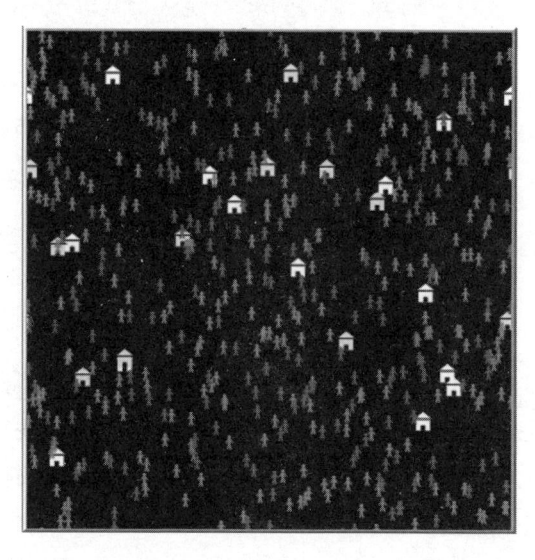

图 5-11 软件运行后商家群体 A 和 B 及消费者分布

图 5-12 显示了商家群体 A 和 B 的竞争演化过程中，商家群体 A 和 B 的数量变化过程。从图中可以明显看到在竞争演化初期，两类商家群体的数量出现了迅速减少的变化过程，之后两类商家群体的数量变化趋于平稳。在 180 多次迭代演化过程中，两类商家群体的竞争演化难分彼此，互相争夺竞争的优势地位。

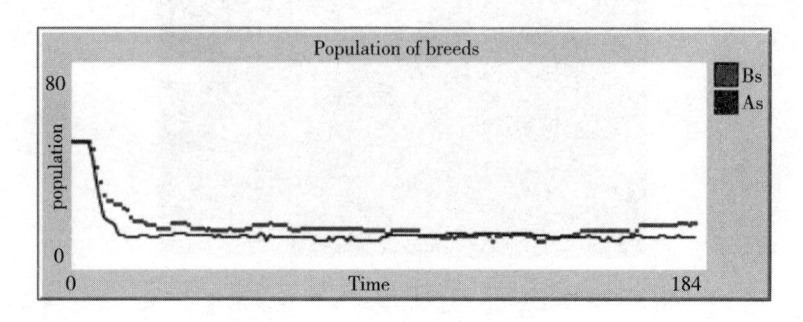

图 5-12　商家群体 A 和 B 数量变化

图 5-13 显示了商家群体 A 和 B 的竞争演化过程中，商家群体 A 和 B 的资本量变化过程。与图 5-12 中两类商家群体的数量变化趋势类似，在竞争演化初期，两类商家群体 A 和 B 的资本量也出现了迅速减少的变化过程，之后两类商家群体的资本量变化逐渐回升并趋于平稳。

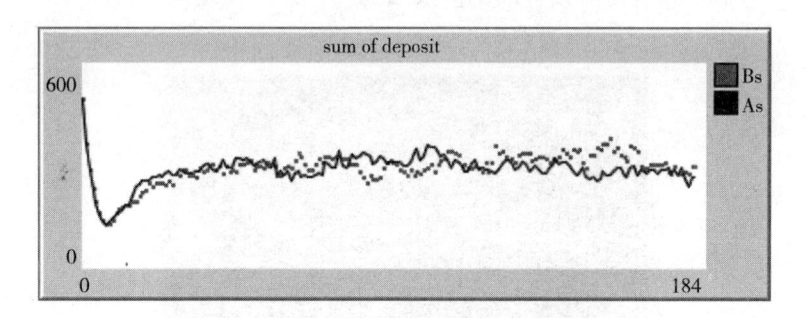

图 5-13　商家群体 A 和 B 的资本量变化

在本次模拟试验中，由于我们对两类商家群体设定的原始参数完全一致，所以我们发现这两类商家群体的演化状态为"你来我往"。而且，一个很明显的现象是，在竞争演化初期，无论是两类商家群体的数量还是资本量都出现了短期的大幅下降趋势。这可能是由于商家群体由于其电子商务的属性，需要强有力的资金支持①，因此在竞争初期商家往往会投入大量资金用于前期消耗，并且电商企业的资本消耗量惊人。在这段时间内，明显资金投入不足的商家经不起市场考验，提前退出市场。在现实中也存在这样的案例，比如说共享单车，前期投入大量资本进入市场，但是后劲不足，共享单车的高损耗率导致维修成本增加、用户体验变差，在很短时间内很多共享单车品牌就提前遭受市场淘汰、退出市场②。

（2）参数变动。为了研究商家数量、原始资本、亏损容忍度、消费者数量、平台监管、企业运营成本比率、利润率、消费者增长率、平台支持力度等异质性因素对商家群体间竞争演化的影响，我们在仿真过程中对上述各参数都进行了设定和变动，研究发现两类商家群体 A 和 B 的竞争演化对亏损容忍度 T 和平台支持力度 α 两个参数的变动反应最为敏感③。具体变动过程如下：

首先，一个变动：T（亏损容忍度）。在其他参数设定不变的情况下，我们将商家群体 B 的亏损容忍度 T 的数值由 0.76 变动为 0.8（见表 5-6），具体结果如图 5-14 所示。

表 5-6　　　　　　　　　　仿真模型参数变动 T

变量	数值
N	50
C	450
T	0.80
Q	500
R	0.10
k	0.20
r	0.30
t	0.10
α	0.00

图 5-14（a）中，白色房子表示商家群体 A，黄色房子表示商家群体 B；绿色人形为商家群体 A 吸引的消费者，红色人形为商家群体 B 吸引的

---

① 义乌小商品市场，一年销售额测算，电子商务主体的融资需求已经超过 150 亿元。
② 悟空单车、3Vbike、町町单车、酷骑单车在短时间内等相继退出市场。
③ 因参数较多，且大多数参数对两类商家群体竞争演化的影响过程较为类似，所以文中对于其他参数的影响过程并未列出。

消费者。与参数设置相同的初始状态不同，在亏损容忍度参数 T 变动后，商家群体 A 和 B 变为异质性群体。经过数个时间周期的竞争演化后，商家群体 A 和 B 以及消费者的分布均发生了明显变化。我们可以看到，商家群体 B 的亏损容忍度参数 T 增大后，竞争演化过程中商家群体 A 明显具有竞争优势，系统内商家群体 A 的数量以及吸引的消费者数量占比较大如图 5-14（a），且在竞争演化后期，虚拟商圈生态系统中只剩商家群体 A，商家群体 B 失去竞争优势而退出市场，如图 5-14（b）。

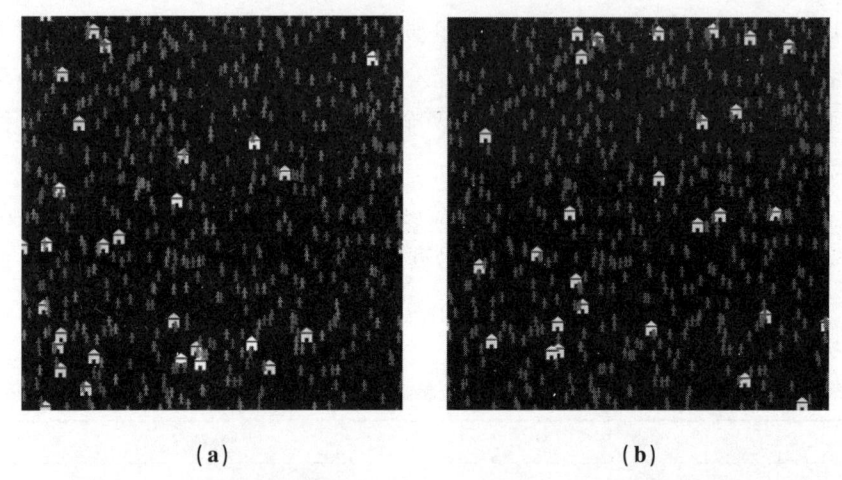

(a)　　　　　　　　　　(b)

图 5-14　亏损容忍度参数 T 变动后商家群体 A 和 B 及消费者分布

图 5-15 显示了当商家群体 B 的亏损容忍度参数 T 增大后，商家群体 A 和 B 的数量变化过程。在竞争演化初期商家群体 B 明显占据优势，并且这种优势在后续的竞争演化过程中一直保持着，商家群体 A 虽然奋力追赶缩小差距，但一直未能反超，直至商家群体 A 在虚拟商圈生态系统中灭亡甚至退出市场。

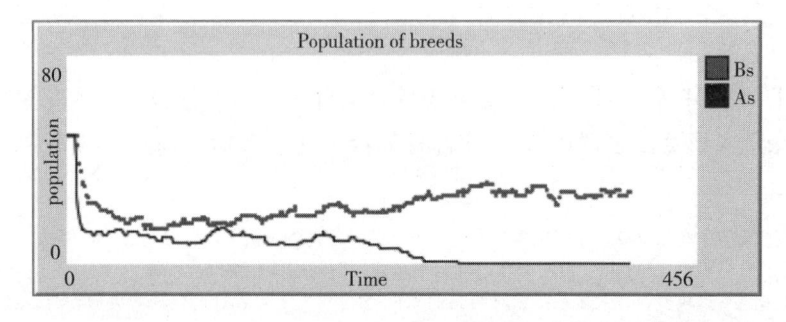

图 5-15　亏损容忍度参数 T 变动后商家群体 A 和 B 数量变化

图 5-16 显示了当商家群体 B 的亏损容忍度参数 T 增大后，商家群体 A 和 B 的资本量变化过程。相较于两类商家群体竞争演化的数量变化趋势，两类商家群体的资本量波动趋势较为明显，且商家群体 A 的波动幅度相较于电商企群体 B 更加明显。因为商家群体 A 的亏损容忍度更小，因此我们看到，尽管商家群体 A 在竞争演化过程中多次发力追赶，但从最终结果来说 A 的后劲不足，最终在虚拟商圈生态系统中灭亡直至退出市场。

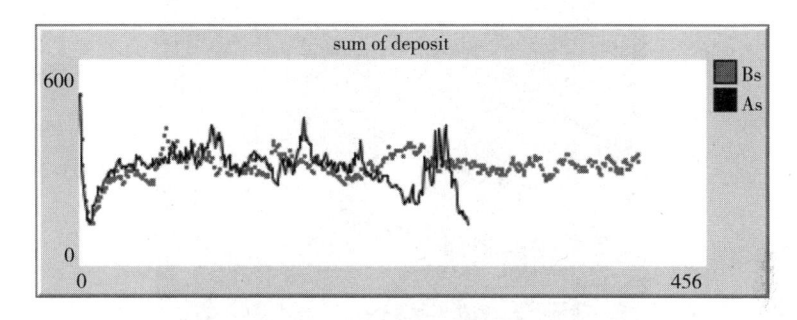

图 5-16 亏损容忍度参数 T 变动后商家群体 A 和 B 的资本量变化

其次，一个变动：α（平台支持力度）。在其他参数设定不变的情况下，我们将商家群体 A 的平台支持力度 α 的数值由 0.00 变动为 0.02（见表 5-7），具体结果如图 5-17 所示。

表 5-7　　　　　　　仿真模型参数变动 α

参数	数值
N	50
C	450
T	0.76
Q	500
R	0.10
k	0.20
r	0.30
t	0.10
α	0.02

图 5-17 中，白色房子表示商家群体 A，黄色房子表示商家群体 B；绿色人形为商家群体 A 吸引的消费者，红色人形为商家群体 B 吸引的消费

者。与亏损容忍度参数 T 变动后的竞争演化状态类似,在经过数个时间周期的竞争演化后,商家群体 A 和 B 以及消费者的分布均发生了明显变化。我们可以看到,商家群体 A 的平台支持力度参数 α 增大后,竞争演化过程中商家群体 A 的竞争优势非常明显,系统内商家群体 A 的数量以及吸引的消费者数量占比较大。

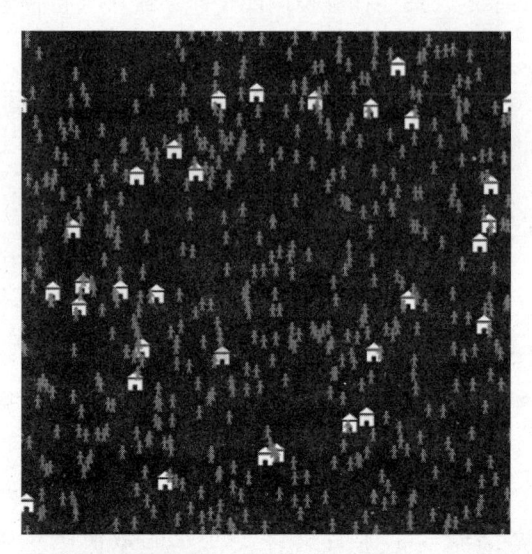

图 5-17 平台支持力度参数 α 变动后商家群体 A 和 B 及消费者分布

图 5-18 显示了当商家群体 A 的平台支持力度参数 α 增大后,商家群体 A 和 B 的数量变化过程。在竞争演化初期商家群体 A 和 B 无明显占据优势的一方,但逐渐地由于平台支持力度的存在,商家群体 A 逐渐显现出优势的竞争地位,并且这种优势在后续的竞争演化过程稳步上升,商家群体 B 在较短的迭代周期中就失去了竞争能力,直至商家群体 B 在虚拟商圈生态系统中灭亡甚至退出市场。

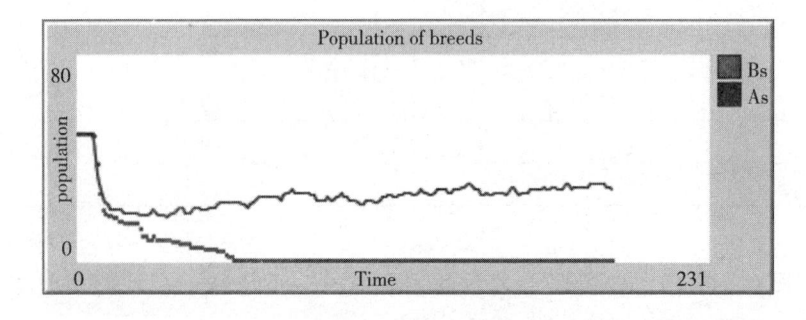

图 5-18 平台支持力度参数 α 变动后商家群体 A 和 B 数量变化

图 5-19 显示了当商家群体 A 的平台支持力度参数 α 增大后，商家群体 A 和 B 的资本量变化过程。与商家群体 A 和 B 数量变化趋势类似，商家群体 A 的资本量在竞争演化过程中一直占据优势，不同的是，商家群体 B 在竞争演化前期和中期一直在追赶商家 A，一度缩小与商家 A 的差距，尽管最后由于资本量不足以支撑自身发展，失去竞争力，最终退出市场。

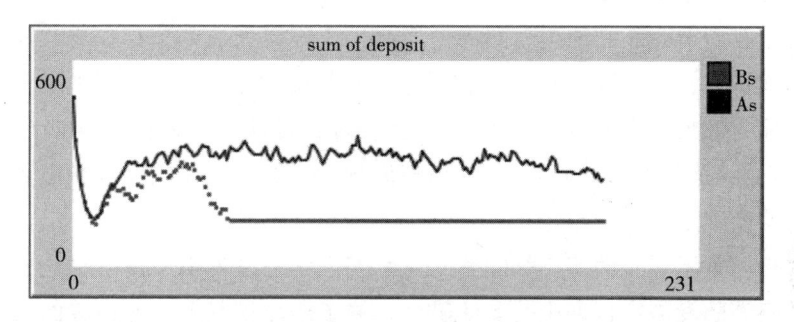

图 5-19　平台支持力度参数 α 变动后商家群体 A 和 B 的资本量变化

通过利用计算机仿真工具对虚拟商圈生态系统内部的竞争演化过程进行模拟仿真，发现在不同参数设定和变化下，不同类型商家群体的竞争演化状态有相似之处但又不同。其中，不同商家群体的竞争演化对平台支持力度、亏损容忍度两个参数反应敏感：亏损容忍度越大，商家灭亡或退出市场的速度越慢；平台对一方的支持力度越大，另一方灭亡或退出市场的速度越快。

三、虚拟商圈边界实证研究

（一）引言及文献综述

直至今日，电子商务和网络经济几乎覆盖各个行业，对国民经济产生了重要影响。据中国电子商务中心数据显示，2016 年中国电子商务交易额 22.97 万亿元，同比增长 25.5%。其中，B2B 市场交易额 16.7 万亿元，同比增长 20.14%；网络零售市场交易额 5.3 万亿元，同比增长 39.1%，生活服务电商交易额 9700 亿元。中国近年来的电子商务交易额增长率一直保持快速增长势头，并以 GDP 增速的 2～3 倍的速率在高速增长。虚拟商圈[①]作为电子商务发展衍生的产物也展现出了相应的变化，阿里巴巴 5.9 亿美元入股魅族，唯品会收购了乐蜂网 75% 股份，麦考林已宣布卖壳，腾讯入股大众点评，入股京东，百度入股 51% 收购糯米网，当当也可能引入战略投资等现象表明虚拟商圈的规模和边界正在扩大发展，同时呈现一种模糊化发展态势。与传统商圈发展边界受到地理约束不同，电子商务时代形成的虚拟商圈更多地受到技术创新、交易成本等非空间因素影响。当然，从本质上看虚拟商圈和传统商圈都是商业企业集聚而成的，存在着共同的商业属性特征，但是传统商圈和虚拟商圈也存在差异，这种区别主要来自商圈主体与形状、商流物流信息流、吸引力和排斥力、外部性等四个方面（唐红涛、张俊英，2007），因此虚拟商圈扩张及其影响因素也必然会形成和传统商圈不一样的路径。

目前关于虚拟商圈扩张的研究并不多，本书主要借鉴传统理论来结合虚拟商圈的发展进行理论及实证研究。关于企业扩张及企业边界的最早描述是斯密定理的市场限制劳动分工假说。马歇尔以来的新古典经济理论侧重企业生产分析，认为企业以利润最大化为原则选择企业最佳规模。科斯（1937）用交易费用解释企业存在问题，他认为可以通过优化管理来减少市场配置成本，并且组织成本和交易费用节约也会影响企业边界和企业规模。威廉姆森（1975，1985）的资产专用边界论将资产专用性、交易不确定性、交易频率作为交易成本的三种维度。资产专用性越高，企业越倾向于扩大边界以节约交易成本，反之，资产专用性越低，企业越倾向于市场化来节约交易成本。钱德勒（1999）在大量实证研究中发现决定企业规模的是效率。特克斯（Teece，1982）的能力边界论提出企业边界受到企业能力的限制，企业通过组织各种人才并集中使用其知识资源以不断扩大企业规模，而市场并不具备这种功能。章美锦（2011）基于交易费用理论对兼并与公司边界进行研究并得出结论，企业的纵向一体化兼并和横向兼并实质上都是一定程度上企业对市场的代替，其目的是为了减少市场交易机会和费用。而董华、龚唯平（2011）基于二元分析范式提出虽然交易费用的降低可以改变企业边界，但是企业边界的变化同时还受到企业能力的限制，即如果企业的异质性能力不足以使企业获得利润，那么交易费用降低

[①] 虚拟商圈可以被视为单个网站甚至多个网络平台上聚集的电子商务企业集合，这些电商企业与平台共同形成了一种类似于传统城市商圈的综合商业形态，称之为虚拟商圈，定义主要是借鉴传统商圈概念从商业经济学角度对电子商务中企业和平台独特的集聚成长现象给出。

也不会使企业专业化。克里梅克和阿图尔（Klimek and Artur，2014）探讨了波兰企业跨国并购的经济效应，分析得出的主要结论是，公司收购外国实体的股权或所有权他们的财务比率得到恶化。曾楚宏等（2008）指出企业规模边界与能力边界以协同演进的方式发展，两者并非相互独立而是相互作用的。杨凤鲜、李平（2014）得出结论：由于产品生命周期缩短、技术创新越发复杂，对无边界企业而言，企业边界应体现为能力边界，应加大力度创造核心价值。郭云、谭克虎（2015）从交易成本框架分析快递企业边界问题，指出快递企业呈现出纵向一体化和空间网络扩张规模无边界的趋势。

当今环境变化、技术创新的条件下使得企业组织形态的演进方式多种多样。乔智（2010）分别研究了企业横向一体化和纵向一体化倾向下企业边界的影响因素，认为影响企业横向边界的主要因素有：规模经济、范围经济、学习曲线，影响企业纵向边界的主要因素有专用资产、交易频率、交易不确定性。林丹名等（2006）通过实证分析以及徐盈之等（2008）基于中国制造业数据对技术进步与企业边界的关系进行了研究，认为技术进步与企业的外包行为呈正相关；技术进步致使企业纵向边界逐渐扩大。塞鲁，阿米特（Seru, Amit, 2014）探讨了企业集团的形式对企业规模和R&D活动的新颖性影响，分析得出企业多元化兼并同时也会使创新数量减少。李鹏（2010）基于中国企业500强的面板数据对企业规模大小与企业利润的关系进行了分析，得出企业利润与企业规模在长期内呈正相关关系。范黎波（2004）认为在互联网环境下在不同外部条件下企业扩张规模即可能扩大亦可能缩小，张宇、宣国良（2000）也通过研究发现互联网条件下企业呈现巨型化和小型化两种趋势，企业联盟化和虚拟化也越来越常见。周衍鲁、李峰（2006）对互联网条件下企业边界变化以及互联网对企业边界带来的影响进行理论分析，得出结论：互联网有效降低了企业组织管理成本、资产专用性，网络时代下企业应重视核心竞争力，加强联合，稳固自身在竞争中地位。除了传统制造业企业边界演进变化，许多学者也对零售业以及流通业态的企业边界问题展开了较为深度的研究，李陈华、文启湘（2004）和夏春玉、张闯（2004）几乎同时对流通企业边界问题进行探讨得出了类似的结论，流通企业扩张存在复制和选择性干预的独特路径，通过单店扩大、垂直一体化和分店扩张形式实现流通企业的规模扩张。在此基础上，聂正安（2005）以沃尔玛的经验分析进一步质疑了威廉姆森的传统企业扩张理论，证实流通企业的复制和选择性干预的实现可能性。欧阳文和等（2006）在此理论基础上更进一步提出了零售企业的无边界理论。孙志伟（2011）则较为系统地讨论了流通企业边界的存在性、扩张路径以及最优规模等相关问题。唐红涛、张俊英（2014）通过对虚拟商圈集聚机理和效应研究得出虚拟商圈可形成较之于传统商圈更大的规模经济与技术创新。吕庆华、刘江（2009）通过对零售业虚拟商圈和现实商圈比较分析得出零售业虚拟商圈具有自我扩张性，影响较小的商圈或最终被大商圈兼并，或为大商圈提供相应的资源。李晓祥（2016）认为基于无边界管理运营的本质在于企业内核发展的无边界，企业内核是企业在实体层面有边界和虚拟层面无边界的前提和保证，这为互联网经济发展背景下无边界企业运营提供了一个可行解释。

众多学者对传统环境下企业边界的研究成果为本文研究虚拟商圈规模扩张提供了有力借鉴。值得注意的是，上述文献大多讨论的是制造业企业的边界问题，也有针对零售业和流通产业边界问题的研究。其中对于流通企业边界及扩张的研究为本书提供了很好的理论基础，互联网经济下形成的虚拟商圈的集聚形态和边界形成类似于传统商圈，都是商业企业通过互联网空间进行虚拟连接而成，因此其边界形成和特征近似于传统零售业或其他流通业态形成的商圈边界。但虚拟商圈没有空间地域的划分而是利用互联网建立电子商务平台形成的一定消费范围，这使得虚拟商圈规模扩张受到交易费用和管理成本降低以及技术创新和知识资源需求增加的影响，虚拟商圈扩张必然会导致虚拟商圈边界发生变化，而虚拟商圈边界又与传统商圈边界截然不同。由此引发以下思考：虚拟商圈规模扩张将发生怎样的改变？与传统商圈其规模边界与能力边界演进方式会有哪些不同？以及制约和因素主要有哪些？

（二）虚拟商圈规模扩张的理论分析

互联网通过降低交易成本和管理成本从而改变虚拟商圈规模边界，而提高技术创新和知识资源的需求又驱使能力边界扩大。从规模边界与能力边界协同演化的角度看，两者将同时出现扩大的变化。当虚拟商圈通过融资或者自身发展达到一定的规模边界，由于所拥有的资源和能力足以使其通过完善上下游产业链将交易内部化从而节约市场交易成本进而实现更大规模经济，虚拟商圈规模边界的扩大必然使其能力水平提高和知识资源扩充，能力边界的扩大又进一步使其规模边界扩大。

1. 虚拟商圈规模扩张和边界变化

（1）虚拟商圈边界扩大化。虚拟商圈与现实商圈相比，由于资源约束不断降低①，因此其扩张受到的限制非常少，导致规模的扩张速度也远超现实商圈，发展成长的主要路径是通过技术、产业和资本手段进行，见图5-20。

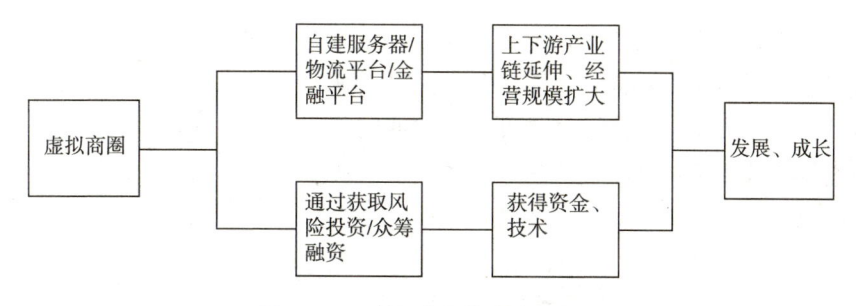

图 5-20　虚拟商圈发展成长阶段

首先，上下游产业链。通过自建服务器、物流平台、金融平台等增加虚拟商圈产业链的信息流、物流、资金流连贯性、可控性和准确性，在虚拟商圈中不断完善和延伸上下游产业链的现象比比皆是，阿里巴巴旗下淘宝网、支付宝、阿里巴巴云计算、阿里软件、阿里妈妈、菜鸟驿站等，阿里巴巴业务范围涉及广度跨越了电子商务平台、金融、物流、等多个行业，形成一个巨大的阿里虚拟商圈。京东通过自建电子商务物流产业园，苏宁易购也已基本完成从产品、支付，到物流、服务、金融5大电商产业链布局。可以看出虚拟商圈纵向边界呈现出一种扩大化趋势。

其次，融资规模。虚拟商圈由于自身的成长特性通常最受风险投资者偏好，这是由于虚拟商圈成长前期需要大量资金维持发展壮大才能突破临界点实现正的网络外部性获得巨大规模效应。如今随着互联网信息技术的快速发展和普及已不仅仅针对单一的风险投资爱好者，融资目的也不仅仅在于金钱收益，据艾瑞咨询统计，2016年中国权益众筹市场融资总规模达到6.9亿元，京东众筹、众筹网、淘宝众筹、点名时间和追梦网这五家平台融资规模总额达到2.7亿元，占比达到60.8%。其中，京东众筹融资规模为14031.4万元，众筹网融资规模为4903.9万元，淘宝众筹融资规模为3950.7万元，点名时间和追梦网融资规模分别为3182.6万元、965.1万元。众筹融资不仅使得虚拟商圈获得巨额资金数目，同时还增加了技术创新的可能性。由此可以看出虚拟商圈除了融资规模巨大，融资方式也多种

---

① 虚拟商圈扩张不像现实商圈一样需要连锁扩张，不断在新的地址开设新的店铺，而可以通过网络方式，这种方式对资源要求并不太高。

多样，通过融资达到自身规模扩张，引起规模边界与能力边界扩大。

（2）虚拟商圈边界模糊化。

一是业务外包。虚拟商圈采用的企业组织形式与现实商圈也颇为不同，非常适合于虚拟企业的组织结构，虚拟企业除了具有扁平化、网络化特征外，将虚拟掉的企业部分进行业务外包是其最为本质的特征，通过业务外包，虚拟商圈不断进行扩张，但随之而来的就是虚拟商圈的组织边界开始模糊，由于虚拟企业和外部企业之间的超市场交易和隐契约关系，企业组织边界不再像现实商圈那样清晰，一个典型的业务外包形式可以见图5-21。

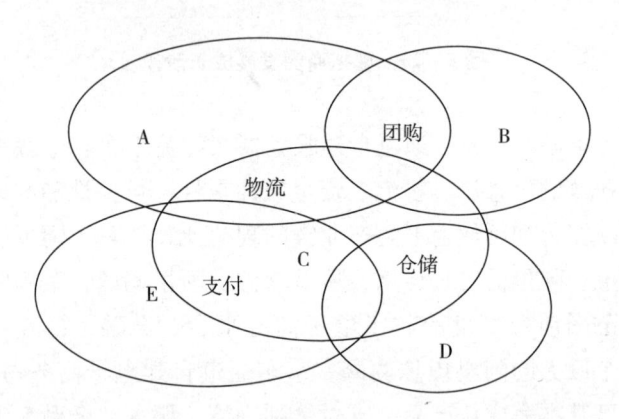

图 5-21 虚拟商圈业务外包

虚拟商圈中业务外包有多种多样的形式，以团购网站为例，比如赶集网将引入窝窝团共同运营赶集团购业务，京东商城也欲将本地团购业务外包，开心网方面表示开心网旗下的团购产品与客户服务将全部移交给团购网站F团。通过业务外包可节约内部交易成本，极大程度减少人力、物力、财力消耗，集中资源发展盈利能力最大的业务。借助第三方成熟的技术、完备的物流配送服务和仓储管理体系和更高的品牌认可度，在虚拟商圈中进行业务外包既是一个比较便利的创收方式，减少累积规模优势的压力同时也能提高用户体验。然而业务外包所带来的管理权和利益分配标准问题使得虚拟商圈边界清晰度降低。

二是兼并入股。虚拟商圈寻求专业化的同时又竭力扩大其规模边界，以资金换取份额，阿里入股高德，携程斥资4亿美元收购艺龙37.6%股份，慧聪并购中关村，58同城相继收购驾考平台驾校一点通、房产信息平台安居客及装修O2O公司土巴兔。通过收购提高市场份额、获取客户流量是扩大规模或业务范围、增大网络外部性较为直接有效的方式，在虚拟商圈中通过信息平台可实现价值链各环节所包括的涉入者们实现信息共享、共同管理业务，在收购结果中不同股权持有者按照一定规则将拥有一定的管理权力或技术投入义务，因此，通过兼并入股也使虚拟商圈呈现模糊化趋势。

表5-8　　　　　　　　兼并入股与边界模糊化

主要事件	影响机制	结果
阿里入股高德	信息共享、获得一定的管理权	
携程收购艺龙37.6%股份	技术共享、共同管理	
慧聪并购中关村	共同管理、共享平台运营技术与能力	边界模糊化
58同城相继收购驾考平台驾校一点通、房产信息平台安居客及装修O2O公司土巴兔	业务范围延伸、获取信息技术	

2. 虚拟商圈与传统商圈规模扩张影响机制异同

传统商圈依赖于空间地理位置吸引消费者人群而虚拟商圈依托于互联网获取客户流量。理论界通常用员工人数、产值（产量）来作为企业规模扩张的划分标准。雇员人数标准可以反映企业规模的演变历程但无法说明技术发展对企业边界的影响。技术可以降低企业的交易成本的同时，技术进步可以引发消费者的不同需求从而激发企业生产新的产品、与不同种类企业联合实现规模经济（张泰城等，2006）。传统理论研究规模和边界问题一般基于交易费用理论以及能力边界理论，在互联网情境下，企业价值链重组、管理成本减小、资产专用性降低、网络成本增加都可能导致企业规模和边界的不确定性变化。企业规模的扩张必然需要以盈利能力作为支撑（张新民等，2009）。因此，从四个方面讨论虚拟商圈与传统商圈规模扩张影响机制异同，如表5-9所示。

表5-9　　　　　虚拟商圈与传统商圈规模扩张影响机制

方面	传统商圈	虚拟商圈
人力资源成本	与人工成本紧密相关	与知识资源紧密相关
技术创新	体现人力被代替程度，核心竞争力之一	极为重要的核心竞争力
资产专用性	影响交易费用最重要的因素	差异性较小，专用性程度降低
盈利能力	更加着重短期盈利水平	更加着重于长期规模利益

(1) 人力资源成本。科斯用交易费用解释企业存在问题，他认为可以通过优化管理来减少市场配置成本，并且组织成本和交易费用节约也会影响企业边界和企业规模。企业边界越大则企业管理费用越高。当交易费用大于企业管理成本，企业边界将趋向于扩大，以期达到企业最优规模。

在互联网时代，人力资源成本不仅代表了企业人员管理成本同时还意味着企业知识资源的容量。互联网最大限度实现信息和资源共享，从而降低了企业管理费用。较之于传统企业，管理成本的降低主要表现为：①通过电脑网络进行企业内信息传递降低了企业人员的通讯费用。②通过互联网远程会议或者人员招聘、培训降低了企业管理成本的交通费用。③利用现代信息技术自动处理管理中的某些程序，降低企业管理中的人工成本。④利用互联网进行 ERP（企业资源计划）管理，从预购原材料到销售反馈，尽可能避免了管理程序无效和冗余，提高管理效率，降低管理成本，提高企业市场竞争能力。

知识资源容量大小象征着虚拟商圈的能力水平，企业通常对知识型人才花费较高的薪资或者雇佣更多数量的知识型人才以获得更高行事效率和知识溢出效应从而提升业务能力水平。企业兼并也是扩充知识资源的方式之一，对虚拟商圈而言，具有一定实力的小商圈常常由于缺乏领先的技术水平、获得的消费者偏好不足或者难以达成一定的外部效应和规模经济而被大商圈兼并，商圈通过兼并获得的知识资源以及技术设备与自身实力相融合使其边界得到扩大并以更快速度达到商圈规模临界值，这与吕庆华等（2009）的观点不谋而合。

(2) 技术创新。近年来研究技术创新与企业边界之间的关系主要集中在两个方面：一是技术创新的发展与企业边界变化之间的关系；二是企业内部进行技术开发对企业边界变化的影响。有些学者的研究认为技术创新大大节约了企业的交易费用致使企业倾向于依赖市场致使企业边界缩小（Clemons and Row，1992）。然而，技术创新既可以节约交易费用，同时也降低了管理费用，对两种费用的节约幅度不同以及不同组织结构和外部环境下，自然对企业边界的影响也未必相同。J. S. Earle 等（2007）通过对四个转型经济国家企业进行实证分析的数据结果并不支持技术创新与企业纵向边界扩大呈负相关的假设。在网络经济时代大数据技术作为技术创新的代表也会对企业边界产生深入影响，数据成本开始替代交易成本成为影响企业边界的主要要素（涂永前等，2015）。

目前学术界对技术创新给企业边界产生的影响尚未达成定论，造成分歧的主要原因是技术创新同时节约了外部市场交易费用和企业内部交易费用，对于两种费用降低程度的差异而导致了企业边界变化方向的不确定性。对虚拟商圈而言，技术创新的投入对于虚拟商圈降低其经营成本、生产成本、销售成本、管理成本有着极其重要的地位，并且从长期看，通过降低成本、提高交易效率可使长期利润增加，这也符合了企业以追求利润为根本目标的特性。可以认为技术创新已成为虚拟商圈核心竞争力之一，通过加大技术创新投入力度才更有可能使能力发生溢出效应从而减少规模边界扩大受能力边界的局限程度。

(3) 资产专用性。根据威廉姆森的资产专用理论，不同的资产专用性强度将导致企业的交易行为有所不同，资产专用性是指资源用于某项企业生产活动而不能专为他用的性质。企业不同种类的资产其专用性也有所不同，如现金、原材料采购和供应等资产的专用性较弱；工厂厂房设备等资产的专用性较强。资产专用性较弱的资产更倾向于市场交易而资产专用性较强的资产则由企业内部交易更经济，但实际应根据具体情况而定。

虚拟商圈借助互联网进行活动，不论是其资产所有者或潜在未来使用者都可以以较低的成本来获取有关这项资产的各类相关信息，从而提高该资产用于别的用途或者为潜在使用者使用的可能性，由此在一定程度上降低资产专用性。通过互联网操作，资产专用性降低、信息不对称的可能性降低以及机会主义的减少，信息和技术流通加快，从而交易费用得以降低，企业边界也可能发生改变。然而威廉姆森曾指出，在创新环境下，由资产专用性导致的交易费用降低对企业边界的决定性作用将不那么显著，因为创新活动本身就很大程度地影响了企业边界的演进。之所以如此，是因为外部环境的创新活动不确定性，企业为应对这种不确定性而不得不对其原有的交易费用和能力结构进行整改，由此就造成企业做出相应的边界变动决策。

(4) 盈利能力。新古典企业理论认为企业边界决定的基本原则是利润最大化。企业盈利能力是企业规模变化发展的驱动因素，而虚拟商圈盈利能力得到提高主要体现在：①信息掌握力度加强。大数据的应用可以尽可能地整合企业基础数据和交易数据。利用这些数据资料，企业可进行精准营销，针对客户研发企业产品、定制顾客需求和个性化销售产品或服务、实行差异化定价策略等从而提升企业盈利能力。②计划控制生产。采购、生产、销售等数据入库，电子商务企业借助大数据优势，可以搭建适合于自身发展的商务智能平台，比如 ERP 企业资源计划系统、SCM 供应链管理系统、SFIS 生产现场管控系统等，精准记录和深度整合生产数据，完善企业生产体系，通过数据事实制定适当的销售策略以及定位、达到企业的远期目标，在战术层上保证企业的盈利能力。③效率提高。通过互联网查找供应商、销售商，跳过不能带来实际收益的中介环节，尽可能缩短了供应链长度。电子商务化可以提供更加精细化和专业化的业务，这无疑是实现持续盈利的发展方向（易单，2010）。

企业以利润最大化为导向，规模经济和范围经济决定了企业边界，因此企业盈利能力越强企业将趋向于扩大规模边界以获取规模经济带来的巨大利润。另外，企业盈利能力越强，企业进行其他业务开发和从事技术创新的动力就越大，由此导致了能力边界的扩大。而就虚拟商圈这一特殊商业形态而言，借鉴唐红涛（2015）的观点，虚拟商圈与传统成长曲线的差异使得利润对边界的影响也不尽一致，在虚拟商圈中舍弃利润以换取规模的现象可谓随处可见，58同城自上市18个月以来已经花了16.66亿美元用于并购，投资并购14家企业；森马服饰宣布参股韩国电商ISE；百圆裤业宣布拟10亿元全资收购跨境电商环球易购，拓展线上业务；携程并购的金额已经超过了10亿美元，并购对象从细分市场的新兴公司蝉游记、快捷酒店管家，到OTA行业的主要参与者如同程、途牛、艺龙，再到持股三大经济型酒店（如家、华住、7天），控股途家，以及参股易道用车、一嗨出租等。这是因为只有当虚拟商圈规模达到临界值其成长速度才会急剧上升，迅速获得巨大规模经济。

（三）虚拟商圈规模扩张实证研究

1. 变量设定、样本及数据来源

本书数据来源于万得（wind）金融资讯中心数据库中的电子商务上市公司财务数据摘要。由于电子商务上市公司尚未形成专门领域，因此难以将电子商务上市公司搜集齐全，综合考虑样本期以及样本数量的情况下，选取2010~2016年54家电子商务上市公司的面板数据，为保持数据的平衡性，剔除具有不完整财务数据的公司10家，剩余数据完全完整或基本完整的公司44家，样本容量共有308个，1540个数据。涉及的主要财务数据有企业的净利润（表示盈利能力）、企业的总营业收入（表示规模边界）、流动资产总额与固定资产总额（其比率表示资产专用性）、研发费用（表示技术创新）和员工人数（人力资本费用）。本文的数据或者直接来自统计资料，或根据一定的计算方法得到。

2. 模型构建与假设检验

基于对数函数在其定义域内是单调增函数，且本研究中样本数据数值较大,通过取对数压缩变量的尺度而不改变数据的性质和相关关系,为了平抑样本数据的剧烈波动、消除可能出现的异方差以及严重的多重共线性,分别对总营业收入、净利润、企业研发费用和员工人数取自然对数。

为深入探讨企业盈利能力 R、技术创新 RD、资产专用性 AS 和管理成本 MC 对虚拟商圈规模扩张的影响,首先建立了如下的回归方程:

$$\ln Y_{it} = C_i + \alpha \ln R_{it} + \beta \ln RD_{it} + \theta AS_{it} + \lambda \ln MC_{it} + \varepsilon_{it} \quad (5-6)$$

(1) 模型假设。基于对企业边界影响因素和作用机制以及虚拟商圈对其产生的影响的分析,现作出以下假设。

H1:盈利能力对虚拟商圈扩张影响程度较大,与规模大小呈正相关关系。一般认为盈利能力越强,虚拟商圈扩大规模从而获取规模经济利润的积极性越大。

H2:虚拟商圈技术创新能力对虚拟商圈扩张影响最明显,与规模大小呈正相关关系。

H3:资产专用性对虚拟商圈扩张的影响较弱,与规模大小呈正相关关系。即 AS 值越大,资产专用性越弱,企业边界越小。在电子商务领域中有许多具有一定实力的企业选择自建物流体系,京东有京东自营物流体系,阿里巴巴有菜鸟驿站,企业纵向一体化程度加深,企业的资产专用性得到提高,其规模和边界也得以扩大。

H4:人力资源成本对虚拟商圈扩张的影响明显,与规模大小呈正相关关系。

(2) 实证分析过程和结果分析。

第一,描述统计量。各变量的统计描述如表 5 – 10 所示。

表 5 – 10　　　　　　　　　　描述统计量

数值	lnY	lnR	lnRD	AS	lnMC
均值	5.1440	4.0263	3.2869	7065.4725	3.2713
最大值	7.0371	5.6890	4.7712	228935.3500	4.1268
最小值	4.1587	2.4205	1.8656	10.5126	2.4771
中位数	5.0830	4.0044	3.3376	7.5621	3.2339
标准差	0.6748	0.5225	0.6262	36216.1911	0.3964
观察值	308.0000	308.0000	308.0000	308.0000	308.0000

第二,面板变量的单位根检验。在做回归分析之前需要对面板数据进行单位根检验,这样可以避免伪回归问题。在采用的是 LLC 检验和 ADF –

Fisher 检验，各变量的单位根检验结果如表 5-11 所示。表 5-11 表明各变量均至少在 5% 的显著水平下平稳，这样在接下来的回归分析中也不会出现伪回归的问题。

表 5-11 单位根检验结果

变量	Levin, Lin & Chu t*	ADF – Fisher Chi – square	检验形式	结论
$\ln Y$	-13.0221**	110.048**	(I,0,K)	平稳
	0.0000	0.0000		
$\ln R$	-10.0494**	74.5778**	(I,0,K)	平稳
	0.0000	0.0083		
$\ln RD$	-48.7995**	58.977**	(I,0,K)	平稳
	0.0000	0.0161		
AS	-6.167**	121.19**	(I,0,K)	平稳
	0.0000	0.0000		
$\ln MC$	-5.99089**	86.2124	(I,0,K)	平稳
	0.0000	0.0020		

注：( ) 内的数字表示显著性水平，(I, 0, K) 中的 I 表示含截距项，0 表示不含趋势项，K 表示滞后阶数。由于 Eviews8.0 能够根据施瓦茨 (Schwarz) 准则来自动确定滞后阶数，所以 K 不予给出。*、**、*** 分别表示 10%、5%、1% 的显著性水平，下同。

第三，计量过程及结果分析。首先对回归方程 (5-6) 进行估计，回归方程 (5-6) 中被解释变量是企业的总营业收入。模型 I 中包含了全部解释变量：企业净利润 R、研发费用 RD、资产专用性 AS 和员工人数 MC；模型 II 剔除了资产专用性这一解释变量；模型 III 同时剔除了资产专用性和企业净利润两个解释变量。每个模型分别进行 Hausman 检验，确定应采用个体随机效应模型还是个体固定效应模型三个模型的结果均表明至少在 5% 的显著性水平上拒绝个体随机效应的原假设，即采取个体固定效应模型。结果如表 5-12 所示。

表 5-12 Hausman 检验结果

H	10.858151	10.999066	7.241334
Prob(H)	0.0282	0.0117	0.0268

注：H 表示 Hausman 检验统计量。

在包含所有解释变量的模型Ⅰ中,资产专用性和盈利能力对虚拟商圈规模扩张具有非常微弱的正面影响,在统计上也不显著;而人力资源成本 MC 对规模扩张的影响较大,在统计数值上达到了 0.4540,显著性水平达到了 1%;技术创新 R&D 对规模扩张的影响在模型Ⅰ并不是很显著。模型Ⅱ剔除最不显著的解释变量即剔除资产专用性这一变量后,人力资源成本和技术创新这两个变量对虚拟商圈规模扩张的影响显著性水平有了微弱的提升,而盈利能力对虚拟商圈规模扩张的影响能力仍较弱。模型Ⅲ继续剔除了净利润这一解释变量后,即规模边界仅由人力资源成本和技术创新能力来解释,技术创新能力对虚拟商圈规模扩张产生了显著影响,并且数值上达到了 0.09,至少在 10% 的水平上显著,这也符合预期假设。人力资源成本对规模扩张的影响程度也有微弱的提升,系数由之前的 0.4537 增加到了 0.4558,至少在 1% 的水平下显著,见表 5-13 所示。

表 5-13　　　　　　　　　　模型检验结果

解释变量	模型Ⅰ	模型Ⅱ	模型Ⅲ	模型Ⅳ（稳健性检验）
$\ln R$	0.0180*	0.0179*	—	0.0156*
	(0.8463)	(0.8464)	—	(0.8677)
$\ln RD$	0.0922*	0.0931*	0.0964*	0.0856**
	(0.1227)	(0.1055)	(0.0741)	(0.1056)
AS	$2.11E-07$*	—	—	$9.86E-06$**
	(0.9556)	—	—	(1.0321)
$\ln MC$	0.4540***	0.4537***	0.4558***	0.4365***
	(0.0001)	(0.0000)	(0.0000)	(0.0001)
常数项 C	3.2581***	3.2586***	3.3157***	5.6352***
	(0.0000)	(0.0000)	(0.0000)	(0.0000)
$Adj-R^2$	0.9236	0.9245	0.9287	0.9265
F	47.3569	49.5643	55.9470	48.6582
Prob(F)	(0.0000)	(0.0000)	(0.0000)	(0.0000)
D.W	1.0464	1.0467	1.0207	1.0464

注:( ) 内表示 p 值,* 表示 10% 显著,** 表示 5% 显著,*** 表示 1% 显著。

假设 1 企业盈利能力强弱与企业规模扩张大小正向相关,模型Ⅰ和模型Ⅱ中 lnR 的系数均大于 0。假设 3 资产专用性与虚拟商圈规模扩张呈正向相关,AS 的系数为负。由计量结果得出,先前的四个预期假设均有一定的合理性,并且假设 2 和假设 4 得到了很好的验证。虚拟商圈盈利能力和资产专用性对规模扩张的影响力并不显著,而技术创新和人力资源成本则影响突出,与规模扩张正向相关,符合理论预期,见表 5 – 14 所示。

表 5 – 14　　　　　　　　　　假设内容与结果

假设	假设内容	假设结果
H1	盈利能力对虚拟商圈扩张影响程度较大,与规模大小呈正相关关系	不完全成立
H2	虚拟商圈技术创新能力对扩张影响最明显,与规模大小呈正相关关系	完全成立
H3	资产专用性对扩张的影响较弱,与规模大小呈正相关关系	不完全成立
H4	人力资源成本对虚拟商圈扩张的影响明显,与规模大小呈正相关关系	完全成立

H1:由计量结果得出盈利能力与虚拟商圈规模正向相关,但显著性水平不高。可能是因为虚拟商圈的成长特性,即只有当规模超过一定临界点时才呈现急剧增长态势,而在成长前期,虚拟商圈更倾向与风险融资来维持企业发展壮大,因此即使总营业收很高,其净利润未必达到一个平行的水平。以当当为例,近几年的筹资现金流量、投资现金流量和净利润、总营业收入增长趋势,总营业收入即使呈现上升趋势,净利润并不随之增长。而筹资活动现金流量与投资活动现金流量基本发展趋势一致,意味着企业进行扩大规模而投入的资产是与风险融资数额齐头并进的。但需要注意的是,盈利能力的不显著性并不违背企业以利润为导向,反而由于虚拟商圈更追求规模经济带来的巨大长远利益可能使企业对眼前利益并不敏感,而更加注重后期盈利,因此当期盈利能力对规模边界的影响并不那么显著。

H2:在虚拟商圈中,R&D 的投入对于企业保持强大的市场竞争力具有重要地位。一般划分四种创新方式:渐进式创新、激进式创新、模块化创新、架构创新。不同技术创新方式对应的企业边界变化方向不同。比如渐进式创新在短期内扩大能力边界、缩小规模边界,长期内对能力边界和规模边界均具有扩大效果;激进式创新在短期内缩小能力边界、扩大规模边界,在长期内对两种边界均具有缩小效果。在电子商务领域中,市场结构呈现出寡头垄断特征,并且是一种竞争性垄断,处于领先地位的企业最有机会获得垄断利润,而电子商务依赖于信息传递效率从而提高整个企业运营效率,因此电子商务企业将根据企业规模大小进行一定程度和某种方式的创新以期获得垄断利润或者不落后于行业市场。

H3：在虚拟商圈中资本专用性降低，并且在互联网时代的创新环境下，创新活动本身在很大程度上影响了企业边界的演进，因此资产专用性导致交易费用降低对企业边界的决定性作用将不那么显著。例如，京东自建物流、总营业收入上升，从而规模扩大；而像当当、聚美优品等选择物流业务外包，同样规模得以扩大。由此可见，资产专用性的强弱在电子商务企业中的决定性并不明显。

H4：人力资源成本对虚拟商圈规模和边界影响较大，且呈正相关关系。本文以员工人数为替代变量，对于电子商务企业而言，员工人数越多意味着企业所拥有的知识资源越丰富，知识溢出效应越大，越有利于创新。企业知识资源增加，创新成功率提高，可以推出企业能力边界亦随之扩大，由企业能力边界与规模边界协同演化论得出企业规模边界必然扩大。从而验证假设。

第四，稳健性检验。为了证实本书结论的可靠性，采用了主营业务收入作为虚拟商圈规模的替代进行了稳健性检验，电子商务企业和虚拟商圈的主营业务收入与营业收入具有很强的相关性，其回归结构能够提升本书实证的稳健性。结果见表5-13第5列模型Ⅳ，回归结果显示与之前的回归结果无实质性差异，同样体现出盈利能力与虚拟商圈边界正相关但不显著，技术投入和人力资本强烈影响虚拟商圈边界，虚拟商圈边界影响中资产专用性重要程度不断降低。

（四）结论及建议

本书对虚拟商圈规模扩张影响因素从盈利能力、技术创新、资产专用性和人力资源成本四个方面进行了理论及实证研究，得出人力资源成本和技术创新对虚拟商圈的影响比较显著，而资产专用性和盈利能力对虚拟商圈的影响较弱，并正对虚拟商圈的特点进一步分析了各自结果的原因。盈利能力是边界变动的驱动力，但由于虚拟商圈规模超过一定临界点时才呈现急剧增长态势，而在成长前期，虚拟商圈更倾向与风险融资来维持企业发展壮大，虚拟商圈的盈利更多的只能成为长期目标。技术创新投入对虚拟商圈边界具有重大影响，这是由于电子商务依靠信息技术提高效率，没有技术创新几乎就在很大程度上失去了市场竞争力，难以获得高额垄断利润。资产专用性由于在创新环境中对企业边界的影响并不显著，虚拟商圈资产专用性提高或者降低都有可能扩大其边界，这是由于其边界的扩大更依赖于网络经济下的外部性作用。人力资源成本象征虚拟商圈拥有的知识资源，知识资源越丰富，创新能力越强，能力边界扩大的同时更有利于规模边界的扩大。根据理论及实证分析结果提出以下建议：(1) 丰富融资模式，除了传统的股权融资，还可开创比如众筹融资这样的融资模式。目的不仅仅在于获取丰厚融资数额，通过融资获得技术创新也应成为主要目的之一。(2) 提高技术人员创新素质，雇用知识型人才，从而提高效率获得能力边界的扩大。(3) 将弱势业务外包，集中资源发展盈利能力较大的业务规模；通过兼并入股进行合作，优化资源配置，达成资源互补。

第六章　虚拟商圈外生演化研究

随着网络的更新换代，互联网普及率越来越大，网上购物已成为越来越多的消费者所乐于接受的购物渠道，与此同时，众多商家和电商企业聚集在某个虚拟的网络平台上，如天猫商城、QQ 商城等。这些电商平台打破了地域障碍、时间障碍、价格信息对比障碍以及更换供货商等的障碍，逐渐形成一股聚集效应，共同对消费者产生吸引力，形成具有很大影响范围的虚拟商圈。在企业利润和消费者需求的导向下，这些平台类 B2C 企业不断壮大，甚至当当网和京东商城原来自营式 B2C 企业也开始涉足平台类业务。虚拟商圈作为电子商务发展中自发形成的产物发挥着越来越大的作用，研究虚拟商圈的成长性也变得日益重要。

一、虚拟商圈外生动力模型

在前人研究的基础上，我们从消费者角度、商家角度、平台角度和服务角度四个方面构建影响虚拟商圈的外生动力理论模型，并具体进行理论探讨，所构建的理论模型为：

$$Scale = f(c,m,web,s) \qquad (6-1)$$

在公式（6-1）中，表示虚拟商圈规模大小，度量虚拟商圈的成长性，右式中 c、m、web、s 考虑的分别是从消费者角度、商家角度、平台角度和服务角度对虚拟商圈成长性造成影响。

（一）消费者角度

虚拟商圈是由一个个的网站平台凝聚消费者和商业企业而形成的，不论是购物型网站还是信息服务型网站，一个平台的存在与扩张都离不开消费者需求。消费者需求的大小能够决定商家的聚集程度，进而吸引更多的消费者消费，即消费需求促进网站的成长。虚拟商圈能极大限度地聚集消费者需求，这可以用虚拟商圈的规模经济效应来分析，一方面，虚拟商圈为消费者带来了便利。网络构建的虚拟商圈降低了消费成本，超越了地理和时间的限制；另一方面，网络外部性的自发优势。一个消费者的需求会对其他消费者的需求产生积极的、正面的影响，在网络购物中单个消费者对网店的好评能够吸引更多消费者进入该网店，因此无数消费者聚集在某个虚拟商圈就能够带来更多的消费需求。

具体来看，可考虑的因素主要包括消费者数量、消费者偏好、消费者需求方式的转变等。

1. 消费者数量

消费需求的大小与消费者数量正相关。一方面，网站访问人数越多，消费者数量越大，生成一笔订单的几率就越大；另一方面，每一个实实在在的顾客都是网站的潜在顾客转变而来的，在网络外部性的促使下，消费者基数越大，那么潜在顾客就越多，转换成老顾客的数量就越多，网站消费需求越大。

2. 需求方式

电子商务技术的发展使得网络购物打破了地理障碍、时间障碍及价格信息对比障碍，消费者省去了大量搜寻成本，由电脑购物到如今手机购物，技术的支持更为消费者带来了很大的便捷，人们不再事事跑商场，网民数量不断增多，网站线上需求不断增大。同时，更多的购物需求从线下逐渐转移到线上，这种需求方式的改变，使越来越多的实体店家开始拓展电子商务业务，而更多的电子商务企业不断拓展网站产品类目，以满足消费者的购物需求。因此，新的消费需求方式促使商圈的不断壮大。

3. 消费者偏好

一方面，现今越来越多的商品品牌化，消费者对一个品牌的青睐往往影响到消费者的购买欲望，由于每个消费者的偏好不同，所以，一个网站上品牌越多或者正品有保障的产品越多，那么消费者访问该网站的几率也就越大；另一方面，消费者对某一个网站往往有偏好性，而消费者之间往往是信息相通的，一个忠诚的顾客可能为网站带来许多新的顾客。所以，提高网站的信誉度，增加顾客回头率，丰富网站上的产品以及为顾客提供更有效、全面的信息服务，都将提高一个网站的吸引力，消费者对网站的偏好也可以促使平台的成长。

（二）商家角度

此处商家的含义比较广泛，在本书中它包括了在 C2C 平台上的店家、以品牌入驻形式聚集在 B2C 平台上的品牌商家，以及在 B2B 平台上的众多企业。具体商家效应的讨论可以从以下三个方面展开。

1. 商家自身

网站上商家数量不断的增多本身就是虚拟商圈不断壮大的一种表现，如 B2B 平台上提供供应信息的企业数目增多，淘宝等 C2C 平台上的店铺数量增多，唯品会之类的 B2C 平台上入驻的品牌数增多，拉手网等团购型网站上的产品类目数增多。总之，众多的企业不断涉足电子商务本身就促使虚拟商圈规模的扩大。

2. 商家之间

一方面，虚拟商圈内企业的聚集为商家带来规模经济效应。电子商务企业的聚集能够共享消费者信息以及消费购买力，同时虚拟商圈内各个企业能够共同分担促销成本、物流成本，聚集可使虚拟商圈企业的供应成本不断下降从而导致其供给能力大幅提升，由于商家的经营是追求低成本高回报的，因此，虚拟商圈为商家带来的规模经济效应促使商家不断聚集，虚拟商圈不断壮大；另一方面，商家之间有外部性效应，这同消费者之间产生的网络外部性机理一样，越多商家聚集的平台会吸引更多的商家入驻，商圈变大。

3. 商家与消费者交互

消费者在筛选商品的过程中不乏对商品信息的疑问，如商品描述是否跟实际相符、网站上的店家信誉度是否高等。为增强消费者对网站的信任度，许多正规商家都会开设评价栏目，包括商品描述相符度评分、物流服务评分及商品售后评价，在购物过程中消费者也可以选择旺旺聊天工具跟店家沟通。此外，像许多 B2B 之类的信息服务平台均开设了论坛服务，增强供应者与需求者之间的沟通。信息沟通的便捷性及口碑效应的影响不断增加平台的吸引力，促使平台扩张。

（三）平台角度

我们对平台的探讨是针对网站平台自身相对于现实商圈的优势，主要表现在平台扩张的低耗性、平台的大数据性和平台信誉度。

1. 资源低耗性

从互联网平台自身来看,虚拟商圈在快速扩张阶段消耗的资源远远小于传统商圈:第一,信息流共享。虚拟商圈内信息量大,信息发布集中,通过网络促销、售后反馈、论坛等形式增强了商业企业和消费者之间的双向信息互动,降低了价格以及其他相关信息不对称现象。第二,相互联系更加紧密。互联网平台上商家相互作用和联系更加紧密,不同网站之间通过交互链接共享消费流,众多电子商务企业通过无数个内部或外部搜索引擎紧密联系在一起,聚集效应不断增强,为网站带来不同于传统商圈的扩张优势。

2. 大数据平台

21世纪是数据信息大发展的时代,移动互联、社交网络、电子商务等极大拓展了互联网的边界和应用范围,各种数据的膨胀促使"大数据"时代的到来,据数据统计,全球每秒发送2.9百万封电子邮件,每天亚马逊上产生6.3百万笔订单,网站潜在的"大量化(volume)、多样化(variety)、快速化(velocity)、价值密度低(value)"的特性必然为虚拟商圈的成长提供了可能。

3. 平台信誉度

一个网站平台的知名度也会对此平台能否进一步扩大造成影响,像淘宝、天猫、京东等平台,消费者耳熟能详,也会促使众多商家优先选择在这些平台上经营店铺或是入驻品牌。因此,我们可以认为,一个网站(平台)的知名度越高或是链接到此网站的其他网站(反向链接数)数目越多,那么消费者搜寻到此网站的几率越大,消费者就更有可能在此平台消费,进而会吸引更多的商家聚集在此平台上,导致商圈扩大。

(四)服务角度

虚拟商圈规模的发展离不开服务技术的支持,物流与支付就是两个很重要的因素。

1. 物流因素

电子商务技术在不断地更新换代,第三方物流、第四方物流逐步取代了第一方物流、第二方物流,越来越多的互联网巨头认识到物流对电子商务发展的重要性。京东、亚马逊、当当网、易迅网、唯品会等逐步开始自建物流,加大物流投入,不断提高自己的配送服务能力。物流服务因素包括如物流速度、物流安全性、物流便捷性、包裹量及退换货、物流费用等,具体而言,就如网购过程中消费者密切关注的快递到达时间、取快递的快捷性、包裹的完整性、快递人员的服务态度、快递费用、可否货到付款以及退换货的便捷程度等等，生活节奏的加快促使消费者对物流的要求越来越高，一个物流服务评价高的网站无疑促使聚集在互联网平台上的消费者越来越多，促使众多电子商务企业不断追求"当日达""次日达"的标准，促使虚拟商圈进一步扩大。

2. 支付因素

网购过程中消费者最关心的就是支付的便捷性及安全性，网站所支持的支付方式种类、支付页面的跳转速度、支付过程中消费者信息的保密性，以及退换货过程货款到账的速度、可否线下支付、可否代付等因素都影响着消费者购物满意度，影响着一个网站的信誉度。现今，支付体系逐渐完善，相关电子商务法律法规更加规范，消费者对网络消费的信任度增加，慢慢接受这种新的消费方式，从而一定程度上支持虚拟商圈的成长。

本书构建了影响商圈规模极大值的理论模型，如公式（6-2），考虑到的因素有网民人数和消费者购买力。

$$\max_{scale} = f(buy, num) \quad (6-2)$$

一方面，据CNNIC第37次互联网发展统计报告显示，截至2015年12月，中国网民规模达6.88亿人，互联网普及率达到50.3%，手机网民6.20亿人，但整体网民规模增速保持放缓的态势。随着互联网基础设施建设的逐步完善、网络接入便利性以及上网终端费用的逐步下降，使网络设备和网络条件等影响非网民上网的因素比重不断减少，而"年龄太大/太小"及"不懂电脑和网络"这两个因素比重则不断增大，这种情况说明未来互联网的普及难度加大，在易转化人群中已逐步达到饱和，或者说明互联网教育将是进一步深入普及的重点。因此，某一长时间段内网民增速的放缓必然会限制虚拟商圈的成长。

另一方面，虚拟商圈极限规模的大小与消费能力必然相关。就消费者的购买力来看，整体消费者的购买力是有限度的，消费者的需求是有限的，因此，虚拟商圈规模必有极大值。

二、虚拟商圈外生演化分析

（一）指标选择

为方便接下来进行经验检验，本书对以上四个角度分别选取了相关的指标进行度量，具体为：选取 IP 访问量度量消费需求，选取 PR 值、网站反链数和商品种类数度量平台等级，选取物流综合实力和支付种类数度量服务，选取网站上的商家数度量商圈规模，因此，可构建新的因素模型如下：

$$num = f(ip,k,pr,l,d,p) \qquad (6-3)$$

公式（6-3）中，num 代表商家数量。虽然网站平台的销售额是衡量一个商圈成长的重要因素，但由于其数据只有少部分可得，故本书采取网站上的商家数（统称）来大致衡量某一个虚拟商圈的规模，具体各平台类型的规模衡量方式为：慧聪网之类的 B2B 平台采用公司或企业的数量衡量，唯品会之类的 B2C 平台主要选取入驻网站的品牌数目衡量，拉手网美团网等团购网站则估计可团购商品的数量。当然，由于针对不同的平台，选取衡量其虚拟商圈大小的因素不统一，故结果存在一定的误差性。

ip 代表消费需求因素。消费需求因素是一个很广泛的变量，我们易推测，消费者对一个网站的消费需求量越大，那么消费者浏览此网站的概率也就越大，网站的访问量就会很高，在数据可得的前提下，我们选取该网站近一周日均 IP 访问量来度量消费者需求的大小，对近一周日均访问量可以忽略不计的网站则测算其近一月日均 IP 访问量。由于 IP 访问量相对于 UV 或者实际的网站消费需求量还是有一定误差的，故是近似度量。理论上认为，消费需求量越高，虚拟商圈越大。

pr、$l_{(link)}$、$k_{(kind)}$ 代表平台因素。其中 pr 为网站信誉度，l 为网站反链数。一个网站的好坏在一定程度上可以反映到它的网站知名度上，它可以潜在的影响消费者和商业企业的决策。我们拟采用 Google PR 值近似度量一个网站的信誉度，级别分别是 0~10，级别打分越高，则认为该平台越有优势，平台性质越好。此外，网站之间的相互链接对提高一个平台的搜索排名也是很重要的，故本书也将考察网站的反链数对该商圈内商家数量的影响。理论上认为，虚拟商圈的大小与该网站平台性质正相关，平台 PR 值越高，反链接数越多，越会促使商圈的成长。k 为商品的丰富程度，商品就其自身的性质，可分为互补性产品和替代性产品，顾客在一个大型超市往往比小型的百货小店更容易选到满意的商品，或者消费者可以在达不到期望的情况下选取最接近期望值的产品，一个产品种类齐全的网站同样如此，同时经营不止一种产品可以为商家（平台）带来范围经济效应，降低其成本。理论上认为，一个网站所允许经营的产品越丰富，越能吸引更多的商家和消费者，产生的聚集效应会越大。

d 代表物流因素。我们用这个综合的物流指标度量所有与物流相关的因素，包括物流速度、物流安全性、物流便捷性、快递员态度及退换货、物流费用等。理论上认为，物流整体服务水平越高，则网站的物流系统越强，网站竞争力越强，网站可以进一步成长。

p代表支付因素。我们采用这个综合的支付指标度量所有与支付相关的因素，包括支付方式、支付页面的便捷性、支付安全性、退款便捷性等。支付体系越完善，相关法律法规越规范，则消费者对网站的满意度越高，对新的支付方式的依赖性就越强。故理论上认为，支付制度的健全和支付体系的不断完善促使虚拟商圈不断地壮大。

(二) 经验检验

本部分主要按照模型中指标体系的选择收集了部分网站数据进行经验检验，以查看是否和理论探讨相一致，分为以下四个部分。

1. 消费需求与虚拟商圈成长

由之前的理论讨论可知，消费需求与商家数量是正向相关的，而由于一个网站的IP访问量和网站的反链数是直接相关的，故此处将二者放在一处讨论。

表6-1　　　　部分网站商家数量与相关因素比较

网站名称	网站类型	PR值	网站反链数	近一周日均IP访问量	商家数量	备注
国美电器	B2C	6	4392	1719500	438	产品类目
拉手网	B2C	7	2923	96425	58554	产品类目
嘀嗒团	B2C	3	684	3325	50610	产品类目
阿窝团	B2C	3	96	1425	1417	产品类目
金妆国际	B2C	2	39	807	263	产品类目
大众点评网	B2C	5	6892	337250	8073	产品类目
58团购	B2C	2	16496	627000	5565	产品类目
糯米团	B2C	4	2892	166250	3251	产品类目
窝窝团	B2C	4	1836	56050	60914	产品类目
高朋团购	B2C	5	600	6650	593	产品类目
5173团	B2C	3	88	41325	5709	产品类目
Like团	B2C	3	245	23275	62768	产品类目
麦兜团	B2C	3	93	427	1814	产品类目
养殖行业网	B2B	4	71	142	423	公司

续表

网站名称	网站类型	PR值	网站反链数	近一周日均IP访问量	商家数量	备注
中国制造网	B2B	6	11308	242250	1493191	公司
世界工厂	B2B	6	5090	242250	1148605	公司
网商之窗	B2B	5	278	11875	67490	公司
中国贸易网	B2B	4	941	9975	388368	公司
企汇网	B2B	5	850	19475	4000	公司
淘金地	B2B	5	412	46550	373232	公司
蓝海网	B2B	3	31	142	20942	公司
物友网	B2B	3	308	380	32877	公司
会搜网	B2B	1	279	9500	1014986	公司
药房网商城	B2B	5	299	6650	69417	公司
易登网	B2B	5	1982	27550	439773	公司
金赢网	B2B	3	74	427	69417	公司
商卖网	B2B	2	70	4275	18446	公司
B2B梦工厂	B2B	1	19	95	4136	公司
中企网	B2B	1	61	95	5143	公司
一呼百应	B2B	5	3453	166250	2254076	公司
太平洋门户	B2B	4	271	19000	39829	公司

见表6-1，在收集的B2C网站中，用商家数量表示的虚拟商圈的大小是受网站反链数和近一周日均IP访问量共同影响的，两个因素之间存在很大的相关性。如阿窝团和嘀嗒团，在网页级别（PR值）一致的前提下，阿窝团的网站反链数远少于嘀嗒团，近一周IP访问量也少得多，阿窝团的商家数量仅是嘀嗒团的1/5；嘀嗒团的两个因素值均低于拉手网，以产品类目数衡量的商家数也比拉手网少；另外，我们可以发现，PR值、网站反链数和近一周日均IP访问量三个因素中只要有一个值较低，那么便会导致商家数量的减少，如5713团、Like团和麦兜团，三者的网页级别均为3，但5713团和麦兜团的外链数远少于Like团，产品类目数也相对少得多，整体来说，消费需求与虚拟商圈成长是正相关的，与理论探讨一致。

此外，也有少数个别情况，如国美电器和拉手网。二者网页级别相差不大，国美电器的网站反链数和近一周IP访问量也远多于拉手网，但商家数量却不足拉手网的1%，本书认为这主要是因为二者平台业务不同导致的，国美电器最先是自营，目前才涉足平台业务，召商家入驻，而拉手网本就是一个大型的团购网站,故二者的差别会非常之大。

B2B 型网站和 B2C 网站的数据分析有类似情况,如蓝海网和物友网,网站级别均是 3,但蓝海网的反链数约是物友网的 1/10,IP 访问量约是其 1/3,蓝海网的商家数量比物友网少得多;B2B 梦工厂和中企网情况类似。

在 B2B 网站中也有比较特殊的,如一呼百应网和中国制造网相比,各个因素值都较低,但一呼百应的注册商家数超出制造网约 100 万家,本书推测,作为全球领先的专业商贸搜索引擎——一呼百应,其无疑更得消费者青睐。

2. 网页级别与虚拟商圈成长

如表 6-1,由于 IP 访问量和网站反链数的影响,我们不能很好地控制变量,故检验中网页级别的 PR 值与商家数量并不能得出有明显的正向关系。

3. 物流实力与虚拟商圈成长

电子商务的发展使得物流服务不断地完善,许多电商企业加大物流建设投资,或者选择自建物流的方式,或者选择第三方物流的方式,电商物流成本不断降低,促使虚拟商圈半径增大。现收集国内 5 大 B2C 电商物流系统综合实力和 2013 年 B2C 网络购物市场交易份额的相关数据进行简要对比,见表 6-2 所示。

表 6-2　国内五大 B2C 电商物流系统实力及交易市场份额比例情况

网站	仓储	配送	干线	综合实力	市场份额(%)
京东商城	100 多万平方米 + 未来 7 个亚洲一号大型仓储设施	自建近 2 万名配送员队伍,服务 360 多个核心城市,其他快递公司为辅助	300 多台辆车队的自建车队	1	22.4
苏宁易购	全国有十个始发仓	6000 多人配送队伍,大件 74 个城市的部分区域半日达,小件 10 个城市的部分区域半日达,16 个城市的部分区域次日达	6000 多台辆车队的自建车队	2	4.9
亚马逊中国	70 多万平方米	19 个城市自建配送团队 + 其他快递公司	招标	3	2.7

续表

网站	仓储	配送	干线	综合实力	市场份额（%）
当当网	42万平方米	以落地配为主，其他快递公司和中国邮政为辅	与其他公司合作	4	1.4
唯品会	22万平方米，2013年底达40万平方米	以落地配公司为主，搭配四通一达加顺丰	策划自建	5	2.3

资料来源：2013年十大B2C购物网站交易市场份额占比图，http://www.100ec.cn/。

由表6-2大致来看，B2C电商物流系统实力和该网站在网购购物交易市场份额中占的比重是一致的，物流系统综合实力越强，那么其交易额就越大。其中，物流综合实力最强的是京东商城，其交易额所占比重最大，达到22.4%，次于天猫商城50.1%，这与之前的理论探讨相一致。我们可以推断，随着国家政府和各大电子商务企业对物流系统的重视，物流建设逐渐完善，这导致目前消费者更加青睐于网络购物，致使虚拟平台上的商家和消费者聚集的越来越多。

4. 支付种类、商品种类与虚拟商圈成长

电子商务支付体系不断完善的一个最大表现就是支付方式的不断完善，变现为各大网站支付种类数的逐渐增多，与此同时，各大网站的商品种类越来越多，如表6-3所示。

表6-3 十大B2C购物网站交易市场份额与支付方式、商品类目数比较

网站名称	市场份额（%）	商品类目	支付方式	支付种类（种）
天猫商城	50.1	16	支付宝快捷支付、网上银行、网点支付、信用卡分期、信用卡支付、国际卡支付、话费充值卡、货到付款、支付宝卡	9
京东商城	22.4	16	货到付款、在线支付、邮局汇款、公司转账、分期付款、发票制度、京东白条、支票支付、扫码支付	9
苏宁易购	4.9	12	货到付款、快捷支付、银联在线支付、苏宁门店付款、分期付款、网银支付、易付宝支付	7

续表

网站名称	市场份额（%）	商品类目	支付方式	支付种类（种）
腾讯电商	3.1	14	货到付款、一点通支付、银行卡、储值卡、信用卡/借记卡支付、财付通余额支付、快捷支付、优惠券、代付	9
亚马逊中国	2.7	16	货到付款、一键信用卡/借记卡支付、网上银行、支付宝、财付通支付、礼品卡支付、招商银行分期付款	7
1号店	2.6	15	货到付款、网上支付、银行转账、抵用券使用	4
唯品会	2.3	9	银联在线支付、网上银行支付、信用卡支付、预付卡、优惠券、货到付款、唯品钱包、联名卡	8
当当网	1.4	14	货到付款、银行转账、网上支付、礼品卡支付、礼券支付、分期付款	6
国美在线	0.4	14	货到付款、在线支付、分期付款、公司转账、发票制度	5
凡客诚品	0.2	8	货到付款、在线支付、邮局付款、VANCL礼品卡、虚拟账户支付、发票制度	6

资料来源：2013年十大B2C购物网站交易市场份额占比图 http://www.100ec.cn/

首先，由表6-3可得，天猫、京东等综合性商城提供的支付方式最多（9种），商品大类也是最多的（16大类），就天猫、京东和QQ商城比较来看，支付种类一样，但QQ商城的商品类目数少于天猫和京东，交易市场份额也比二者低。

其次，亚马逊中国和唯品会，支付种类相差不多，但因类目多少不同进而导致交易份额不同。类似的，如京东和亚马逊，当当网和国美在线，商品类目一致的前提下，所支持的支付方式有差，交易市场份额也有差距。因此，从这些数据侧面，一定程度上可以反映出支付因素和网站商品的丰富度对网站的交易额是有影响的，进而可能对商家数量有影响，也即对商圈规模有影响。

（三）结论及建议

由理论分析，我们知道虚拟商圈演化与消费者需求、网站反链数、网站 PR 值、物流支付水平及商品丰富程度均大致正向相关，虚拟商圈聚集程度越大，其聚集效应就越明显，对消费者和商家产生的吸引力就越大，进而才会产生更大的网络外部性，进一步扩大虚拟商圈规模。我们在理论分析的基础上，从消费者、商家和平台三个角度提出以下建议。

1. 提高消费需求

互联网普及率的扩大使得网民规模越来越大，这潜在的为平台带来了很大的消费量，同时各个网站也应扩大消费需求，变更多的潜在顾客为忠实顾客。一方面，网站可以增加网页的反链数，尤其是被知名网站链接，通过相互之间共享信息流和消费流，扩大自己的潜在消费顾客量，提高网站的消费需求。

2. 吸引商家聚集

首先，网站平台要想对商家形成吸引力，就要提升网站的价值。就购物网站来说，网站信誉度越高，各方面服务越完善，网站带给消费者的信任感越强，消费者选择消费的可能性就越大，各个网站首先要完善自身平台的性质，包括提高网页的级别、提高网站在各大搜索引擎的排名，进而对商家产生吸引力。其次，商家之间、商家和消费者之间存在很强的正向外部性效应。作为平台，就应该为聚集在平台上的商家提供更加完善的服务，依靠商家之间的信息流动吸引更多的商家和消费者聚集。最后，作为商家自身，要保证商品诚信和商家诚信，更应该加强信息监督和信息沟通，吸引潜在商家和消费者。

3. 完善平台服务

这主要是从平台所提供的物流服务、支付服务及平台上的商品丰富程度考虑的。一方面，虚拟商圈的成长离不开服务技术的支持，随着电子商务技术的不断成熟，物流服务水平不断提高，支付体系也不断完善，越来越多的线下需求转移到线上来。因此，各个网站平台更应该加强平台的服务体系建设，增强自身的竞争力；另一方面，网站应该丰富商品种类，如信息类网站扩大信息涉及面，购物类网站向综合类网站发展、自营式平台吸引更多的品牌入驻等，进一步刺激消费需求，促使平台扩大。

三、虚拟商圈成长性研究

伴随着全球电子商务的日趋活跃、业务模式的不断创新，中国电子商务发展的大环境及其成果的运用都发生了巨大的变化。2008 年，随着全球性经济危机的蔓延，中国企业的发展也受到了巨大冲击。然而，就在全球经济发展处在下坡的时候，中国电子商务却发展迅猛，逆势飘红，一直保持快速增长势头。2008 年中国企业电子商务交易总额已达 15000 亿元。相对于传统的销售模式，电子商务的优势在于将传统的销售模式电子化，实现网上一站式交易，减少了人力和物力成本，突破了时间和空间的限制。正是因为这些优势，使得各行业中要"过冬"的中小企业无不羡慕电子商务企业的成长性和发展前景。

（一）文献回顾

Don Y. Lee 和 Eric W. K. Tsang（2001）认为企业家的人格特质、背景和网络活动对企业的成长性会产生重大影响。Marta Aranyossy（2013）分析了 187 家匈牙利零售电子商务的能力，分析发现电子商务在线交易对企业的盈利能力产生了正面影响，打破了 IT 生产率悖论。Emna cherif 和 Delvin Grant（2014）用应用程序框架分析了 Yahoo、Redfin、Realtor、Trulia、Zillow 和 Craigslist 的电子商务模式对公司成长性的影响。

吴业春和王成（2007）以企业成长性为被解释变量，9 个指标为解释变量，建立了中小企业成长因素模型，并利用 34 家企业的 2001～2004 年的数据位样本进行了实证分析。刘芊和蓝国赈（2008）介绍了因子分析方法和 SPSS12.0 软件的详细操作步骤，并做了实证分析。郭昱和顾海英（2008）分析了影响公司资本结构的因素，然后用回归模型来验证各因素对公司资本结构的影响。结果表明：资产负债率、流动比率、速冻比率等 12 个指标对公司的资本结构有显著的影响。隋波和薛惠锋（2005）为了研究企业的成长性建立了多目标优化的数学模型，并且建立了蒙特卡罗仿真模型。符林、刘轶芳、迟国泰（2008）运用欧式距离判别法对 411 家上市公司进行了成长性分析，他们选择了 5 个指标，并最判别这 411 家公司是成长性的还是非成长性的。张艳和张科儒（2007）对国内外企业成长理论进行了综述，并且提出了关于科技型创业企业的成长性评价的 6 个指标。这 6 个指标为：技术优势、行业背景和产业政策、区域环境和产业链、资本结构和财务特征、公司的治理、市场开发能力。李定珍、唐红涛、杨璠（2007）从国内的 20 家零售企业的报表中搜集原始数据，算了 13 个财务指标，利用 SPSS 做因子分析，得出了这 20 家上市零售企业 1997～2006 年的综合性排名，并获得了一些相关的结论。唐红涛、刘海鸥（2010）研究了中国 24 家电子商务上市公司 2004～2008 年的成长性，选取了 12 个会计指标利用因子分析方法算出了这24家公司的综合性排名,并得出了一些有意义的结论。我们是对电子商务上市公司2010~2013年的后续研究,方法同这篇文章的研究方法。郭蕊(2005)用企业成长性评价的五维度模型来评价企业的成长性,这五个维度分别为社会环境维度、财务维度、制度维度、技术维度、产业维度。李德龙、徐妤(2009)对深圳市中小企业板的数据进行了因子分析和回归分析,得出了固定资产比例、总资产周转率、科研投资周转率是影响深市中小板上市公司成长性的主要指标。陈泽聪和吴建芳(2002)选取了13个财务指标,利用SPSS对20家创业板上市公司进行主成分分析来判断这些企业的成长性,得出创业板上市公司大多处于成长初期的结论。作者构建的指标体系能够客观的反映创业板上市公司的成长性。李柏洲、孙立梅(2006)利用调和系数法对20家中小型高科技企业进行成长性研究,得出环境对中小型高科技企业具有重大的影响的结论。倪筱楠、王沈桥(2013)基于系统视角理论构建了企业成长性评价指标体系,并以辽宁省的上市公司为例,分析了辽宁省上市公司2005~2009年上市公司的成长性。

(二) 研究方法及指标选取

现在,国内外评价企业成长性的方法也有很多,主要有突变级数法、灰色关联法以及因子分析法等。考虑到数据的易得性以及处理结果的需要,我们采用因子分析法,利用SPSS22.0软件,对中国上市的30家虚拟商圈电子商务企业的成长性进行实证分析研究。

我们选取代表企业成长性的指标主要侧重于企业业绩指标,为使研究更全面和更有说服力,特意选取在美国纳斯达克(NASDAQ)、中国香港和中国内地上市的30家电子商务企业作为研究样本。根据各公司前5年(2004~2008年)[①]和后4年(2010~2013年)的财务数据[②]进行计算,通过对各项业绩指标的纵向和横向分析,揭示虚拟商圈的盈利能力和成长性。电子商务企业经过近几年的飞速发展,已经培育出更多具备上市资格的电商企业,与老的电商企业相比,这些新增的上市公司的成长性是否能与之相竞争呢?通过因子分析方法,计算了30家电子商务上市公司的综合

[①] 有些公司如网易等上市公司较早,但考虑各个公司数据的比较,时间区间选择了2004~2008年。这段时间也是电子商务行业走出"寒冬"后的又一个发展的黄金时期。

[②] 24家上市企业的所有数据均来源于各企业年度报告,数据全部来源于美国纳斯达克交易网站、香港联合交易所网站、上海证券交易所网站和深圳证券交易所网站。

得分来分析它们 2010~2013 年的成长性。同时对比分析了 19 家电子商务企业 2008 年与 2013 年成长性的变化。研究的意义在于，通过计算各公司的综合得分可以看出虚拟商圈这几年的发展进入了哪一个阶段，以及对虚拟商圈今后的发展提出建议。

根据评价虚拟商圈的盈利能力和成长性的绩效的要求，并结合投资者、券商等评估机构对企业业绩评判标准的指标度量为变量选择标准，共确定 12 个业绩指标，分别为毛利率（X_1）、净利率（X_2）、总资产报酬率（X_3）、净资产收益率（X_4）、业务收入增长率（X_5）、净利润增长率（X_6）、总资产周转率（X_7）、每股收益增长率（X_8）、流动比率（X_9）、资产负债率（X_{10}）、总资产周转率（X_{11}）、应收账款周转率（X_{12}）。其中资产负债率（X_{10}）为逆指标，故将原始数据取其倒数作为新的数据序列进行分析。

（三）虚拟商圈 2013 年的成长性分析

运用 SPSS22.0 进行因子分析 KMO（Kaiser – Meyer – Olkin）和 Bartlett 检验值为 0.515。

通过正交旋转法可以获得四个公共因子，它们的累计贡献率达到 79.395%，且这四个公共因子的初始特征值都大于 1。

表 6－4　　　　　　　　　KMO 和 Bartlett 检验结果

	取样足够度的 KMO 度量	0.515 检验值
Bartlett 的球形度检验	近似卡方	371.889
	Df	66
	Sig.	0.000

表 6－5　　　　　　　　　　　旋转成分矩阵

变量	成分				变量	成分			
	F_1	F_2	F_3	F_4		F_1	F_2	F_3	F_4
X_1	0.865	0.06	-0.056	-0.123	X_7	0.757	0.158	0.114	-0.159
X_2	0.766	0.32	0.000	0.455	X_8	0.008	-0.01	0.995	0.029
X_3	0.832	-0.04	0.12	0.245	X_9	0.094	0.906	0.005	-0.185
X_4	-0.349	-0.5	0.145	-0.513	Y_{10}	-0.076	0.919	0.012	-0.161
X_5	0.671	-0.18	-0.146	-0.087	X_{11}	0.056	-0.39	0.04	0.831
X_6	0.005	-0.01	0.995	0.03	X_{12}	-0.164	-0.11	0.068	0.823

表 6-6　　　　　　　　　　　　累计方差

成份	初始特征值			旋转平方和载入		
	合计	方差的 %	累积 %	合计	方差的 %	累积 %
1	3.425	28.540	28.540	3.217	26.805	26.805
2	2.504	20.866	49.406	2.245	18.706	45.511
3	2.034	16.948	66.355	2.058	17.151	62.662
4	1.565	13.041	79.395	2.008	16.733	79.395
5	0.792	6.603	85.998			
6	0.679	5.656	91.655			
7	0.431	3.595	95.250			
8	0.242	2.018	97.268			
9	0.166	1.384	98.652			
10	0.131	1.088	99.740			
11	0.031	0.258	99.998			
12	0.000	0.002	100.000			

（1）公共因子 F_1 方面：在 X_1、X_2、X_3、X_7 上有较高的载荷。X_1、X_2、X_3 反映了盈利因子，X_7 反映了成长因子。因此，F_1 为盈利成长因子，它综合了整个指标体系 26.805% 的信息。

（2）公共因子 F_2 方面：在 X_6、X_8 上有较高的载荷。X_6、X_8 反映了企业的成长能力，因此，F_2 为企业的经营成长因子，它综合了整个指标体系 18.706% 的信息。

（3）公共因子 F_2 方面：在 X_9、Y_{10} 上有较高的载荷。X_9、Y_{10} 反映了企业的偿债能力，因此，F_3 为企业的偿债因子，它综合了整个指标体系 17.151% 的信息。

（4）公共因子 F_4 方面，在 X_{11}、X_{12} 上有较高的载荷。X_{11}、X_{12} 反映了企业的营运能力，因此，F_4 为企业的运营因子，它综合了整个指标体系 16.733% 的信息。

通过计算各因子的得分和综合得分。可以将 30 家虚拟商圈进行竞争力排名。综合得分计算结果如下：

$$F = (F_1 \times 26.805 + F_2 \times 18.706 + F_3 \times 17.151 + F_4 \times 16.733)/79.395$$

表6-7 2013年因子得分及综合得分

公司名称	F_1 得分	排名	F_2 得分	排名	F_3 得分	排名	F_4 得分	排名	综合 得分	排名
搜房	0.4567	1	0.0747	4	0.0454	26	0.00177	14	0.182	1
人人	0.2417	18	0.1437	2	0.2654	1	0.00049	29	0.1729	2
空中	0.169	23	0.3869	1	0.0657	18	0.00217	4	0.1629	3
360	0.3429	5	0.0861	3	0.0785	14	0.00188	12	0.1534	4
网易	0.3505	4	0.0185	11	0.1355	5	0.00209	8	0.1524	5
网龙	0.3518	3	-0.0319	26	0.1487	4	0.00092	25	0.1436	6
前程无忧	0.3279	7	0.0047	15	0.1197	8	0.00157	17	0.138	7
畅游	0.3732	2	-0.0025	21	0.048	24	0.00191	11	0.1362	8
易车	0.2967	10	0.0609	5	0.0769	15	0.00215	6	0.1316	9
太平洋	0.3231	8	0.0056	14	0.0894	11	0.00217	5	0.1302	10
百度	0.3109	9	-0.0001	16	0.0795	13	0.00178	13	0.1225	11
盛大	0.3295	6	0.023	9	0.0246	30	0.00214	7	0.1224	12
生意宝	0.25	16	-0.0068	22	0.134	6	0.002039	9	0.1122	13
携程	0.2729	14	0.0273	8	0.05	23	0.001	24	0.1096	14
环球资源	0.2843	11	-0.0001	17	0.0506	22	0.00264	3	0.1074	15
慧聪	0.2745	12	-0.0007	19	0.0641	20	0.00169	15	0.1067	16
完美时空	0.2745	13	-0.0007	18	0.0641	19	0.00169	16	0.1067	17
腾讯	0.2521	15	0.0168	12	0.0463	25	0.00136	19	0.0994	18
世纪佳缘	0.2282	19	0.007	13	0.0856	12	0.002037	10	0.0976	19
新浪	0.1919	20	0.03	7	0.1152	9	0.00102	23	0.097	20
搜狐	0.2439	17	-0.0288	25	0.0536	21	0.00144	18	0.0874	21
金融界	0.1843	21	0.0201	10	0.0665	17	0.0011	22	0.0815	22
高德	0.1756	22	-0.127	29	0.2075	2	0.0008	26	0.0743	23
当当	0.0388	25	0.0526	6	0.0282	28	0.00709	1	0.0331	24
优酷	0.001	28	-0.0221	24	0.1201	7	0.00078	27	0.0213	25
掌上灵通	-0.0119	29	-0.0487	28	0.1572	3	0.00064	28	0.0186	26
麦考林	0.0117	26	-0.0105	23	0.0682	16	0.00305	2	0.0168	27
TOM	0.0039	27	-0.047	27	0.0308	27	0.0012	21	-0.0028	28
九城	-1.3671	30	-0.0021	20	0.0258	29	0.00044	30	-0.4564	29
艺龙	0.1575	24	-25.3469	30	0.0922	10	0.00132	20	-5.8985	30

1. 因子得分分析

(1) 在公共因子 F_1 盈利成长因子方面。企业的盈利成长能力强，企业的综合成长能力不一定强，但大体上，盈利成长能越强，企业的综合成长能力越强。因为大部分企业的盈利成长因子得分高，综合得分也高。如搜房网，公因子 F_1 得分排名为第1，综合得分排名也为第1，新浪网的公因子 F_1 得分排名为第20，综合得分排名也为第20，携程网的公因子 F_1 得分排名为第14，综合得分排名也为第14，世纪佳缘的公共因子 F_1 的得分排名第19，综合得分排名也为第19。只有小部分企业盈利成长因子的得分排名较高，但综合得分排名却不高。如畅游网盈利成长因子得分排第2，而综合得分排名第8，盛大的盈利成长因子得分排第6，综合得分排第12。可见，一个企业的盈利成长能力对企业的综合成长能力有重大的影响。

(2) 在公共因子 F_2 经营成长因子方面。大体上经营成长因子得分高的企业，其综合成长能力越强。经营成长因子排名前三位是依次是空中网、人人网、奇虎360，对应的综合得分排名是第3位、第2位、第4位。后三位依次是掌上灵通、高德和艺龙，它们的综合得分排名分别是第26位，第23位，第30位。公共因子 F_2 里包含的净利润增长率和每股收益增长率是很能反映企业的经营成果的。企业经营状况良好，才能获得稳定的利润来源，股民才会愿意去购买该公司的股票，公司就能筹集更多的资金去扩大自己的经营范围以获取更多的利润。每股收益增长率对于股民来说是能否派发股利的重要财务指标，因此也备受关注。由此可见，企业的经营成长状况对企业的总的成长性起着举足轻重的作用。

(3) 在公共因子 F_3 偿债因子方面。偿债能力强的企业综合排名不一定靠前，但是企业的偿债能力是保证企业生存发展下去的必要条件。偿债能力最强的是人人网、高德、掌上灵通。偿债能力最弱的是当当网、九城和盛大。公共因子 F_3 偿债因子包括资产负债率的倒数和流动比率这两个指标。偿债能力最弱的企业的资产总额和企业的负债总额相当，这是非常危险的。如果负债到了偿还期，企业必须把现有的为数不多的资金偿还债务，这样一来企业的资金周转便会陷入困境。例如，盛大2013年的流动资产为3059.4万元，而流动负债为3733.4万元，可见，流动负债大于流动资产，这对于企业来说是很危险的信号。

(4) 在公共因子 F_4 营运因子方面。企业的运营能力强不一定综合排名就靠前。由表6-7的数据可以看到，30家电子商务企业的运营因子得分都很接近，排名第1的当当网和排名最后的九城才相差0.00665。可见运营因子对企业的综合成长性的影响不那么显著。但是企业的运营因子能反映企业的资金周转情况。例如，应收账款周转率对于企业来说当然是高越好，企业的应收账款如果太多，在同等情况下会增加坏账的风险，那么对于企业来说是种损失，必然会影响到企业的综合成长能力。由于电子商务企业不像零售企业回款的速度慢，电子商务独特的在线支付形式，让企业的回款速度比传统的企业要快一些。

2. 综合得分分析

从表6-7可以看到，这30家虚拟商圈（电子商务上市公司）2013年的综合得分的大体区间在-0.5~0.2，总体的波动范围不是很大。但是，艺龙的综合得分只有-5.8985，这是一个非常低的得分。除了艺龙在2013年出现严重亏损以外，其他的电子商务企业的成长性还算是符合预期的。综合得分排名前三的是搜房网、人人网、空中网；综合得分最差的三位是TOM、九城、艺龙。我们可以发现，百度、腾讯、新浪、携程等较大的电子商务上市公司并没有排在前面，可见并不是越大的电子商务上市公司的成长性就越好，反而是一些极具自己特色的企业的成长性更好，如排在前面的搜房网是专做房地产家具网络平台的，它在自己的领域做得很精细化。

(四) 2010~2013年虚拟商圈的成长性分析

根据2013年综合得分的计算方法，得到了2010~2013年30个虚拟商圈的成长性综合排名。

2010年综合得分计算公式：

$$F = (F_1 \times 33.245 + F_2 \times 20.330 + F_3 \times 18.542 + F_4 \times 13.284)/85.401$$

2011年综合得分计算公式：

$$F = (F_1 \times 21.285 + F_2 \times 20.274 + F_3 \times 19.839 + F_4 \times 15.725)/77.123$$

2012年综合得分计算公式：

$$F = (F_1 \times 21.073 + F_2 \times 16.808 + F_3 \times 16.761 + F_4 \times 16.403 + F_5 \times 13.633)/84.679$$

1. 整体的比较

从表6-8的数据来看：2010年排名前五的是百度、畅游、搜房、世纪佳缘、当当网。2011年排名前五的是掌上灵通、人人网、360、世纪佳缘、网龙。2012年排名前五的是360、百度、畅游、掌上灵通、网龙。2013年排名前五的是搜房网、人人网、空中网、360和网易。没有一家电子商务上市公司四年都进了前五。360是30家电子商务上市公司中成长性最好的，它在2011年、2012年、2013年的排名都进了前五。360的业务涉及网址导航、搜索引擎、杀毒软件等。随着360用户群体的扩大，公司的营业收入额及利润总额处于直线上升的趋势。360公司2010年的总收入为5766.5万美元，2011年总收入为16785.1万美元，同比增长率为191%；2012年总收入为32903.2万美元，同比增长率为96%；2013年总收入为67108.8万美元，同比增长率为104%。360的净利润也是快速增长，2010年为849.1万美元；2011年为1454.4万美元；2012年为4647.1万美元；2013年为9784.7万美元。

表6-8　　2010~2013年30家电子商务上市公司的综合排名

公司名称	2010年	2011年	2012年	2013年	公司名称	2010年	2011年	2012年	2013年
搜房	3	8	9	1	慧聪	21	12	11	16
人人	22	2	24	2	完美时空	14	15	20	17
空中	23	24	22	3	腾讯	6	17	14	18
360	8	3	1	4	世纪佳缘	4	4	13	19
网易	9	9	6	5	新浪	25	30	18	20
网龙	18	5	5	6	搜狐	15	18	17	21
前程无忧	10	11	7	7	金融界	17	29	29	22
畅游	2	7	3	8	高德	12	13	12	23
易车	30	19	15	9	当当	5	28	28	24
太平洋	7	14	10	10	优酷	26	21	26	25
百度	1	6	2	11	掌上灵通	27	1	4	26
盛大	16	23	16	12	麦考林	24	27	25	27
生意宝	13	16	8	13	TOM	28	25	27	28
携程	11	20	21	14	九城	29	26	30	29
环球资源	19	22	19	15	艺龙	20	10	23	30

两年排名前五的公司有世纪佳缘、畅游、掌上灵通、人人和网龙。其中，2010~2013年新增的电子商务上市公司有3家。它们是世纪佳缘、畅游和人人网。世纪佳缘作为相亲交友类网站在2010年和2011年排名是第4，但在2012年排名第13，2013年排名第16。可见，世纪佳缘的成长性呈现下降的趋势。畅游网和网龙作为游戏类网站，成长性还算不错的。

2010~2013年排名最后的五位中，出现频率最高的是TOM、九城、掌上灵通、麦考林、优酷和金融界。这些企业的成长性比较差。由于优酷已经是行业老大，在不拓展其他的业务的情况下很难再有大的提升的企业。而TOM和掌上灵通是由于内容服务类企业的前景不好，又没有探寻新的出路。

2. 行业分类的比较

（1）门户类虚拟商圈。从图6-1可以看到，门户类虚拟商圈中，搜狐、网易、太平洋的发展是趋于大体稳定的。发展得最好的是网易，网易的业务涉及网络游戏、新闻、搜索引擎等多项业务，由于综合性较强，所以成长性也比较稳定。新浪在2011年总综合最低，净亏3亿美元。究其原因，新浪在2011年投入大量资金来运营新浪微博，导致人力成本、设备成本急剧上升。与此同时，金融界2011年净亏1930万美元，只要原因是受经济不景气的影响，客户对金融信息产品的需求急剧减少。可见，公司的成长性受经济环境、业务的范围、投资方向的影响。

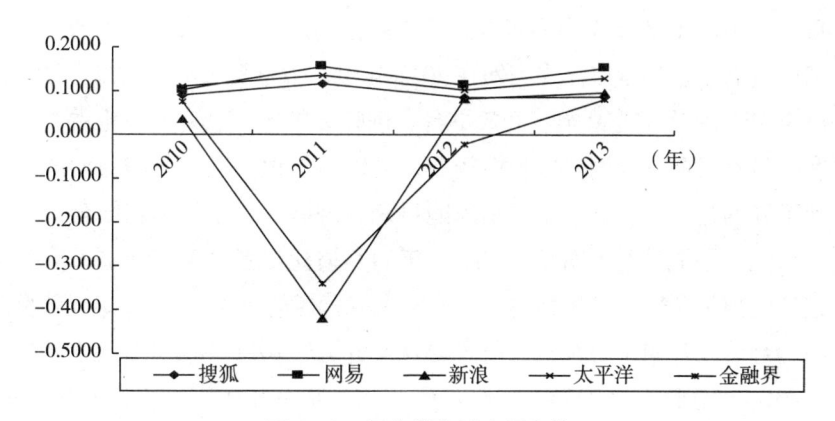

图6-1 门户类虚拟商圈比较

（2）B2B虚拟商圈。2012年6月20日，阿里巴巴正式退市，完成了私有化的进程。时隔两年，阿里巴巴在2014年3月16日启动赴美上市计划。在B2B电子商务平台中阿里巴巴仍然稳坐第一把交椅。从图6-2可以看出，慧聪、环球资源和生意宝的成长性最好的一年是2011年，三者的得分都略高于其他三年，到了2013年三家B2B平台的得分比较接近。其中，生意宝的成长性最为稳定。根据艾瑞咨询B2B电子商务行业年度监测报告中的数据可以看到，B2B电子商务企业总收入排名依次是阿里巴巴、环球资源、慧聪、生意宝，市场份额排名依次是阿里巴巴、环球资源、慧聪、生意宝。生意宝在总收入和市场份额上面都不占优势，但是它的成长性却不见得比其他两家差，只在2011年略低于慧聪网。

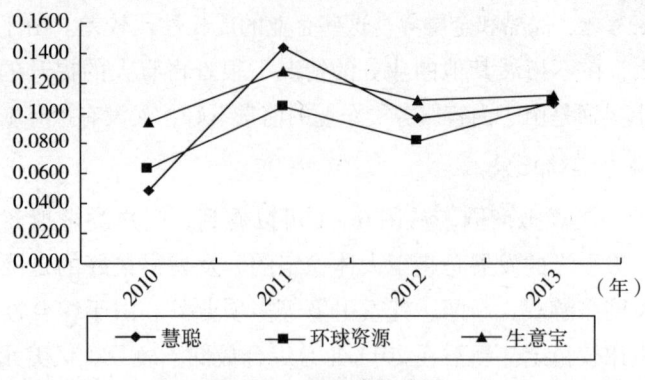

图 6-2　B2B 虚拟商圈

（3）B2C 虚拟商圈。由图 6-3 可以看到，当当网和麦考林在 2011 年的成长性均不太好，综合得分小于 0。但是麦考林的整体波动幅度没有当当网的大。2011 年电商行业的价格战让各大电商网站亏损的比同期更为严重。2010~2013 年作为零售电商发展的初期阶段，以低价抢市场仍然是大部门电商企业的策略。当当网在 2012 年投入大量资金整合物流，并且在 2013 年积极采取扩充品类、开放平台、进驻天猫等一系列方法抢占更多的顾客。虽然目前当当网的成长性较差，但以后却说不准。与当当网的全网扩展不同的是，麦考林采用的是邮购目录、网购、线下实体相结合的发展策略，但效果似乎并不明显，连续三年的亏损让麦考林与其他电子商务企业相比失掉了色彩。麦考林的电子商务、专营店的收入从 2012 年起就呈现下降的趋势，呼叫中心和直营门店的收入更是从 2011 年其就步入下降的趋势。2010 年总收入为 22754.1 万美元，2011 年总收入为 21789.4 万美元，收入增长率为 -4.2%。

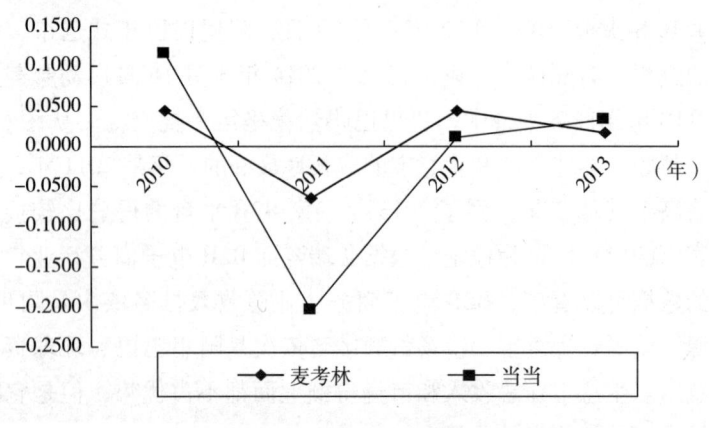

图 6-3　B2C 虚拟商圈

(4) 旅游服务虚拟商圈。作为在线旅游行业的两大竞争对手，携程和艺龙一直是你追我赶的。由图6-4可以看到，携程网的成长性是比较稳定的，而艺龙在2013年出现了大幅亏损，综合得分成为30家电子商务上市公司最后一名。在线酒店、机票预订业务的利润空间随着这几年行业内各网站的竞争已经变得很低了。2013年，艺龙为了快速逼近对手，掀起价格战，返现力度的加大让艺龙的酒店预定量大幅上升。但好景不长，随着携程的反击，艺龙体力透支，出现大幅亏损。可见，价格战已经不能作为艺龙打击对手的策略了，唯有另辟蹊径才有机会成为市场老大。

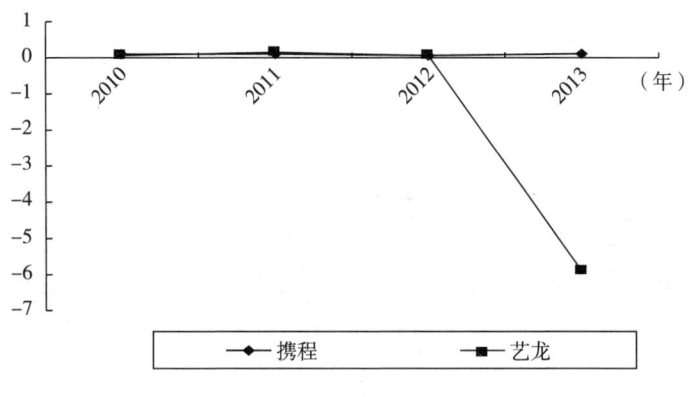

图6-4 旅游服务虚拟商圈

(5) 无线增值服务SP虚拟商圈。从图6-5可以看到无线增值服务类企业中，TOM一直处于一个较低的水平，综合得分在0上下挣扎。空中网在2010~2012年发展的比较稳定，在2013年有一个大的飞跃。掌上灵通在2011年达到了一个前所未有的高度，但也只是昙花一现。掌上灵通2011年的收入有一大部分来自清空Aerospace satellite的债券。空中网为了谋求企业的发展，扩展了网络游戏业务让自己走出了低成长性的怪圈。可见，即使是3G时代的到来，无线增值服务类企业光靠之前的主营业务是没有太大的成长性的。

(6) 游戏类虚拟商圈。由图6-6可以看到：九城2010~2013年的综合得分一直低于0，连续4年亏损。2009年九城独家代理的游戏《魔兽世界》的代理权被网易取走了。这款游戏是九城的主要收入来源，九城为了挽回损失，又代理了"FIREFALL"游戏，这款游戏为它带来了不少收入，但是它的全球化战略让它难以摆脱亏损的魔咒。网龙、盛大、完美时空、畅游的企业成长性是大致趋于稳定的。畅游在里面的成长性最好。2013年

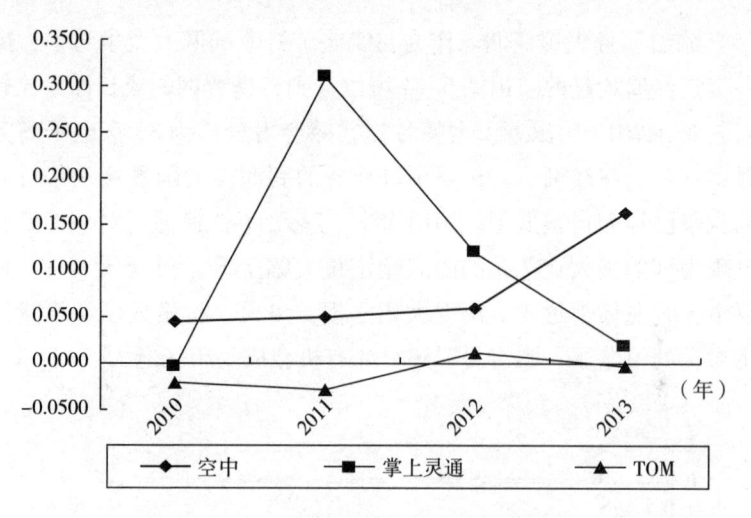

图6-5 无线增值服务类SP虚拟商圈

总营收7.37亿美元,净利润为2.86亿美元,2012年净利润为2.935亿美元,同比下降2.44%。而2010年净利润为2.04亿美元,2011年净利润为2.69亿美元,同比上升27.29%。2012年与2011年相比,同比上升18.38%。可见,虽然畅游在游戏类网站中居于前列,但净利润增长速度放缓。

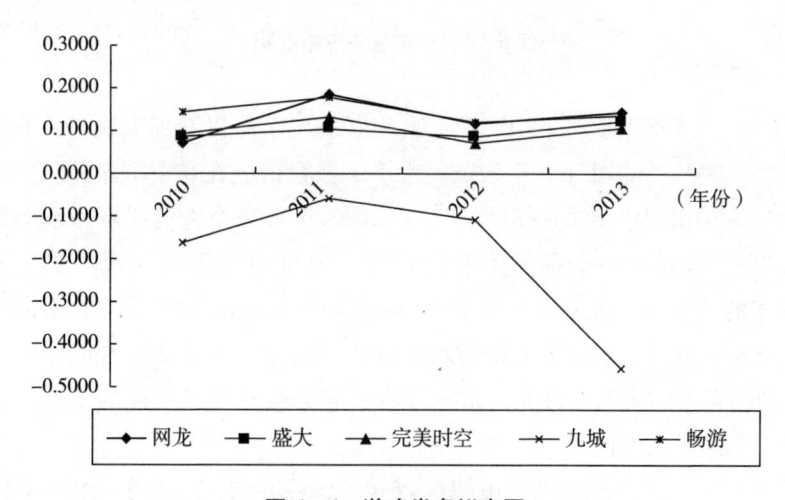

图6-6 游戏类虚拟商圈

(7) 社交类虚拟商圈。人人网的成长性呈现波动的态势,2010年排第22;2011年排第2;2012年排第24;2013年排第2。世纪佳缘的成长性呈大体下降的趋势,2010年和2011年排第4;2012年排第13;2013年排第19。究其原因是相亲网站的蜂拥而至导致的激烈竞争,由于竞争者的介入,对其业务还是造成了一定程度的影响的。百合网、珍爱网、嫁我网等同类网站纷纷跑来抢占市场份额。

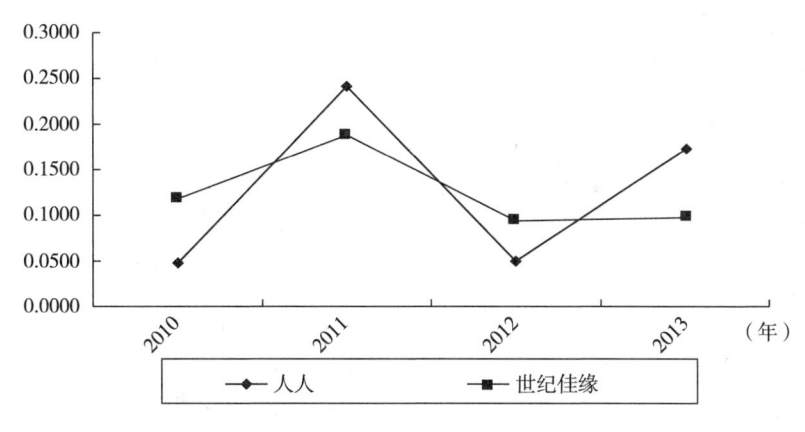

图 6-7 社交类虚拟商圈

(8)搜索类虚拟商圈。百度作为国内最大的中文搜索网站,在 2010~2012 年的排名都是前 6 的;2013 年滑到第 11 位,但 2012 年净利润为 103.91 亿元,2013 年净利润为 103.56 亿元,同比下降 3.36%。百度 2013 年净利润的下降一方面受经济局势的影响,另一方面百度移动端的投入还没有那么快速产生收益。奇虎 360 的业务涉及浏览器和杀毒软件、搜索引擎等,2010~2013 年其成长性呈大体上升的趋势。2010 年排第 8;2011 年排第 3;2012 年排第 1;2013 年排第 4。作为后来者,360 的综合实力没有百度强,但是其成长性 2011~2013 年都比百度要好。

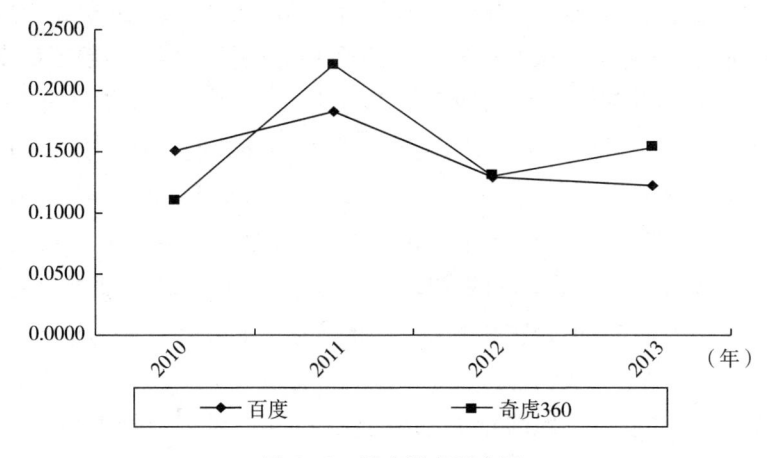

图 6-8 搜索类虚拟商圈

· 193 ·

（9）其他类虚拟商圈。由图6-9可以看到，除了易车网在2010年出现亏损，成长性比较差之外，其他企业的成长性都是比较好的。

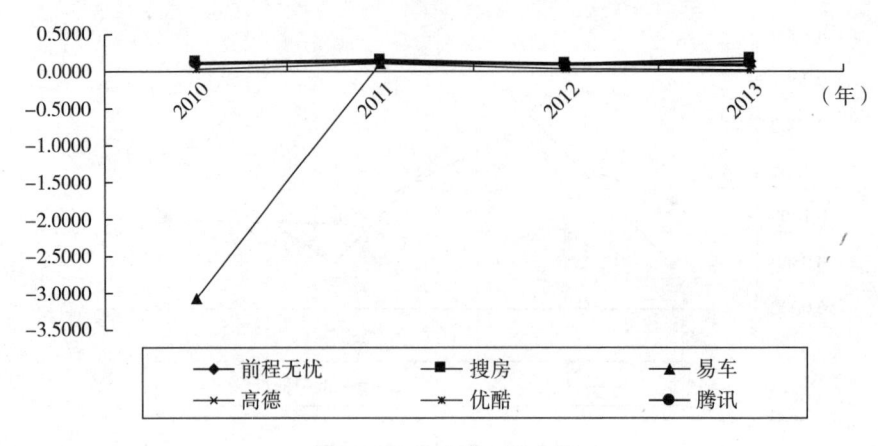

图6-9 其他类虚拟商圈

腾讯的综合得分在2011~2013年是比较靠后的，分别为第17位、第14位和第18位。作为老牌的电子商务上市公司，腾讯的总收入一直是靠前的，但是其成长性不见得也是靠前的。前程无忧作为职场招聘类网站一直保持着良好的发展态势，企业成长性较好。2010年排第10；2011年排11；2012年排第7；2013年排第8。但是，前程无忧作为上市电商公司，特别看重公司的盈利情况，不敢做出大的改变也在一定程度上束缚了它的发展。它最大的竞争对手更看重产品和服务，在顾客体验上下苦工，赢得了更多顾客的青睐，虽然不是上市公司，但成长性比前程无忧更好。优酷作为中国领先的视频服务提供商自2012年收购土豆之后，成为在线视频行业的大哥大。优酷的成长性在2010~2013年的成长性是大体趋于稳定的，2010年排第26位；2011年排第21；2012年排第26；2013年排第25。易车网2010年出现亏损，净亏1.2亿元。而从2011年起，易车网开始盈利，2011年净利润0.87亿元，净利润同比增长172.5%。2012年净利润为1.35亿元，同比增长55.17%，2013年净利润为2.41亿元，同比增长78.52%。由此可见，易车网的成长性是呈大体上升的趋势。此外，我们看电子商务上市公司不能光看其中某一年的数据，要看近几年的趋势是如何的才能准确地判断其成长性，某一年的得分低，可能是由于一些投资活动或者其他的价格竞争等原因导致的。同理，某一年的得分特别高，而其他年份的表现平平也不能判断为成长性大体上升型企业。

(五) 虚拟商圈成长性变化

根据各公司的报表的齐全程度，我们选取了 19 家虚拟商圈 2008 年与 2013 年的综合得分及排名情况作对比分析。选 2008 年作为对比年份，一是因为 2008 年爆发的金融危机对中国经济产生了巨大的影响，想看看对电子商务企业有没有造成大的影响；二是因为 2008 年电子商务行业还处于初期。2013 年作为众多电子商务公司奔赴美国上市的井喷年，必然是处于电子商务趋于成长的年份。因此，对比 2008 年与 2013 年电子商务上市企业的成长性显然更有意义。

从表 6-9 的数据可以看到：整体看来，19 家虚拟商圈 2008 年的得分区间在 -2~2，2013 年的大体区间在 -0.4~0.2。可见电子商务企业的整体得分水平是低于 2008 年的。2008 排名前三的是完美时空、百度、环球资源；2013 年排名前三的是空中网、网易和前程无忧。2008 年排名靠后的是金融界、网易和空中网；2013 年排名靠后的是 TOM、九城和艺龙。可见电子商务行业经过了 5 年的发展已经重新洗了一次牌，2008 年排名靠后的企业在 2013 年排名的情况并不见得很差。例如，空中网在 2008 年排最后，在 2013 年排第一。这可谓是一个大的飞跃，可见空中网 2013 年的成长性较好。那么，是什么原因导致了这个结果呢，空中网作为无线增值服务类企业在 2008 年的时候与其对手的主营业务严重同质化，企业成长性没什么提升。

表 6-9　　2008 年与 2013 年 19 家虚拟商圈的综合得分及排名

公司名称	2008 年		2013 年		公司名称	2008 年		2013 年	
	得分	排名	得分	排名		得分	排名	得分	排名
空中	-1.8285	19	0.1629	1	完美时空	2.1384	1	0.1067	11
网易	-0.8082	18	0.1524	2	腾讯	0.5056	7	0.0994	12
前程无忧	-0.205	14	0.138	3	新浪	0.1624	12	0.097	13
太平洋	-0.4863	16	0.1302	4	搜狐	1.2003	4	0.0874	14
百度	1.9662	2	0.1225	5	金融界	-0.493	17	0.0815	15
盛大	0.3447	8	0.1224	6	掌上灵通	-0.48	15	0.0186	16
生意宝	0.9783	5	0.1122	7	TOM	0.8043	6	-0.003	17
携程	0.2262	11	0.1096	8	九城	0.2343	10	-0.456	18
环球资源	1.9662	3	0.1074	9	艺龙	0.0983	13	-5.899	19
慧聪	0.3291	9	0.1067	10					

空中网也在寻找自己的出路，2009年收购了新势力，并且从2011年开始做游戏代理。空中网的努力是有效果的，根据易观智库整理的季度数据，2012年第一季度，空中网的网络游戏收入为1917万美元，占全季营收的43.72%，无线增值收入为1912万美元，占总营收的43.6%。到了2013年第一季度，空中网的网络游戏收入为2838万美元，相比2012年第一季度增长了24.3%，占全季总营收的49.69%，而无线增值收入为1585万美元，相比2012年第一季度，同比下降了17%，占全季总营收的33%。可见空中网发力网络游戏已见成效。

完美时空作为资深的游戏类电子商务公司，在2008年排第1位，2013年排第11位。成长性明显不如2008年。2008年，完美时空推出的《武林外传》《赤壁》吸引了大批玩家，让它一度跃身为2008年成长性最好的公司。但到了2013年，完美时空的成长性没有之前高了，原因是游戏业务做得比较成熟，没有大的创新性的游戏，所以公司没有大的突破。

前程无忧在2008年的时候得分排名14位，在2013年排第3位。2008年在网上找工作还不算普遍，但到了2013年，招聘类网站为求职者和招聘者提供了一个很好的交流平台，信息的传递也更加快速和有效。每年有600万~700万的高校毕业生，再加上社会招聘，职场招聘类网站每年都有稳定的顾客来源。因此，随着互联网经济的发展，其成长性是越来越好的。

门户类网站中，网易和搜狐的成长性在2008年和2013年呈现相反的发展态势。搜狐在2008年排第4位，但到了2013年排第14位，网易在2008年排第18位，但2013年却上升到第2位。同为门户类网站，它们都涉足了移动应用和游戏。不同的是，网易还涉及在线教育、房产、互联网金融业务，搜狐涉及社交、语音聊天工具、旅游、时尚社交领域。互联网金融作为这两年的热门行业，是有很大的发展空间的。可见，即使是同类企业，涉足的其他领域不同也会影响到企业的成长性的。

（六）虚拟商圈成长性研究结论

第一，综合实力强的虚拟商圈的成长性不一定好。综合实力强的企业一般是成立的时间很长，业务发展的比较成熟，其发展空间就比较有限了。反而是一些新增的电子商务企业拥有独特的盈利模式，在发展的前期成长性较好。虽然不知道以后的情况会如何，但至少现在是很好的。

第二，虚拟商圈的成长性受竞争环境的影响。同类虚拟商圈越多，竞争越激烈。受价格战或者其他竞争方式的影响，企业的利润空间变小，各项会计指标都降低了,这样便会影响到企业的成长性。

第三,虚拟商圈的成长性受经济环境的影响。宏观经济环境好,虚拟商圈能更加健康的成长。但如果经济环境不景气,企业的收入和利润会受到影响,从而影响整个虚拟商圈的经营情况。

第四,虚拟商圈的成长性受整个行业发展情况的影响。整个行业发展前景差,虚拟商圈的成长性也不会很好。唯有寻找其他的业务才有可能提高公司的成长性。

第五,虚拟商圈经过5年的发展,老牌的虚拟商圈进入成熟期,成长性不高。与2008年相比,2013年大部分虚拟商圈的综合得分都没有2008年高。可见,虚拟商圈经过这几年的快速发展,已经渐渐进入成熟期。

四、虚拟商圈 Huff 模型

(一)虚拟商圈 Huff 模型建立

1. 传统 Huff 模型回顾

1964年,美国学者 Huff(1964)以大型零售店而不是城市为研究对象,并且更为符合实际地认为消费者会选择多个零售店购物。Huff 模型的目的在于测算特定地点的某个消费者到某个零售店购物的可能性。

20世纪80年代初,日本的学者、市场研究机构及商业研究机构陆续对 Huff 模型加以修正。日本通产省进一步把修正的 Huff 模型调整为全国统一的客观尺度。通产省修正的 Huff 模型将原来的 n 值这一变数用"距离二次方反比"代替。该法则认为,消费者在某个商圈购物的几率与商业集中的卖场面积大小成正比,与到达该处距离的二次方成反比。修正后的 Huff 模型把距离阻力因素的影响具体化。

随着零售业的变化与发展,在 Huff 模型基础上,引力模型有了更进一步的突破。1987年美国学者 Black 提出多个因素作用模型,公式如下:

$$P_{ij} = (S_{ij}^N/T_{ij}^n) / \sum (S_{ij}^N/T_{ij}^n) \qquad (6-4)$$

$P_{ij} = i$ 地区消费者到 j 零售店购物的概率;

$S_{ij} = i$ 地区顾客到零售店 j 的因素总合;

$T_{ij} = $ 阻碍 i 地区顾客到 j 零售店购物的因素总和;

N, $n = $ 经验作用指数。

多因素作用下的 Huff 模型说明，吸引顾客来店购物的因素除了商店规模以外，还包括商店外在环境因素和企业内在因素，阻碍顾客来商店购物的因素包括交通时间、成本等。不难看出这两个因素呈负相关，在商店吸引力不变的情况下，消费者更愿意到距离阻碍小的商店购物；距离阻碍不变的情况下，消费者更愿意到吸引力更大的商店购物。

2. 虚拟商圈下的 Huff 模型

虚拟商圈没有区域距离的限制，它反映的是一个现实缩影。众多消费者在进行网购时，会在他们自己满意的网店购买，每一个网店都有一定的概率被光顾。但在电子商务环境下的虚拟商圈具有它自己的特性，与研究传统商圈的方法比较起来有很大的差别。

通过对 Huff 模型的分析发现，在虚拟商圈中消费者购物在某个网店购物的概率也是可以用公式表达出来的。但也有一定的假设前提：（1）消费者会因购物动机而在网络商店中进行网购；（2）消费者到某一网店购物的概率受其他竞争店的影响。竞争店越多，概率越小。

此时将 Huff 模型引进虚拟商圈，通过对 Huff 模型的分析以及结合现在虚拟购物的实际情况得出，Huff 模型中的分子/分母可以看成有利因素/不利因素，但在虚拟商圈中没有了区域的限制性，即在虚拟商圈中 Huff 模型可表示为：$P = $ 有利因素/不利因素。

虚拟商圈中购物的有利因素即可看成虚拟商圈中的网店对消费者的吸引力。虚拟购物的有利因素包括：商务网站的点击率（Cl），商务网站的点击率越高，说明这个网站的受欢迎程度越高，消费者更愿意去点击率高的商务网站购物；店面的精美程度（D），店面越精美，消费者越感兴趣，更容易吸引更多的消费者；支付方式（Pa），网络购物结账时都通过网上银行以及某些大型网站的虚拟货币（如支付宝，财付通）来支付，支付的方式越多，因此能为更多的消费者提供不同的支付方式，因此也增大了一些消费者群体来此购物的几率；网店商品的齐全程度（Co），消费者网购时选购的商品不尽相同，因此，网店的商品越齐全，停留在站点网购的消费者越多；网络商店的信誉度（Cr），拉吉夫·科利等（Rajiv kohli et al., 2004）[①]曾经研究过信任以及其他变量对网络消费者购买决策的影响。他们发现：信任和经济条件是影响网络购物的

[①] Rajiv Kohli, Sarv Devaraj, M. Adam Mahmood. Understanding Determinants of Online Consumer Satisfaction: A Decision Process Perspective [J]. Journal of Management Information Systems, 2004, 21 (1): 115 – 136.

两个主要因素，调查显示信誉度增加1%，在线销售额将增长1.86%；网站在搜索引擎上的排行（R），网站在搜索引擎上越靠前，消费者更容易点击到该网站，增大了消费者来此购物的几率。

虚拟商圈中购物的不利因素即可看成虚拟商圈中阻碍消费者来网店购物的因素。虚拟购物的不利因素包括：用户请求网页等待时间（T），调查显示用户请求网页等待时间越长，用户的放弃率越大，将直接关掉网页，严重影响消费者对商务网站的印象，继而降低了消费者来此购物的几率；网站建设的安全漏洞（S），网站建设的安全漏洞越大，网站越容易遭受攻击，消费者购物的安全性得不到保障，给予了消费者一个非常恶劣的印象，严重影响了消费者来此购物的欲望；商品的价格（Pr），无论是在哪购物，商品的价格总是最受消费关注的，同类商品的价格越低，消费者总会选择购买价格低的，但现在网络上商品的价格不尽相同，有高有低，这也制约了消费者购买的欲望；物流时间（L），消费者支付后更希望能早点拿到自己购买的商品，此时物流方式决定了送货的速度，但现在一些网络商店缺少了自己的一套完整的供应链，导致商品迟迟不能到消费者手中，严重影响了消费者再次来此购物的几率。

通过上述分析，得知了影响消费者在虚拟商圈中购物的有利因素与不利因素，因此在虚拟商圈中的 Huff 模型用函数可表示为：

$$P = \frac{(Cl*D*R*Co*Pa*Cr)/(T*S*Pr*L)}{\sum (Cl*D*R*Co*Pa*Cr)/(T*S*Pr*L)} \quad (6-5)$$

Cl = 商务网站的点击率；

D = 店面精美程度；

R = 搜索引擎上的排行；

Co = 商品的齐全程度；

Pa = 支付方式的种类；

Cr = 网络商店的信誉度；

T = 用户请求网页等待时间；

S = 网站建设的安全漏洞；

Pr = 商品的价格；

L = 物流的快慢。

通过公式（6-5）可以看出，消费者在网络商店购物的概率与 Cl、D、R、Co、Pa、Cr 成正比，与 T、S、Pr、L 成反比，即某网店有利因素越大，消费者在此网店购物的概率越大，不利因素越大，消费者在此网店购物的概率越小。从有利因素与不利因素对比来看，当有利因素（Cl、D、R、

Co、Pa、Cr）不变的时候，消费者更愿意去不利因素（T、S、Pr、L）小的网络商店去购物；当不利因素（T、S、Pr、L）不变的时候，消费者更愿意去有利因素（Cl、D、R、Co、Pa、Cr）越大的网络商店购物。

（二）淘宝网和拍拍网的实证分析

从上述分析得出了在虚拟商圈中的消费者在网络商店购物的概率公式模型，即 $P = \dfrac{(Cl*D*R*Co*Pa*Cr)/(T*S*Pr*L)}{\sum (Cl*D*R*Co*Pa*Cr)/(T*S*Pr*L)}$。但在实际情况中，有很多因素是不能通过数据进一步表达出来的。为了得到更准确的数据，本书对虚拟商圈中的 Huff 模型作了进一步分析。

网站的点击率（Cl），网站的点击率是可以统计的，根据每天网站的 IP 访问量和日均浏览量（PV）计算出来，根据 Alexa 的数据统计，淘宝网的周均点击率为 66.1%。但淘宝是一个基于商务平台上的虚拟商圈，里面各个不同的网店就是各个不同的页面，各个不同的网店点击率也不尽相同，可以通过具体数据计算出来。

网店的信誉度（Cr），网店的信誉度也是衡量一个网店是否有吸引消费者能力的一个重要标志，因此网店的店主对自己的信誉度也非常注重。现在在虚拟商圈中，网店的信誉度明朗化，可以用很清晰的数据表达出来。

物流的快慢（L），物流的快慢因素主要表现在店主的发货速度和货运公司的送货速度，在没有其他突发事件的情况下，各货运公司的送货速度可以视为一致，因此，店主的发货速度成了商品物流快慢的重要因素。

表 6-10 为淘宝各店主点击率、信誉度与物流快慢的数据。

表 6-10　　　　　　　　淘宝网三家网店基本数据

店名	点击率(%)	日均浏览量	物流评分绝对值*	好评率(%)
貔貅女装店(a)	0.2	1.1	0.5	99.26
铭都-1916女装店(b)	0.1	3.3	0.2	99.97
小怡靓衣量贩店(c)	0.1	3.7	0.3	99.91

注：实际物流速度评分减去满分 5。

网站在搜索引擎上的排行（R），排行在一定程度上决定了消费者的购买方向，但仅作用于不同的虚拟商圈之间的比较，在同一个虚拟商圈中的网店之间不考虑这个因素，淘宝的在 Alexa 上的排名是 38，拍拍在 Alexa 上的排名是 465。

支付方式的种类（Pa），在电子商务发展的初期，支持支付方式种类的多少是吸引消费者的决定性因素，但在我国电子商务初步完善的今天，已经不具有多大的决定性，但在不同的两个虚拟商圈之间，还是存在比较支持支付方式种类多少的必要，淘宝支持12种不同的银行卡支付，拍拍支持10种不同的银行卡支付。

用户请求网页等待时间（T），不同的商务网站用户请求网页时间是不同的，淘宝的用户请求网页等待时间是3.5秒，拍拍的用户请求网页等待时间是3.7秒。

店面的精美程度（D），这个因素是一个基于审美观的一个抽象因素，不能通过数据表达出来，因此，不能在实证中作为分析的有利因素。

商品的齐全程度（Co），齐全程度是通过对比来实现的，并且一个网店的商品齐全程度代表的是网店商品种类占所有商品比率的多少，因此难以用数据去描述。

商品的价格（Pa），不同的品牌、规格、面料、款式的商品价格都不相同，因此商品的价格重要性不能通过实体化的数据来表达出来。

网站建设的安全漏洞（S），理论上说安全漏洞越多越大，出的问题越大，消费者购物的安全隐患就越大，但一个安全漏洞问题的大小是不能用数据表达出来的，因此安全漏洞这个因素只能作为理论研究。

通过分析后，虚拟商圈中的 Huff 模型又发生了变化，在同一个虚拟商圈中，Huff 模型的表达式可以用函数表达为：

$$P = \{F(Cl,PV,Cr)/(T,L)\} / \sum \{F(Cl,PV,Cr)/(T,L)\}$$

$$即，P = Cl * PV * Cr/T * L / \sum (Cl * PV * Cr/T * L) \quad (6-6)$$

可以计算出三家网店的被关顾的概率分布，将其与实际出售件数进行比较，见表6-11。

表6-11　　　　　　淘宝网理论与实际出售情况对比

店名	理论被光顾率(%)	实际出售件数(每周)
貔貅女装店(a)	13.16	623
铭都-1916女装店(b)	49.70	188
小怡靓衣量贩店(c)	37.14	2808

对比得出 P（b）＞P（c）＞P（a），实际情况是，貔貅女装店（a）每周平均卖出去的女装是623件，铭都-1916女装店（b）是188件，小

怡靓衣量贩店（c）是 2808 件。此时的结果是 P（c）＞P（a）＞P（b），与本书推导出的虚拟商圈 Huff 模型公式计算出的结果稍有偏差，理论上被光顾率最高的铭都 - 1916 女装店（b）反而卖的最少。但是通过三家女装店的实际比较发现，铭都 - 1916 女装店（b）的价格都普遍偏高，店内衣服平均价格都在 300 元左右，最高的甚至超过了 1000 元。貔貅女装店（a）内除了卖女装之外，还有女性化妆品、饰品等商品，由于大量人员购买了化妆品、饰品，间接提高了貔貅女装店（a）的点击率与信誉度，导致了貔貅女装店（a）与铭都 - 1916 女装店（b）比较失衡。从比较可以发现，价格因素对消费者购买商品的影响力很大，尤其是卖同种商品在价格差异较大的两个商店，无论理论因素如何，两个的商店的被光顾率的差异非常大（价格高的卖的少，价格低的卖的多）。

仅用淘宝女装店作为实证研究是不够全面的，因此为了更加完善研究结论，我们也对拍拍网的女装网店进行了比较，表 6 - 12 是拍拍各网店的数据：

表 6 - 12　　　　　　　　拍拍网三家网店基本数据

店名	点击率(%)	日均浏览量	好评率(%)	物流评分绝对值*
完美回忆服饰(a_1)	0.1	1	99.80	0.3
水水女人坊(b_1)	0.1	1	99.95	0.3
麦子红了外贸女装店(c_1)	0.1	2	98.22	0.2

注：购物版面统计评分减去 5。

同样的方法可以计算出结果，见表 6 - 13。

表 6 - 13　　　　　　　拍拍网理论与实际出售情况对比

店名	理论被光顾率(%)	实际出售件数(每周)
完美回忆服饰(a_1)	20.18	23
水水女人坊(b_1)	20.21	3
麦子红了外贸女装店(c_1)	59.61	41

得出的结果是 $P(c_1)$ ＞ $P(b_1)$ ＞ $P(a_1)$，实证数据表示麦子红了外贸女装店（c_1）受到顾客光顾的概率是最高的；水水女人坊（b_1）次之，完美回忆服饰（a_1）被顾客光顾的概率是最低的。实际情况中，麦子红了外贸女装店（c_1）的周平均销售量是 41；水水女人坊（b_1）的周

平均销售量是3件；完美回忆服饰（a_1）周平均销售量是23件，实际情况的结果是$P(c_1) > P(a_1) > P(b_1)$。通过实际比较发现，平均价格较高的网店，卖出去的货物总会要少很多，水水女人坊（b_1）的衣服价格都是150元的水平线上；而麦子红了外贸女装店（c_1）衣服价格水平线在40元左右，处于较低水平；完美回忆服饰（a_1）的衣服价格水平线在60元左右，处于中等水平。从上述比较可以发现，理论和实际情况的差异性主要来源于价格因素，由于价格差异不明显，因此理论与实际相差也不明显。

上述实证中分别取证了淘宝网与拍拍网的三个女装店，并在其内部之间进行了对比，从对比中发现，同一个虚拟商圈中，价格因素对网店被光顾的概率的影响是巨大的。由于价格因素（Pa）在实际情况的统计中无法表达，因此本书实证的虚拟商圈 Huff 模型忽略了价格因素（Pa），在实际情况中，不只价格因素，其他不能用数据表达的细小因素或多或少会影响实证数据的准确性，如商品介绍的详细程度，商品介绍得越详细，消费者在网络上对这件商品的了解越多，从而更能把握到商品的真实性；商品的售后服务，售后服务的好坏影响着顾客再次光顾的概率。另外从消费者自身来说，进行网购时最重要的一点在于，自己是否喜欢这个商品，这个商品的品牌、样式是否符合自己的标准，所以说消费者自身的主观意识也决定着消费者的购买意向，但由于很多网店卖的商品的品牌和样式都是不同的，因此这个购买意向是不确定性的。

以再次分析后做出的修正后的虚拟商圈 Huff 模型为根据，在不同的虚拟商圈之中进行比较，结果见表6-14。

表6-14　　　　淘宝网和拍拍网理论与实际数据总对比

店名	理论被光顾率(%)	实际出售件数(每周)
魏貅女装店(a)	8.96	623
铭都-1916女装店(b)	33.81	188
小怡靓衣量贩店(c)	25.27	2808
完美回忆服饰(a_1)	6.45	23
水水女人坊(b_1)	6.46	3
麦子红了外贸女装店(c_1)	19.05	41

通过数据比较的理论结果是$P(b) > P(c) > P(c_1) > P(a) > P(b_1) > P(a_1)$；实际结果是$P(c) > P(b) > P(a) > P(c_1) > P(a_1) > P(b_1)$，

通过理论结果与实证结果的对比发现，$P(c_1)$ 与 $P(a)$ 在理论与实证中矛盾了（$P(c_1)$ 代表的是拍拍网，而 $P(a)$ 代表的是淘宝网），理论中的 $P(c_1)$ =19.05% > $P(a)$ =8.96%，而实际 $P(a)$ =623 > $P(c_1)$ =41，这种差异表现在两个不同的商务平台上，理论表现在拍拍网中 $P(c_1)$ 占优势，这可能表现在以下方面：

（1）淘宝网中，广告是不能乱投乱放的，论坛里是不能有给自家商品做广告的内容出现，如果发现会被删帖，而拍拍是比较自由的，可以自由宣传吸引顾客。

（2）拍拍网基于 QQ 平台，QQ 有个绝对的优势，就是普及度，全中国有很大一部分网民正在使用 QQ，但旺旺却很难普及，它的主要功能还是买卖商品，QQ 作为综合的网络平台，不管买卖还是游乐，QQ 用户都远远超过旺旺用户。

结果表现凡是在淘宝网中的网店其 $P(a)$ 占优势，这个优势可能表现在以下几个方面：

（1）淘宝是阿里巴巴旗下网站，阿里巴巴是中国最著名的电子商务公司，在名气上就超过拍拍，这样的大型电子商务公司在管理上更让人放心。

（2）淘宝在功能方面比拍拍更完善，不管是店铺装饰或者论坛中的签名，还是推荐商品都显得更显人性化。

（3）淘宝在物品分类上更加清晰，同一个种类的物品都分类在一个板块，甚至是在搜索的时候还能出现与搜索物品近似的物品，但拍拍网的物品分类管理较差，甚至是没有对这方面进行管理，在特产分类搜索还能出现电器，非常混乱。

对于消费者来说，在网上购物更加希望去专业的商务平台支持的虚拟商圈，实际与理论的差别在于，实际中的优势表现在核心竞争力，一个商务平台的专业性，管理化程度以及功能都代表其核心竞争力，淘宝在这个方面遥遥领先。而理论的优势表现在其表面的优势，拍拍的广告做得好，有 2 亿 QQ 用户的支持，这是拍拍的优势，但拍拍没有核心竞争力，拍拍只是腾讯旗下的一个商务平台，腾讯对其的管理差强人意，因此拍拍在理论上在人数的支持下压过了淘宝一筹，而实际情况相反。

（三）结论

从上述分析中可知，数据表达的虚拟商圈 Huff 模型在实证中出现差异是在多因素作用下的结果。数据表达只是一个直观形式，很多不能被表达的因素同样能直接影响网店被消费者光顾的概率。但数据表达的虚拟商圈 Huff 模型对虚拟商圈具有深远的意义：数据是最直观的表达方式，在多因素作用下的虚拟商圈中，数据仍然是表达其优势的根本；虚拟商圈 Huff 模型构建了一个简单的设想与方向，由于在现在数据的缺乏以及无法用数据表达的因素双重作用下，这个模型构建的结果可能与现实出现差异，但差异非常小，同时也提出了一个方向：在虚拟上商圈的 Huff 模型中加入作用指数 N，这个 N 可以代表多重因素的比值，这也是进一步研究的方向。

通过上述分析，虚拟商圈的 Huff 模型更进了一步，经过最终的修正，本书认为虚拟商圈的 Huff 模型应该是 $P = Cl * PV * Cr/T * L / \sum (Cl * PV * Cr/T * L)$，这是一个纯粹的数据表达的虚拟商圈 Huff 模型，虽然在实际计算中存在些许误差，但仍有适用性，尤其适用于在价格差异不明显的网店之间计算网店被顾客光顾的概率。

附录：虚拟商圈体系演进模拟主程序代码

```
function absorb_center = absorbCenter (num_sampleCB, beta)
absorb_center = beta. * num_sampleCB/sum (num_sampleCB);
absorb_center = absorb_center/sum (absorb_center);
……
function [dist_resident] = sadian (dist_rate)
num_shange = prod (upper - low);
num_store = ceil (num_shange * dist_rate);
dist_store = ones (num_store, 1) * low + ones (num_store, 1) * (upper - low). * rand (num_store, 2);
……
function [store] = special_sadian (center, rate, alfa, beta)
……
upper = [100 100]; low = [0 0];
num_shange = prod (upper - low);
num_center = size (center, 1);
beta (1) = beta (1) * alfa;
beta = beta. /sum (beta);
numR = ceil (beta. * ceil (num_shange * rate));
store = [];
for i = 1: num_center
    x = center (i,:);
    mx = ones (num_center, 1) * x;
    d = sqrt (sum ( (mx - center). * (mx - center), 2));
    r = min ( [min (d (d ~ =0)), x, upper - x]);
    temp1 = x (1) + r * (2 * rand (numR (i), 1) -1);
    temp2 = x (2) + r * (2 * rand (numR (i), 1) -1);
```

```
temp = [temp1, temp2];
store = [store; temp];
%       plot(temp(:, 1), temp(:, 2), '*');
……

% function [dist_ resident] = sadian(dist_ rate);
clc; clear; dist_ rate = 1.32;
low = [0, 0]; upper = [100, 100];
num_ shange = prod(upper - low);
num_ resident = ceil(num_ shange * dist_ rate);
dist_ resident = ones(num_ resident, 1) * low + ones(num_ resident, 1) * (upper - low). * rand(num_ resident, 2);

function [sample_ absorbed, num_ sampleC] = sampleAbsorb(resident, U, num_ center)
num_ sample = size(resident, 1);
sample_ absorbed = zeros(num_ sample, num_ center * 2);
for i = 1: size(U, 2)
    x = U(:, i);
    [~, index] = max(x);
    sample_ absorbed(i, 1 + 2 * (index - 1): 2 * index) = resident(i,:);
end
num_ sampleC = sum(sample_ absorbed > 0);
tp = mod(1: size(sample_ absorbed, 2), 2) == 1;
num_ sampleC(:, tp) = [];

function [resident] = special_ sadian(sample_ absorbed, rate, alfa, beta)
upper = [100 100]; low = [0 0];
num_ shange = prod(upper - low);
num_ center = size(sample_ absorbed, 2) /2;
beta(1) = beta(1) * alfa;
beta = beta./sum(beta);
numR = ceil(beta. * ceil(num_ shange * rate));
```

```
resident = [];
for i = 1: num_ center
    x = sample_ absorbed (:, 1+2*(i-1): 2*i);
    x(x(:, 1) = = 0,:) = [];

    temp = ones (numR (i), 1) * min (x) + (ones (numR (i), 1, 1) * (max (x) - min (x))).*rand (numR (i), size (x, 2));
    resident = [resident; temp];
end

function drawfigure (sample_ absorbed, center)
clf; hold on; box on;
for i = 1: size (center, 1)
    plot (sample_ absorbed (:, 1+2*(i-1)), sample_ absorbed (:, 2*i),'.');
    plot (center (i, 1), center (i, 2), 'dr', 'markersize', 10);
end

if nargin ~ = 2 & nargin ~ = 3,
error ('Too many or too few input arguments!');
end
data_ n = size (data, 1);
in_ n = size (data, 2);
default_ options = [2;%
    100;
    1e-5;
    1];

if nargin = = 2,
options = default_ options;
else

    if length (options) < 4
        tmp = default_ options;
```

```
        tmp(1: length(options)) = options;
        options = tmp;
            end

    nan_index = find(isnan(options) = =1);
    options(nan_index) = default_options(nan_index);
    if options(1) < = 1,
        error('The exponent should be greater than 1!');
    end
end

    expo = options(1);
    max_iter = options(2);
    min_impro = options(3);
    display = options(4);

    obj_fcn = zeros(max_iter, 1);

    U = initfcm(cluster_n, data_n);
    % Main loop
    for i = 1: max_iter,

        [U, center, obj_fcn(i)] = stepfcm(data, U, cluster_n, expo);
        %   if display,
        %       fprintf('FCM: Iteration count = %d, obj.fcn = %f\n', i, obj_fcn(i));
        %   end

        if i > 1,
            if abs(obj_fcn(i) - obj_fcn(i-1)) < min_impro,
                        break;
                    end,
        end
    end
```

```
iter_n = i;%实际迭代次数
obj_fcn (iter_n + 1: max_iter) = [ ];


% clc; clear; clf;;
% rate = 0.005;
% [resident] = sadian (rate);

clc; clear; clf; load resident
num_center = 3; h = 0.95;
[center, U, ~] = FCMClust (resident, num_center);
[~, index] = sort (center (:, 1));
center = center (index,:);
U = U (index,:);
% sample_absorbed:
% num_sampleC:
[sample_absorbed, num_sampleCB] = sampleAbsorb (resident, U, num_center);
sample_absorbed = near2center (center, sample_absorbed, h);

drawfigure (sample_absorbed, center);%

mcb = num_sampleCB;
msa = sample_absorbed;
rate = 0.003; alfa = 1;
for i = 2: 20
    new_resident = special_sadian (sample_absorbed, rate, alfa, mcb (end,:));
    [~, U, ~] = FCMClust (new_resident, num_center);
    [sample_ab, num_sampleCA] = sampleAbsorb (new_resident, U, num_center);
    sample_absorbed = [sample_absorbed; sample_ab];
    mcb (i, 1: num_center) = num_sampleCA + mcb (i - 1, 1:
```

```
num_ center);
    resident = [resident; new_ resident];
end


[center, U, ~] = FCMClust (resident, num_ center);
[~, index] = sort (center (:, 1)); center = center (index,:);
U = U (index,:);
[sample_ absorbed, ~] = sampleAbsorb (resident, U, num_ center);
sample_ absorbed = near2center (center, sample_ absorbed, h);
drawfigure (sample_ absorbed, center);%


alfa = 3;
rate = 0.002
for i = 21: 40
    new_ resident = special_ sadian (sample_ absorbed, rate, alfa, mcb (end,:));
    [~, U, ~] = FCMClust (new_ resident, num_ center);
    [sample_ ab, num_ sampleCA] = sampleAbsorb (new_ resident, U, num_ center);
    sample_ absorbed = [sample_ absorbed; sample_ ab];
    mcb (i, 1: num_ center) = num_ sampleCA + mcb (i - 1, 1: num_ center);
    resident = [resident; new_ resident];
end


[center, U, ~] = FCMClust (resident, num_ center);
[~, index] = sort (center (:, 1));
center = center (index,:);
U = U (index,:);
[sample_ absorbed, ~] = sampleAbsorb (resident, U, num_ center);
sample_ absorbed = near2center (center, sample_ absorbed, h);
drawfigure (sample_ absorbed, center);%
```

```
    plot (center (1, 1), center (1, 2), 'pr', 'markersize', 15);


    oldCenter = center;
    [center, U, ~] = FCMClust (resident, num_ center +1);
    [~, index] = sort (center (:, 1)); center = center (index,:);
    % save center old Center center
    U = U (index,:);
    num_ center = size (center, 1);
    [sample_ absorbed, num_ sampleCA] = sampleAbsorb (resident, U,
num_ center);
    mcb_ 2 (1, 1: num_ center) = num_ sampleCA;
    msa_ 2 = sample_ absorbed;
    k =2; rate =0.002;
    for i =41: 60%
        new_ resident = special_ sadian (sample_ absorbed, rate, alfa,
mcb_ 2 (end,:));
        resident = [resident; new_ resident];
        [~, U, ~] = FCMClust (new_ resident, num_ center);
        [sample_ ab, num_ sampleCA] = sampleAbsorb (new_ resident,
U, num_ center);
        sample_ absorbed = [sample_ absorbed; sample_ ab];
        mcb_ 2 (k, 1: num_ center) = num_ sampleCA + mcb_ 2 (k -
1, 1: num_ center);
        k = k +1;
    end


    [center, U, ~] = FCMClust (resident, num_ center);
    [~, index] = sort (center (:, 1));
    center = center (index,:);
    U = U (index,:);
    [sample_ absorbed, num_ sampleCA] = sampleAbsorb (resident, U,
num_ center);
    sample_ absorbed = near2center (center, sample_ absorbed, h);
    drawfigure (sample_ absorbed, center);%
```

```
plot (center (4, 1), center (4, 2), 'pr', 'markersize', 15);

clc; clear; clf; load resident
num_ center = 3; upper = [100 100]; low = [0 0]; num_ shange = prod (upper - low);
[center, U, ~] = FCMClust (resident, num_ center);
[sample_ absorbed, num_ sampleCB] = sampleAbsorb (resident, U, num_ center);
mcb = num_ sampleCB;
rate = 0.001;
for i = 2: 40;
    if i < = 20;
        alfa = 1;
    else
        alfa = 1.5;
    end
    beta = mcb (end,:);
    beta (1) = beta (1) * alfa;
    beta = beta./sum (beta);
    mcb (i,:) = mcb (i-1,:) + ceil (beta. * ceil (num_ shange * rate));
end
n = size (mcb, 2); hold on; box on; grid on;
for i = 1: n;
    plot (1: 40, mcb (:, i));
end
x = ceil (1 + 50 * rand (1, 3));
mcb_ 2 = [mcb (end,:) - x, sum (x)]; k = 2;
for i = 42: 80
    alfa = 2.5;
    beta = mcb_ 2 (end,:);
    beta (end) = beta (end) * alfa;
    beta = beta./sum (beta);
    mcb_ 2 (k,:) = mcb_ 2 (k-1,:) + ceil (beta. * ceil (num_
```

```
shange * rate));
    k = k + 1;
end
x = 41: 80;
n = size(mcb_2, 2); hold on; box on; grid on; axis([0 80 0 400]);
for i = 1: n
    plot(x, mcb_2(:, i));
end

function [sample_absorbed] = near2center(center, sample_absorbed, h)
% sample_absorbed
% clc; clear; load data1 sample_absorbed center resident
% plot(resident(:, 1), resident(:, 2), 'k.');
num_center = size(center);
for i = 1: num_center
    x = []; temp = [];
    x = sample_absorbed(:, 1+2*(i-1): i*2);
    for j = 1: size(x, 2); y = x(:, j); y(y = = 0) = []; temp(:, j) = y; end
    x = temp;
    mc = ones(size(x, 1), 1) * center(i,:);
    x = mc + (x - mc) * h;
    tp = size(sample_absorbed, 1) - size(x, 1);
    sample_absorbed(:, 1+2*(i-1): i*2) = [x; zeros(tp, 2)];
end
```

参考文献

[1] 陈泽聪,吴建芳. 小型上市公司成长性指标的统计分析 [J]. 财经科学, 2002 (4): 305-308.

[2] 池毛毛等. EB 战略联盟和企业间合作电子商务能力:正式治理的中介作用检验 [J]. 管理评论, 2015 (12): 180-191.

[3] 池仁勇,乐乐. 基于产业集群理论的淘宝村微生态系统研究 [J]. 浙江工业大学学报(社会科学版), 2017, 16 (4): 383-389.

[4] 崔彬,孔荣. 电子商务环境下的零售业虚拟商圈 [J]. 商业研究, 2008 (2): 206-208.

[5] 董华,龚唯平. 企业边界与产业组织的动态演化——基于企业边界二元分析范式的综合解释 [J]. 产业经济研究, 2011 (2): 28-35.

[6] 范黎波. 互联网对企业边界的重新界定 [J]. 当代财经, 2004 (3): 17-22.

[7] 符林,刘轶芳,迟国泰. 上市公司的成长性判定方法与实证研究 [J]. 财经问题研究, 2008 (12): 4-6.

[8] 傅亚平,赵晓飞. 基于网络效应的 SNS 网站用户参与动机和参与强度研究 [J]. 财贸研究, 2011 (6): 106-116.

[9] 桂云苗,龚本刚,程永宏. 双边努力情形下电子商务平台质量保证策略研究 [J]. 中国管理科学, 2018, 26 (1): 163-169.

[10] 郭蕊. 企业可持续发展能力的五维度模型 [J]. 科技进步与对策, 2005 (10): 149-152.

[11] 郭旭文. 电子商务生态系统的构成、特征及其演化路径 [J]. 商业时代, 2014 (10): 71-72.

[12] 郭昱,顾海英. 基于因子分析的资本结构影响因素研究 [J]. 山东师范大学学报, 2008 (5): 4-6.

[13] 郭云,谭克虎. 快递产品时效性与快递企业边界问题研究 [J]. 商业经济与管理, 2015 (1): 5-12.

[14] 贺桂和,曾奕棠. 基于情境感知的电子商务平台个性化推荐模型研究 [J]. 情报理论与实践, 2013 (6): 81-84.

[15] 胡岗岚,卢向华,黄丽华. 电子商务生态系统及其协调机制研究——以阿里巴巴集团为例 [J]. 软科学, 2009 (9): 5-10.

[16] 胡岗岚,卢向华,黄丽华. 虚拟商圈生态系统及其演化路径 [J]. 经济管理, 2009 (6): 110-116.

[17] 黄崇福,王家新. 模糊信息分析与应用 [M]. 北京:北京师范大学出版社, 1992: 48-59.

[18] 黄丽娟,赵文德,窦子欣,汪玥,朱慧. 基于系统动力学的农村电商生态系统构建及仿真研究 [J]. 广州大学学报(社会科学版), 2017, 16 (8): 33-42.

[19] 姜奇平,曹小林,肖芳,阙星文. 电子商务的生态构建 [J]. 互联网周刊, 2013 (6): 28-30.

[20] 雷兵. 网络零售生态系统种群成长的系统动力学分析 [J]. 管理评论, 2017, 29 (6): 152-164.

[21] 李柏洲,孙立梅. 基于ß调和系数法的中小型高科技企业成长性评价研究 [J]. 哈尔滨工程大学学报, 2006 (6): 908-913.

[22] 李陈华,文启湘. 流通企业的(规模)边界 [J]. 财贸经济, 2004 (2): 43-48.

[23] 李春发,冯立攀,韩芳旭,程云龙. 电子商务生态系统的动态演化博弈分析 [J]. 系统科学学报, 2015 (4): 75-78.

[24] 李存超. 电子商务平台服务质量对品牌资产的影响机理研究 [D]. 济南:山东大学博士论文, 2014.

[25] 李德龙,徐妤. 上市公司成长性影响因素研究 [J]. 财会研究, 2009 (9): 57-58.

[26] 李定珍,唐红涛,杨璠. 我国上市零售企业成长性评价实证研究 [J]. 财贸经济, 2007 (11): 73-81.

[27] 李广乾,沈俊杰. 电子商务与电子商务经济:概念与框架 [J]. 产业经济评论, 2014 (3): 27-34.

[28] 李洪兴,汪培庄. 模糊数学 [M]. 北京:国防工业出版社, 1993: 86-91.

[29] 李慧芳. 电子商务平台卖家竞争行为、信号与销售业绩只纵向研究 [D]. 合肥:中国科学技术大学博士论文, 2015.

[30] 李景怡. 电子商务环境下商业生态系统的构建 [J]. 电子商务,

2017（1）：18-19.

[31] 李鹏. 规模大小与企业利润——基于中国企业500强动态面板数据的实证研究［J］. 现代管理科学，2010（10）：67-69.

[32] 李小玲，任星耀，郑煦. 电子商务平台企业的买家竞争管理与平台绩效——基于VAR模型的动态分析［J］. 南开经济评论，2014（5）：73-82.

[33] 李晓祥. 无边界企业的构成要素与成长路径研究［J］. 中国工业经济，2016（6）：144-160.

[34] 林丹明，叶会，解维敏，曾楚宏. 信息技术应用对企业纵向边界的影响［J］. 中国工业经济，2006（7）：120-126.

[35] 刘江伟，于立. 电子商务生态系统文献综述及评价［J］. 科技创新与生产力，2017（9）：31-33.

[36] 刘芊，蓝国赈. 基于SPSS软件的因子分析法及实证分析［J］. 科技信息，2008（36）：37-40.

[37] 柳思维，唐红涛，王娟. 城市商圈的时空动态性述评与分析［J］. 财贸经济，2007（3）：112-117.

[38] 陆立军，张友丰，杨志文. 电子商务诱致新型专业市场形成的比较制度分析［J］. 贵州社会科学，2014（9）：104-109.

[39] 吕庆华，刘江. 零售业虚拟商圈的经济特性分析［J］. 经济问题，2009（4）：109-111.

[40] 罗顿，田涛，方林波. 基于模糊聚类的复杂系统资源调度［J］. 北京工业大学学报，2013，13（11）：1688-1691.

[41] 倪筱楠，王沈桥. 系统视角下上市公司成长性发展测度评价探讨［J］. 企业经济，2013（8）：173-177.

[42] 聂正安. 零售企业扩张实践质疑威廉姆森命题［J］. 财贸经济，2005（9）：34-37.

[43] 欧阳文和，李坚飞，高政利. 零售企业规模无边界的理论与实证分析［J］. 中国工业经济，2006（4）：108-115.

[44] 欧忠辉，朱祖平，夏敏，陈衍泰. 创新生态系统共生演化模型及仿真研究［J］. 科研管理，2017，38（12）：49-57.

[45] 乔智. 企业边界确定的影响因素分析［J］. 经济论坛，2010（12）：198-200.

[46] 曲福恒，崔广才，李岩芳等. 模糊聚类算法及应用［M］. 北京：国防工业出版社，2011.

[47] 司林胜, 王凌晖. 电子商务生态系统的特征及其优势 [J]. 中国管理信息化, 2010 (2): 101-104.

[48] 宋燕飞, 尤建新, 栾强. 汽车产业创新生态系统仿真与影响因素分析 [J]. 同济大学学报 (自然科学版), 2016, 44 (3): 473-481.

[49] 苏粟, 孙晓明, 罗敏. 面向局域配电网的电动汽车充电控制系统 [J]. 电力自动化设备, 2014, (2): 19-23.

[50] 隋波, 薛惠锋. 企业成长评价模型 [J]. 系统工程, 2005 (4): 67-72.

[51] 孙浩, 薛霄. 基于多 Agent 建模的电子商务生态系统演化实验研究 [J]. 计算机工程, 2016, 42 (7): 27-32+41.

[52] 孙志伟. 流通企业边界的理论探讨 [J]. 中国流通经济, 2011 (6): 25-29.

[53] 唐红涛. 基于网络外部性的虚拟商圈成长: 理论分析和实证检验 [J]. 兰州商学院学报, 2015 (2): 67-74.

[54] 唐红涛, 刘海鸥. 我国电子商务上市企业成长性实证研究 [J]. 广义虚拟经济研究, 2010 (1): 60-71.

[55] 唐红涛, 柳思维, 朱艳春. 商业企业集聚、城市商圈演化与商圈体系分布 [J]. 商业经济与管理, 2015 (4): 5-15.

[56] 唐红涛. 虚拟商圈成长: 理论分析和经验检验 [J]. 湖南商学院学报, 2015 (1): 25-32.

[57] 唐红涛, 张俊英, 黄晓霞. 交易成本视角下虚拟商圈扩张影响因素的实证研究 [J]. 系统工程, 2017, 35 (8): 117-126.

[58] 唐红涛, 张俊英. 虚拟商圈集聚: 机理和效应分析 [J]. 中国流通经济, 2014 (2): 83-87.

[59] 唐红涛, 张俊英. 虚拟商圈与现实商圈的比较研究 [J]. 湖南商学院学报, 2007 (3): 16-19.

[60] 涂永前等. 大数据经济、数据成本与企业边界 [J]. 中国社会科学院研究生院学报, 2015 (9): 40-46.

[61] 屠建平, 杨雪. 基于电子商务平台的供应链融资模式绩效评价研究 [J]. 管理世界, 2013 (7): 182-183.

[62] 王冰. 电子商务生态系统协同创新机理研究 [D]. 杭州: 浙江工商大学硕士论文, 2014.

[63] 王彩霞. 1号店线上线下齐虚拟 [J]. 中国连锁, 2012 (11): 42-44.

[64] 王丹萍．中国电子商务平台的云拓展动因——基于多案例的证据［J］．经济体制改革，2017（5）：115 – 121．

[65] 王东辉．电子商务市场业态演进中企业家才能要素培育、配置与升级——以浙江义乌商圈为例［J］．商业时代，2016（2）：96 – 97．

[66] 王法涛．电子商务平台纵向平台治理及竞争策略研究［D］．北京：北京邮电大学博士论文，2014．

[67] 王珊，王有为．动机、能力和网上商圈对中小企业电子商务绩效影响实证研究［J］．商业时代，2011（22）：50 – 53．

[68] 王文贤．电子商务平台绩效评价指标体系构建和评价［J］．商业经济研究，2018（1）：68 – 70．

[69] 吴业春，王成．中小企业成长性因素模型的实证研究［J］．特区经济，2007（6）：268 – 269．

[70] 夏春玉，张闯．大型零售企业规模扩张的理论解读［J］．商业经济与管理，2004（11）：4 – 9．

[71] 夏雪，韩增林，赵林．省际边缘区区域经济差异的时空格局与形成机理——以鄂豫皖赣为例［J］．经济地理，2014，34（5）：21 – 27．

[72] 小艾尔弗雷德．D．钱德勒．企业规模经济与范围经济［M］．北京：中国社会科学出版社，1999．

[73] 徐博艺，杨冬梅，姜丽红．电子商务环境下新商务生态系统研究［J］．决策借鉴，2002，15（2）：47 – 48．

[74] 徐婧雯．电子商务虚拟商圈吸引力评价［J］．情报科学，2011（11）：1693 – 1696．

[75] 徐丽娟．电子商务条件下零售业商圈研究［J］．物流技术，2005（11）：28 – 29．

[76] 徐小强，李沂蒙．"圈网"联动让营销更精准［J］．中国农村金融，2015（5）：48 – 49．

[77] 徐盈之，金乃丽，孙剑．技术进步、企业边界与外包决策——基于中国制造业数据的经验研究．［J］．经济经纬，2008（5）：89 – 112．

[78] 许其彬，王耀德．电子商务价值生态系统的协同发展研究［J］．情报科学，2018，36（4）：117 – 122．

[79] 严金才．阿里：不是公司是生态系统［J］．电子商务，2014（12）：3 – 4．

[80] 杨凤鲜，李平．论企业无边界经营［J］．经济论坛，2014（2）：38 – 41．

[81] 杨蕙馨,李峰,吴炜峰. 互联网条件下企业边界及其战略选择[J]. 中国工业经济,2008(11):88-97.

[82] 杨克岩. 电子商务信息生态系统的构建研究[J]. 情报科学,2014(3):37-41.

[83] 杨瑶. 电子商务生态系统中资源流转机制研究[J]. 电子商务,2015(12):19-20.

[84] 易单. B2B电子商务模式盈利能力研究[J]. 企业家天地,2010(4):184-184.

[85] 余金艳,刘卫东,王亮. 基于时间距离的C2C电子商务虚拟商圈分析——以位于北京的淘宝网化妆品零售为例[J]. 地理学报,2013(10):1380-1388.

[86] 曾楚宏,林丹明,朱仁宏. 企业边界的协同演化机制研究[J]. 中国工业经济,2008(1):26-35.

[87] 张晶. 产业生态系统的定量解析与评价及仿真[D]. 徐州:中国矿业大学,2012.

[88] 张泰城,陈剑林. 知识经济条件下企业边界变动趋势的探析[J]. 企业经济,2006(1):62-64.

[89] 张夏恒. 电子商务进农村推动精准扶贫的机理与路径[J]. 北京工业大学学报(社会科学版),2018,18(4):26-32.

[90] 张新民,朱爽,王蓓. 金融危机的"公地悲剧"现象解析——兼论资产负债表对企业边界的界定功能[J]. 中国工业经济,2009(7):34-43.

[91] 张雪卫. 爱美购跨境电子商务平台的善业模式创新研究[D]. 上海:华东理工大学硕士学位论文,2014.

[92] 张艳,张科儒. 科技型创业企业成长性评价概要[J]. 财会月刊,2007(6):84-85.

[93] 章美锦. 兼并与公司边界:交易费用理论的一个解说[J]. 学术交流,2011(7):88-90.

[94] 赵湘莲,陈桂英. 未来新的商业模式——商业生态系统[J]. 经济纵横,2007(4):135-140.

[95] 周生伟. 论网络经济的"虚拟商圈"[EB/OL]. http://www.chinavalue.net/Biz/Article/2005-7-18/11298.html.

[96] 周希霖,郤恩田,晏舒婷. 基于本地化电子商务的大学城商圈发展策略分析[J]. 电子商务,2015(2):48-49.

[97] 周衍鲁,李峰. 互联网条件下企业边界的变化 [J]. 华东经济管理,2006 (1): 86-88.

[98] 周园,王念新. 大学生使用社交网络服务的影响因素研究 [J]. 电化教育研究,2011,(11): 41-45.

[99] 朱菲娜. 网络商圈或将成为企业沟通要道 [N]. 中国经济时报,2006.11.6.

[100] 朱建刚. 复杂生态系统建模与仿真的策略探讨 [J]. 生态学杂志,2012,31 (2): 468-476.

[101] 诸青,郁亦明. 文献自动分类的分析与研究 [J]. 现代图书情报技术,1985 (4): 40-46.

[102] Aine Dunne, Margaret-Anne Lawlor, Jennifer Rowley. Young People's Use of Online Social Networking Sites: TPA Uses and Gratifications Perspective [J]. Journal of Research in Interactive Marketing, 2010, 4 (1): 46-58.

[103] Alexandros Kaloxylos, Aggelos Groumas, Vassilis Sarris, Lampros Katsikas Kaloxylos, Panagis Magdalinos, Eleni Antoniou, Zoi Politopoulou, Sjaak Wolfert, Christopher Brewstere, Robert Eigenmann, Carlos Maestre Terol. A cloud-based Farm Management System: architecture and implementation [J]. Computers and Electronics in Agriculture, 2014, 100 (1): 168-179.

[104] Alicia Baik, Raj kumar Venkatesan, Paul Farris. Marketing: Assessing the Impact of Mobile Technology on Consumer Path to Purchase [J]. In Shopper Marketing and the Role of In-Store Marketing. Published online, 2014, 10 (10): 1-25.

[105] Angeliki Vosa, Catherine Marinagic, Panagiotis Trivellasc, Niclas Eberhagen, Christos Skourlasd, Georgios Giannakopoulosa. Risk Reduction Strategies in Online Shopping: E-trust perspective [J]. Social and Behavioral Sciences, 2014 (147): 418-423.

[106] Anil Kumar Chorppath, Tansu Alpcan. Trading privacy with incentives in mobile commerce: A game theoretic approach [J]. Pervasive and Mobile Computing, 2013, 9 (4): 598-612.

[107] Antonia Köster, Christian Matt, Thomas Hess. Carefully choose your (payment) partner: How payment provider reputation influences m-commerce transactions [J]. Electronic Commerce Research and Applications, 2016 (15): 26-37.

[108] Glassberg, B. C. J. W. Merhout, Electronic markets hypothesis redux:

where are we now? Communications of the ACM 2007, 50 (2): 51-55.

[109] Barabasi Albert Laszlo. Bursts: The Hidden Patterns Behind Everything We Do [M]. London: Dutton, 2011.

[110] Burger M. J., Meijers E. J. Agglomerations and the rise of urban network externalities [J]. Papers in Regional Science, 2016, 95 (1): 5-15.

[111] Bosona T. G., Gebresenbet G. Cluster Building and Logistics Network Integration of Local Food Supply Chain [J]. Biosystems Engineering. 2011, 108: 293-302.

[112] Bosona T., Gebresenbet G. Food traceability as an integral part of logistics management in food and agricultural supply chain [J]. Food Control, 2013, 33: 32-48.

[113] Brunsdon C, Fotherin As, Charlton ME. Geographically Weighted Regression: A Method for Exploring Spatial Non-stationarity [J]. Geoger Anal, 1996, 28 (4): 281-298.

[114] Călin Gurǎău, Ashok Ranchhod. Consumer privacy issues in mobile commerce: a comparative study of British, French and Romanian consumers [J]. Journal of Consumer Marketing, 2009, 26 (7): 496-507.

[115] Cameron Dave, Gregory Chris, Battaglia Daryl. Nielsen Personalizes. The Mobile Shopping App, if You Build the Technology, They Will Come [J]. Journal of Advertising Research, 2012, 52 (3): 333-338.

[116] CLEMON & ROW. Information Technology and Industrial Cooperation [J]. Journal of Management Information Systems, 1992, 9 (4): 644-652.

[117] Chiu Chao-Min, Cheng Hsiang-Lan, Huang Hsin-Yi, Chen Chieh-Fan. Exploring Individuals' Subjective Well-being and Loyalty towards Social Network Sites from the Perspective of Network Externalities: The Facebook Case [J]. International Journal of Information Management, 2013, 33 (6): 539-552.

[118] Ciari F. Modeling Location decisions of retailers with an agent-based approach [J]. 11th Swiss Transport Research Conference, Monte Verità Ascona, 2011: 5.

[119] COASE, R. H. The Nature of the Firm [J]. Economic, 1937, 16 (4): 386-405.

[120] Don Y. Lee and Eric W. K. Tsang The effects entrepreneurial per-

sonality, background and network activities on venture growth [J]. Journal of Management Studies, 2001, 38: 583-602.

[121] EARLE, P. & LESI. Information technology, organizational form, and transition to the market [J]. Journal of economic Behavior & Organization 2006, 60 (4): 471-489.

[122] Emna cherif, Delvin Grant. Analysis of e-business models in real estate [J]. Electronic commerce Reasearch, 2014, 25.

[123] Eric M. Overby, Sabyasachi Mitra. On the Roles of Physical and Electronic Markets for Wholesale Trading: An Empirical Analysis of Product Sorting and Outcomes [J]. Journal of Management Information Systems, 2014, 31 (2): 11-46.

[124] Erik Brynjolfsson, Yu (Jeffrey) Hu, Mohammad S. Rahman. Battle of the Retail Channels: How Product Selection and Geography Drive Cross-Channel Competition [J]. Management Science, 2009, 55 (11): 1755-1765.

[125] Fang, B., Liao, S., Xu, K., Cheng, H., Zhu, C. and Chen, H. A novel mobile recommender system for indoor shopping [J]. Expert Systems with Applications, 2012, 39 (15): 11992-12000.

[126] Farber S, Páez A. A systematic investigation of cross-validation in GWR model estimation: empirical analysis and Monte Carlo simulations [J]. Journal of Geographical Systems, 2007, 9: 371-396.

[127] Firm Boundaries Matter: Evidence from Conglomerates and R&D Activity [J]. Journal of Financial Economics, 2014, 111 (2): 381-405.

[128] Fotheringham AS, Brunsdon C, Charlton M. Geographically weighted regression: the analysis of spatially varying relationships [M]. Wiley: West Sussex, 2002.

[129] Gelfand A E, Kim H, Sirmans C F, et al. Spatial Modeling with Spatially Varying Coefficient Processes [J]. J Am Stat Assoc, 2003, 98: 387-396.

[130] GIan M. Fulgoni. Omni-Channel Retail Insights and The Consumer's Path-to-Purchase How Digital Has Transformed the Way People Make Purchasing Decisions [J]. Journal of Rduertisirg Research, 2014, 54 (4): 377-380.

[131] Gupta S., Mela C. F. What is a Free Customer Worth? [J]. Harvard Business Review, 2008, 86 (12): 102-109.

[132] Hao-Ting Pai, Fan Wu. Prevention of wormhole attacks in mobile commerce basedon non-infrastructure wireless networks [J]. Electronic Commerce Research and Applications, 2011, 10 (4): 384 - 397.

[133] Harvir S. Bansal Gordon H. G. McDougall Shane S. Dikolli Karen L. Sedatole. Relating e-satisfaction to behavioral outcomes: an empirical study [J]. Journal of Services Marketing, 2004, 18 (4): 290 - 302.

[134] Hernandez T. Enhancing retail decision support: The development and application of geovisualization [J]. Journal of Retailing and Consumer Service, 2007, 14 (4): 249 - 258.

[135] Hong H., Cao M., G. Alan Wang. The Effects of Network Externalities and Herding on User Satisfaction with Mobile Social Apps [J]. Journal of Electronic Commerce Research, 2017, 18 (1): 18 - 31.

[136] Hou, J.-L. and Chen, T.-G. An RFID-based shopping service system for retailers [J]. Advanced Engineering Informatics, 2011, 25 (1): 103 - 115.

[137] Hsin-Hui Lin. The effect of multi-channel service quality on mobile customer loyalty in an online-and-mobile retail context [J]. The Service Industries Journal, 2012, 32 (11): 1865 - 1882.

[138] Huff D. L. Defining and Estimating a Trading Area [J]. Journal of Marketing, 1964, 28 (7): 34 - 38.

[139] Im. I., Kim Y., and Han, H. J. The effects of perceived risk and technology type on users' acceptance of technologies [J]. Information & Management, 2008, 45 (1): 1 - 9.

[140] Ing-Long Wu. The antecedents of customer satisfaction and its link to complaint intentions in online shopping: An integration of justice, technology, and trust [J]. International Journal of Information Management, 2013, 33 (1): 166 - 176.

[141] Irem Eren Erdomuş. Drivers of Social Commerce Through Brand Engagement [J]. Social and Behavioral Sciences, 2015 (207): 189 - 195.

[142] James F. Moore. Predator and Prey: A New Ecology of Competition [J]. Harvard Business Review, 1993 (3).

[143] Jeewon Choi, Hyeonjoo Seol, Sungjoo Lee, Hyunmyung Cho, Yongtae Park. Customer satisfaction factors of mobile commerce in Korea [J]. Internet Research, 2008, 18 (3): 313 - 335.

[144] Jim Q. Chen, Ruidong Zhang, Jaejung LEE. A Cross-Culture Empirical Study of M-commerce Privacy Concerns [J]. Journal of Commerce, 2013 (12): 348-364.

[145] Jim Q. Chen, Ruidong Zhang, Jaejung LEE. A Cross-Culture Empirical Study of M-commerce Privacy Concerns [J]. Journal of Commerce, 2013 (12): 348-364.

[146] Jiunn-Woei Lian, David C. Yen. Online shopping drivers and barriers for older adults: Age and gender differences [J]. Computers in Human Behavior, 2014 (37): 133-143.

[147] John M. Jordan. Web Commerce at amazon.com [DB/OL]. http://www.telelavoro.rassegna.it/fad/socorg03/net/AMAZON.pdf.

[148] Ju-Young M. Kang, Jung Mee Mun, Kim K. P. Johnson. In-store mobile usage: Downloading and usage intention toward mobile location-based retail apps [J]. Computers in Human Behavior, 2015 (46): 210-217.

[149] Ju-Young M. Kanga, Kim K. P. Johnsonb. F-Commerce platform for apparel online social shopping: Testing a Mowen's 3M model [J]. International Journal of Information Management, 2015, 35 (6): 691-701.

[150] Kai Fischbach, Johannes Putzke, Detlef Schoder. Co-Authorship Networks in Electronic Markets Research [J]. Electronic Markets, 2011, 21 (1): 19-40.

[151] Karaatli G. Ma J., Suntornpithug N.. Investigating mobile services' impact on consumer shopping experience and consumer decision-making [J]. International Journal of Mobile Marketing, 2010, 5 (2): 75-86.

[152] Kathy Ning Shen, Rebecca Mohamed Khalifa. Drivers for Transactional B2C M-Commerce Adoption: Extended Theory of Planned Beahavior [J]. Journal of Computer Information Systems., Spring 2008: 111-117.

[153] Katz M. L., Shapiro, C. Network Externalities, Competition and Compatibility [J]. American Economic Review, 1985, 75 (3): 424-440.

[154] Kem Z. K. Zhang, Morad Benyoucef, Sesia J. Zhao. Building brand loyalty in social commerce: The case of brand microblogs [J]. Electronic Commerce Research and Applications, 2015, 15 (14): 1-12.

[155] Kiseol Yang, Hye-Young Kim. Mobile shopping motivation: an application of multiple discriminant analysis [J]. International Journal of Retail & Distribution Management, 2012, 40 (10): 778-789.

[156] Klimek A. Results of Cross-Border Mergers and Acquisitions by Multinational Corporations from Emerging Countries: The Case of Poland [J]. Eastern European Economics, 2014, 52 (4): 92 – 104.

[157] Kowatsch T. , Maass, W, Fleisch, E. The role of product reviews on mobile devices for in-store purchases: consumers' usage intentions, costs and store preferences [J]. International Journal Internet Marketing and Advertising, 2011, 6 (3): 226 – 243.

[158] Kuan-Yu Lin, His-Peng Lu. Why People Use Social Networking Sites: An Empirical Study Integrating Network Externalities and Motivation Theory [J]. Computers in Human Behavior. 2011, 27 (3): 1152 – 1161.

[159] Zadeh. L. A. Fuzzy Sets [J]. Information and Control, 1965 (8): 338 – 353.

[160] Lin C. P. , Bhattacherjee, A. Elucidating Individual Intention to Use Interactive Information Technologies: The Role of Network Externalities [J]. International Journal of Electronic Commerce, 2008, 13 (1): 85 – 108.

[161] Ling Zhao, Yao bin Lu. Enhancing Perceived Interactivity through Network Externalities: An Empirical Study on Micro-Blogging Service and Continuance Intention [J]. Decision Support Systems, 2012, 53 (4): 825 – 834.

[162] Liran Einav, Jonathan Levin, Igor Popov, and Neel Sundaresan. Growth, Adoption, and Use of Mobile E-Commerce [J]. American Economic Review: Papers&Proceeding, 2014, 104 (5): 489 – 494.

[163] Manjit S. Yadav, Kristine de Valck, Thorsten Hennig-Thurau, Donna L. Hoffman, Martin Spann. Social Commerce: A Contingency Framework for Assessing Marketing Potential [J]. Journal of Interactive Marketing, 2013, 27 (4): 311 – 323.

[164] Marta Aranyossy. E-commerce productivity paradox evidence from the Hungarian retail sector [J]. European scientific Journal, 2013, 52.

[165] Mehrbakhsh Nilashi, Othman Ibrahim, Vahid Reza Mirabi, Leili Ebrahimi, Mojtaba Zare. The role of Security, Design and Content factors on customer trust in mobile commerce [J]. Journal of Retailing and Consumer Services, 2015 (26): 57 – 69.

[166] Michael Groß. Mobile shopping: a classification framework and literature review [J]. International Journal of Retail & Distribution Management, 2014, 43 (3): 221 – 241.

[167] Minton H. L. , Schneider F. W. Differential Psychology [M]. Prospect Heights, IL: Waveland Press.

[168] Moutusy Maity. Critical Factors of Consumer Decision-Making on M-Commerce: A Qualitative Study in the United States [J]. Mobile Marketing Association, 2010, 5 (2): 81 – 101.

[169] Murad A. A. Creating GIS-based spatial interaction models for retail centres in Jeddah City [J]. International Journal of Business Information Systems, 2014, 15 (3): 358 – 372.

[170] Nakaya T, Fotheringham A S, Clarke G, et al. Retail Modeling Combining Meso & micro Approaches [J]. Journal of Geographical Systems, 2007, 9: 345 – 369.

[171] Nault B. R. , Rahman. M. S. Reach Versus Sompetition in Channels with Internet and Traditional Retailers [P]. Working Paper, University of Calgary, 2013.

[172] Ozuduru B. H. , Varol C. Spatial Statistic Methods in Retail Location Research: A Case Study of Ankara, Turkey [J]. Procedia Environmental Science, 2011, 7: 287 – 292.

[173] Patricio E. Ramirez-Correa, F. Javier Rondan-Cataluña, Jorge Arenas-Gaitán. Predicting behavioral intention of mobile Internet usage [J]. Telematics and Informatics, 2015, 32 (4): 834 – 841.

[174] Peter C. Verhoefa, P. K. Kannan, J. Jeffrey Inman. From Multi-Channel Retailing to Omni-Channel Retailing Introduction to the Special Issue on Multi-Channel Retailing [J]. Journal of Retailing, 2015, 2 (91): 174 – 181.

[175] Qasim H. , Abu-Shanab E. Drivers of mobile payment acceptance: The impact of network externalities [J]. Information Systems Frontiers, 2016, 18 (5): 1021 – 1034.

[176] Rajasree K. Rajamma, Audhesh K. Paswan, Muhammad M. Hossain. Why do shoppers abandon shopping cart? Perceived waiting time, risk, and transaction inconvenience [J]. International Journal of Service Industry Management, 2009, 18 (3): 102 – 121.

[177] Rakhi Thakur, Mala Srivastava. A study on the impact of consumer risk perception and innovativeness on online shopping in India [J]. International Journal of Retail & Distribution Management, 2015, 43 (2): 148 – 166.

[178] Rebecca Jen-Hui Wanga, Edward C. Malthouseb, Lakshman

Krishnamurthi. On the Go: How Mobile Shopping Affects Customer Purchase Behavior [J]. Journal of Retailing, 2015, 2 (91): 217-234.

[179] Ruidong Zhang, JIM Q. Chen, Ca JaeJung lee. MobIle Commerce and Consumer Privacy Concern [J]. Journal of Computer Information Systems, Summer 2013: 31-38.

[180] Rujipun Assarut. Consumption Values, Personal Characteristics and Behavioral Intentions in Mobile Shopping Adoption [J]. Rujipun Assarut, Somkiat Eiamkanchanala, 2015, 27 (1): 21-41.

[181] Schenk T. A., Löffler G., Rauh J. Agent-based Simulation of Consumer Behavior in Grocery Shopping on a Regional Area [J]. Journal of Business Research, 2007, 60 (8): 894-903.

[182] SERU, A. Firm Boundaries Matter: Evidence from Conglomerates and R&D Activity [J]. Journal of Financial Economics, 2014, 111 (2): 381-405.

[183] Seth Siyuan Li, Elena Karahanna. Online Recommendation Systems in a B2C E-Commerce Context: A Review and Future Directions [J]. Journal of the Association for Information Systems, 2015, 16 (2).

[184] Sinda Agrebi, Joël Jallais. Explain the intention to use smartphones for mobile shopping [J]. Journal of Retailing and Consumer Services, 2015 (22): 16-23.

[185] Sonia San-Martín, Jana Prodanova, NadiaJiménez. The impact of age in the generation of satisfaction and WOM in mobile shopping [J]. Journal of Retailing and Consumer Services, 2015 (23): 1-8.

[186] Suárez-vega R, Santos-Peñate D R, Dorta-González P. Location models and GIS tools for retail site location [J]. Applied Geography, 2012, 35: 12-22.

[187] Suny Yong Chun, Minhi Hahn. Network Externalities and Future Usage of Internet Services [J]. Internet Research, 2007, 17 (2): 156-168.

[188] Susan Standing, Craig Standing, Peter E. D Love. A review of research on e-marketplaces 1997-2008 [J]. Decision Support Systems, 2010 (49): 41-51.

[189] Tao Zhou, Yao bin Lu. Examining Mobile Instant Messaging User Loyalty from the Perspectives of Network Externalities and Flow Experience [J]. Computers in Human Behavior, 2011, 27 (2): 883-889.

[190] TEECE, D. J. Towards an Economic Theory of the Multi-product Firm [J]. Journal of Economic Behavior and Organization, 1982, 1 (3): 39-63.

[191] Ting-Peng Liang, Yi-Ting Ho, Yu-Wen Li, Efraim Turban. What Drives Social Commerce: The Role of Social Support and Relationship Quality [J]. International Journal of Electronic Commerce, 2011, 16 (2): 69-90.

[192] Troy J. Strader. Identifying Effective Online Service Strategies The Impact of Network Externalities and Organizational Lifecycle Stage [J]. Journal of International Technology and Information Management, 2017, 26 (3): 2-20.

[193] V. Choudhury, K. S. Hartzel, B. R. Konsynski, Uses and consequences of electronicmarkets: an empirical investigation in the aircraft parts industry, MIS Quarterly 1998, 22 (4): 47-507.

[194] Varnali, K., Toker, A. Mobile marketing research: the-state-of-the-art [J]. International Journal of Information Management, 2010, 30 (2): 144-151.

[195] Venkatesh V., Morris M. G. Davis G. B., Davis F. D. User Acceptance of Information Technology: Toward a Unified View [J]. MIS Quarterly. 2003, 27 (3): 479-501.

[196] Venkatesh V., Morris M. G. Why Don't Men ever Stop to Ask for Direction? Gender, Social Influence, and Their Role in Technology Acceptance and Usage Behavior [J]. MIS Quarterly, 2000, 24 (1): 115-139.

[197] Wheeler D C, Waller L A. Comparing spatially varying coefficient models: a case study examining violent crime rates and their relationships to alcohol outlets and illegal drug arrests [J]. Journal of Geographical Systems, 2009, 11: 1-22.

[198] WILLIAMSON, O. E. Markets and Hierarchies: Analysis and Antitrust Implications [M]. New York: Free Press, 1975.

[199] WILLIAMSON, O. E. The Economic Institutions of Capitalism [M]. New York: Free Press, 1985.

[200] TEECE, D. J. Towards an Economic Theory of the Multi-product Firm [J]. Journal of Economic Behavior and Organization, 1982, 1 (3): 39-63.

[201] Bakos, Y. J. Reducing buyer search costs: implications for electronic marketplaces [J]. Management Science 1997, 43 (12): 1676-1692.

[202] Yen-Chun Jim Wu, Ju-Peng Shen, Chan-Lan Chang. Electronic service quality of Facebook social commerce and collaborative learning [J]. Computers in Human Behavior, 2015 (51): 1395-1402.

[203] Yu-Chi Chen, Gwoboa Horng. Privacy protection in on-line shopping for electronic documents [J]. Information Sciences, 2014, 277 (1): 321-326.

后　　记

　　《虚拟商圈集聚与演化研究》是由笔者主持的国家社科基金后期资助项目的最终成果，张俊英博士、朱艳春博士、刘星宝博士以及朱晴晴博士生参与了《虚拟商圈集聚与演化研究》一书初稿的撰写及修改，分工如下：第一、第六章由唐红涛撰写，第二章由张俊英博士撰写；第三章由朱艳春博士撰写；第四、第五章由刘星宝博士、朱晴晴博士生共同撰写。本书稿格式及技术修订由朱晴晴博士生及郭凯歌、罗琼两位硕士研究生共同完成，虚拟商圈体系演进模拟主程序由刘星宝和朱晴晴共同编写，全书书稿由唐红涛修改审定。

　　《虚拟商圈集聚与演化研究》作为2016年国家社科基金后期资助项目，在申报过程中得到了湖南商学院柳思维教授、湖南商务职业技术学院李定珍教授等的推荐与支持，在获得国家后期资助立项后，按照国家社科后期资助项目五位评审专家提出的评审建议对本书进行了全面的修改提升，最终于2018年9月完成最终书稿。在本书写作和修改过程中得到了湖南商学院校长陈晓红院士的关心重视和支持，得到了湖南商学院一级荣誉教授柳思维教授、湖南商学院经济与贸易学院院长向国成教授等人的精心指导和大力支持，并获得了湖南商学院学术著作出版基金资助，同时也要感谢湖南移动电子商务2011协同创新中心、湖南省现代流通理论研究基地的支持。本书的编辑出版得到了经济科学出版社的大力支持，还要特别感谢范莹副编审对本书的指导和支持。在本书撰写过程中参考了有关专家学者对于电子商务和网络经济的学术研究成果，再次一并表示感谢！

唐红涛

2018年9月于湖南商学院